理科教育法

独創力を伸ばす理科授業

東京理科大学教授
川村康文・著

講談社

はじめに

　理科の先生を目指す大学生や大学院生のみなさん，またすでに現場で活躍中の先生方へ

　本書では，児童・生徒にとって楽しく面白い理科の授業を行うためのいろいろな情報を整理してみました。概要としては，第1部と第2部では楽しく面白い理科学習を行うための情報を，第3部では理科教育の分野で，修士論文をはじめ，教育研究を進めていくための情報を整理しています。もう少し詳しく，各部の内容を説明しましょう。

　第1部では，構成主義理科学習論，STS教育の必要性から始めて，独創性を育てるための理科授業のあり方として，ぷち発明の必要性などを盛り込んだ**川村メソッド**について解説しています。このメソッドは，学校教育現場で児童・生徒に対して楽しく面白い理科授業を行っていくために開発してきたものですが，その応用として大学での理科教育法などの授業を行うメソッドとして教育効果があがることが実証され学会誌にも掲載されています。

　大学における理科教育法や理科指導法などの理科教育関係の授業のテキストとして活用して頂ければ幸いです。

　第2部では，独創力を育てるための理科実験教材を紹介しました。ここでは理科実験名人のための実験教材とするのではなく，子供たちの独創力を高めるための指導の方法や，ぷち発明家のためのアイデアの引き出しとなる内容をちりばめました。現場での理科を指導されている先生方や指導者のみなさんも，是非，みなさん自身の独創性を磨いて下さい。そのことが，子供たちの指導にきっと活かされます。

　第3部では，教育統計について必要な事項を紹介しました。具体的には，因子分析と共分散分析について解説をしています。なお共分散分析においては，分散分析について理解しているということを前提にしています。しかし，初めて教育統計を行う方でも共分散分析が実施できるように，電卓やエクセルで活用することで計算できるように解説しています。

　修士論文や現場での研修の成果発表会など，どうしても期日までに発表や報告

をしないといけないことがあります．ある実験的な授業の学習効果を見るのに，実験群と統制群の間に事前に有意差が見られ，分散分析が使えず困るような場面によく出会います．そのような場合にも対応できるように共分散分析を紹介しています．

また，いろいろなアンケート調査を実施して研究発表を行う場合がありますが，思い込みで調査項目を作ってしまい，調査結果に対して客観性などを求められたときに対応できずに困ってしまう場面にもよく出会います．そうならないように，アンケート調査の項目作成の方法についても解説をしました．是非，教育研究を行うときに活用して下さい．

子供たちが，みなさんの授業を受けて，自分が前よりも理科ができるようになったとか，だんだん理科の授業が楽しくなってきたとか，将来，理科の学習を続けて，研究者やエンジニアになりたい！と思ってくれるようになっていけば，理科教師として本望ではないでしょうか．

是非，そのような授業つくりのために本書をご活用下さい．

最後に本書の執筆にあたり，東京理科大学川村研究室のみなさんには，実験機の製作および写真撮影で多大な協力を頂きありがとうございました．また，講談社の大塚記央さんには，著者の筆の進まないのを多方面からサポート頂きました．誠に感謝申し上げます．

2014年3月

川村　康文

理科教育法 ─── 目次

はじめに ii

第1部 独創力を伸ばす理科の授業を創るために ... 1

1. 理科学習の現状 2
1.1 PISAとTIMSS 2
1.2 好嫌度と自信度 3

2. これからの理科の授業方法論 8
2.1 構成主義理科学習論（constructivism） 8
2.2 素朴概念の事例 9
2.3 構成主義理科学習論を行うためには 15
2.4 STS教育 16
2.5 「ぷち発明」から「川村メソッド」へ 18
2.6 まとめにかえて 19

3. 構成主義的な理科学習指導案の書き方 20
3.1 理科の学習指導案とは 20
3.2 学習指導案の実際（略案） 24

第2部 理科の授業で指導する実験と学習内容 35

1 ばねはかりを作って測定実験 36
2 力の合成・分解の実験 38
3 大気圧を実感 40
4 水がこぼれないコップ 44

5	浮沈子	46
6	野菜の浮き沈みとリサイクル7	48
7	だるま落としと摩擦実験	50
8	ホバークラフト実験-慣性の法則の実験	52
9	エアートラック	54
10	加速度計を作ろう	56
11	1：3：5：7…のおもり	58
12	ものさし de 刺激反応実験	60
13	斜方投射実験	62
14	綿菓子実験器でリサイクル繊維作り	64
15	風船ロケットを飛ばそう	66
16	ビー玉運動量カーを作ろう	68
17	ペットボトル水ロケット	70
18	かっちんこっちん衝突球	72
19	温度計を作ろう	74
20	圧縮発火実験を作ろう	75
21	熱気球を上げよう	76
22	ドライアイスも液体に！	78
23	アイスクリームを作ろう	79
24	大きな結晶を作ろう	80
25	雲を作ろう	81
26	スターリングエンジン	82
27	ストローウエーブマシン	84
28	デジタル・オシロスコープ	86
29	波動説明器を作ろう	88
30	共振・長周期振動（念力振り子）	90
31	弦楽器を作ろう	92
32	笛を作ろう	94
33	クント管を作ろう	96
34	クインケ管を作ろう	98
35	ペットボトル顕微鏡	100
36	イカやタコの眼	102

37	ピンホールカメラ・レンズカメラと眼のつくり	104
38	望遠鏡を作って月面観測	106
39	万華鏡を作ろう	108
40	回折格子を作ろう	110
41	分光つつでさぐる省エネ電球のふしぎ	112
42	ブラックライトで輝く物質の実験	114
43	ペーパークロマトグラフィー	116
44	炎色反応にトライ！	117
45	LEDで光るプレート全反射！	118
46	紫キャベツde身近なドリンクの酸性・アルカリ性	120
47	紫イモ粉de酸性・アルカリ性の実験	122
48	偏光シートで色遊び	124
49	方位磁石を作ろう	126
50	砂鉄で磁気カードの情報を見よう	128
51	3D磁場観察	130
52	電磁石を作ろう	132
53	クリップモーターカーでF1選手権！	134
54	モーターを使った手回し発電機	136
55	ペットボトルはく検電器	138
56	手作りバンデグラーフ・2つで電場観察	140
57	フライング・バンデ	142
58	圧電発電・擦ると光る石	146
59	雷実験	148
60	竹炭を作ってエジソン電球	150
61	竹炭を作って電池	151
62	電気パン	152
63	果物電池・鉛筆で電池・スプーンで電池	154
64	身近なドリンクde竹炭電池	156
65	身近なドリンクde走る竹炭電池自動車	158
66	水素エネルギーdeロケットを飛ばそう	160
67	リニアモーターカー	162
68	シャカシャカ振るフルライトを作ろう	164

69	かわむらのコマで色変わりコマを作ろう	166
70	交流発電機を作ってふーふー風力発電	168
71	風向・風速計を作ろう	170
72	門燈サボニウス型風車風力発電機	172
73	カイロを作ろう・過冷却カイロを作ろう	174
74	錬金術と呼ばれる実験	176
75	時計反応—透明な液体が墨汁に変わった？消えた？	178
76	色素増感太陽電池を作ろう	180
77	色素増感太陽電池搭載型模型自動車！	184
78	スライムを作る実験	188
79	ダイラタンシー実験	190
80	オレンジオイルのパワーの素リモネン	191
81	水の表面張力＋セッケン水の性質	192
82	人工イクラを作る実験	194
83	プラコップで素敵なアクセサリー作り	196
84	高分子吸収剤	198
85	維管束の観察	200
86	スンプ法で気孔を見よう	201
87	プリザーブドフラワーを作る実験	202
88	イワシの解剖	204
89	手羽先の観察	206
90	鶏の水湯煮で頭の構造を見る	208
91	肺のモデル	210
92	盲点を探そう	211
93	味覚の不思議（ギムネマ茶）	212
94	体の敏感度チェック	213
95	酵素でヨウ素でんぷん反応にせまる	214
96	アルコールパッチテスト	215
97	肝臓片を用いた酵素の反応	216
98	ヨーグルトを作ろう	217
99	イースト菌の実験・パンを作ろう	218
100	スイートコーンの種子の色の遺伝	220

101	生物のDNAを見よう	222
102	豆腐を作ろう	224
103	タマネギの皮で身近なものの染色	226
104	液状化の実験	227
105	地震の3D震源分布モデルを作ろう	228
106	断層のモデル実験	230
107	地層のボーリング	231
108	耐震・免震・制震構造	232
119	火山のでき方実験	234
110	霧箱を作ろう	236
111	化石のレプリカ作り	238
112	温室効果実験	240
113	酸性雨実験	244
114	はんだづけをやってみよう	246

第3部　理科授業の評価のための教育統計 ... 249

1. 共分散分析 ... 250

- 1.1 理科授業をきちんと評価しましょう ... 250
- 1.2 共分散分析 ... 251
- 1.3 実例を用いて計算をしてみましょう ... 253
- 1.4 ソフトを活用した共分散分析 ... 258
- 1.5 ポストポストテストまでふまえた共分散分析 ... 263

2. 因子分析 ... 267

- 2.1 科学観調査票を用いた調査 ... 267
- 2.2 第1因子「科学・技術の有用性の否定」について ... 270
- 2.3 第2因子「科学離れ」について ... 272
- 2.4 第3因子「科学技術至上主義」について ... 274
- 2.5 第4因子「科学技術懐疑主義」について ... 276

第 1 部

独創力を伸ばす理科の授業を創るために

1. 理科学習の現状

1.1 PISA と TIMSS

　昨今の国際的な学力調査の結果,我が国の理科教育のあり方が問われています。**PISA** や **TIMSS** が代表例です。

　PISA は,「国際比較により教育方法を改善し標準化する観点から,生徒の成績を研究すること」を目的として実施されているものです。Programme for International Student Assessment の略語で,国内では「国際学習到達度調査」と呼ばれています。PISA は,OECD 加盟国の多くで義務教育の終了段階にある 15 歳の生徒(15 歳 3 カ月から 16 歳 2 カ月)を対象に,読解力,数学知識,科学知識,問題解決を調査してきました。調査プログラムの開発は 1997 年から行われ,2000 年の第 1 回調査以降 3 年ごとに調査されています。PISA では毎回メインテーマが設定され,例えば第 1 回調査(2000 年)は読解力,第 2 回(2003 年)は数学的リテラシー,第 3 回(2006 年)は科学的リテラシー,第 4 回(2009 年)は再び読解力,第 5 回(2012 年)は数学的リテラシー,第 6 回(2015 年)は科学的リテラシーと行われてきました。調査データファイルはすべて公開されていて,OECD PISA 公式サイト(http://www.oecd.org/pisa/)で見ることができます。また,国内での結果については文部科学省のサイトの PISA ページ(OECD 生徒の学習到達度調査,http://www.mext.go.jp/b_menu/toukei/data/pisa/index.htm)で見ることができます。

　TIMSS は Trends in International Mathematics and Science Study の略で,国内では「国際数学・理科教育調査」と呼ばれています。国際教育到達度評価学会(IEA)により 4 年ごとに実施されており,調査目的は「初等中等教育段階における算数・数学及び理科の教育到達度(educational achievement)を国際的な尺度によって測定し,児童・生徒の環境条件等の諸要因との関係を参加国間におけるそれらの違いを利用して組織的に研究することにある」と定義されています。TIMSS の

名称を用いて調査が実施されたのは，1995年の第3回国際数学・理科教育調査の第1段階調査（TIMSS）からです。この調査は第4学年（小学校4年生）と第8学年（中学校2年生）を対象に行われ，4年後の1999年に，第4回国際数学・理科教育調査第2段階調査（TIMSS−R）が実施されました。これを機に，TIMSSは4年ごとに第4学年及び第8学年を対象に行われるようになっています。

　PISAと**TIMSS**では測定する学力が異なることに注意しておく必要があります。それはPISAの上位国とTIMSSの上位国が異なっていることからもわかります。両方の調査で上位にある国は日本と韓国などです。それぞれの調査の性格を一言で表現すれば，TIMSSは学校で習う内容をどの程度習得しているかを見るアチーブメント・テストであり，従来的な教科学力を見ているのに対して，PISAは学校で習った知識や技能の活用能力を見るテストで新しい学力観的な学力を見ようとしているといえます。著者がPISAの上位国であるフィンランドの教育の調査に行ったときにフィンランドの教育省関係者が「PISAの結果を見て，日本から次々とフィンランドの教育の調査に来られるようになったけれど，フィンランドでは日本の学習指導要領を参考にして制度設計を行ったのですが」と語られたことがとても印象的でした。

　さらに，文部科学省も我が国独自の調査を開始しました。2007年から始まった**全国学力・学習状況調査**です。実は過去にも実施されていましたが，国よる学力調査は違法とする判決（後に違法ではないと認定されました）や教職員の反対があり，取りやめられていました。再開後，全国の小中学校の最高学年（小学6年生，中学3年生）全員を対象として行われましたが，年ごとに制度が変化してきています。実施日は毎年4月の第3もしくは第4火曜日とされています。調査内容は，当初は算数・数学と国語，2012年からは理科も加わり3科目となり，知識力を問う問題（A）と知識活用力を問う問題（B）の2種類に分かれています。さらに，児童・生徒の学習・生活環境のアンケート調査も行っています。

　これらの調査結果に目を向け，私たちで改善できることは実行していくことは大切です。しかし，調査結果に振り回されるようなことになると，本末転倒です。まずは，自分が教師としてよって立つ自分自身の学校やクラスの理科学習の実態を把握することが重要なのではないでしょうか。

1.2　好嫌度と自信度

　学校やクラスの理科学習の実態を把握するのに手軽にすぐにできる調査とし

て，著者が開発した**好嫌度**と**自信度**を紹介します。

　好嫌度は以下のように定義します。調査対象者に過去に学習してきた理科の学習項目を示し，その項目に対して，「とても好き」を5,「まあまあ好き」を4,「どちらともいえない」を3,「どちらかといえば嫌い」を2,「とても嫌い」を1とし，5段階で解答してもらい，その項目の平均値を求めます。その後，「とても好き」が＋1になるように，また「とても嫌い」が－1になるように，平均値から3を引いたものを2で割り，それを「好嫌度」とします。これにより「どちらともいえない」を中心にして，その項目が好きに傾いているか，嫌いに傾いているかを見ることができます。いわば，授業の事前に自分の受け持つ児童・生徒の理科の学習項目ごとの好嫌の実態を把握し，それをもとに自分のクラスの授業を児童・生徒にとってより実り多いものにして行こうというわけです。**自信度**も同様に，＋1と－1で表します。

　著者はこれまで約20年にわたって好嫌度や自信度の調査を積み重ねて来ましたが，学習指導要領が改定されても調査結果の傾向はおおむね変わっていません。理科の学習で児童・生徒にとって困難な単元は，今も昔も変わらずそのまま放置されているといえるでしょう。理科学習を児童・生徒にとって有意義なものとするよう，理科授業の改善に努めたいものです。

　ところでこのような調査は，知離れをしている（知的な関心が希薄になっている）対象者に行ったのでは，結局，世界史も古文も物理も嫌いだったという結果に終わります。そこで，少なくとも知離れはしていない対象者に調査する必要があります。以下に示したデータは教育学部の理系・文系・芸術・体育系の学生を対象にしたものです。

　それでは，具体的に好嫌度調査の結果を見てみましょう。小学校理科の物理・化学・生物・地学のそれぞれの領域に偏ることなく学習項目を選び出し，生活科の学習項目も加えて好嫌度を調べました（図1～4）。これらの図を概括していえることは，好嫌度がプラスを示す項目が多いことです。

　好嫌度が高い（＋0.4以上を示す）学習項目には，糸電話，電池と回路，水・水蒸気・氷，酸性・アルカリ性などがあり，**物理領域の学習項目も好まれていました**。昆虫のからだとつくりは，非理科系の女子にやや嫌われていました。

　理科離れ・理科嫌いという観点から見ると，好嫌度が－0.4以下の学習項目はありません。非理科系女子では，電池と回路や電流と電磁石などが中・高学年の物理領域の学習項目で好まれていないことがわかります。

　これらの学習項目の好嫌の理由を別のアンケートで聞いてみました。その結果，

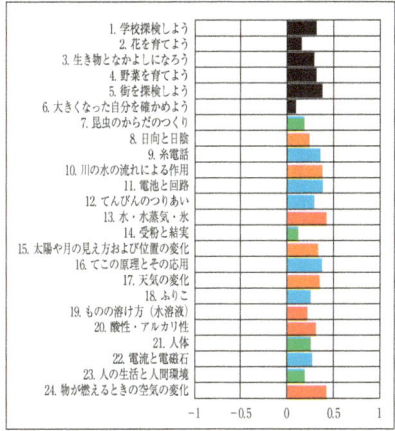

図1. 生活科および小学校理科の好嫌度
（理科系男子）

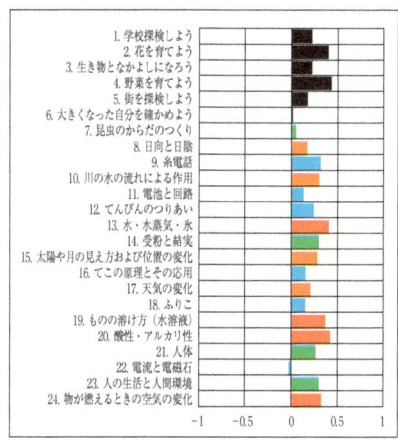

図2. 生活科および小学校理科の好嫌度
（理科系女子）

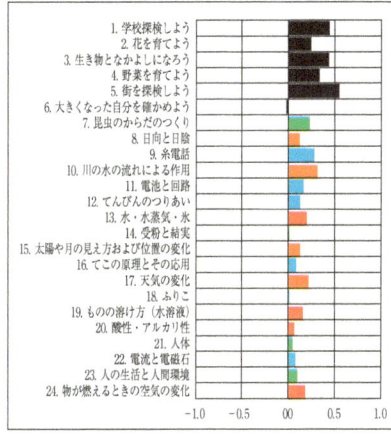

図3. 生活科および小学校理科の好嫌度
（非理科系男子）

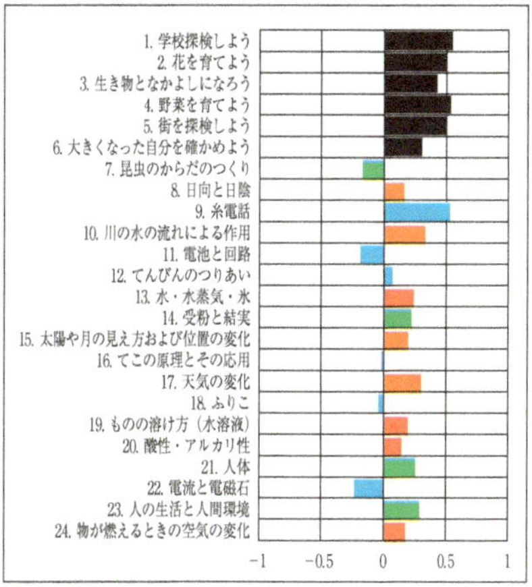

図4. 生活科および小学校理科の好嫌度
（非理科系女子）

「授業でおもちゃを分解したり，作ったりしたから」や「実験の回数が多かったから」など，学習者が学習に主体的に参加できるような学習が行われている場合に好まれていることがわかりました。一方，理科学習が嫌われる理由の筆頭には，「実験手順が決まっていて，その通りにしなければならなかったから」などがあげられました。非理科系女子には，「実験中に創意工夫するように求められて困ったから」がありました。このことから，実験に関して，指導者側で実験方法をがっ

1. 理科学習の現状　　5

ちり決めている実験はどのグループにも好まれていないことがわかります。しかし一方，非理科女子には実験に対する創意・工夫への戸惑いが見られました。小さな簡単なことから創意・工夫できる場面を授業の中に作り出す必要があります（後に「ぷち発明」として紹介します）。理科学習に興味が持てるかどうか，重要な指導上のポイントになりますので，理科教師は指導法の検討を行ってみる必要があるといえます。

続いて，中学校理科の実態を同じ手法で見てみましょう。

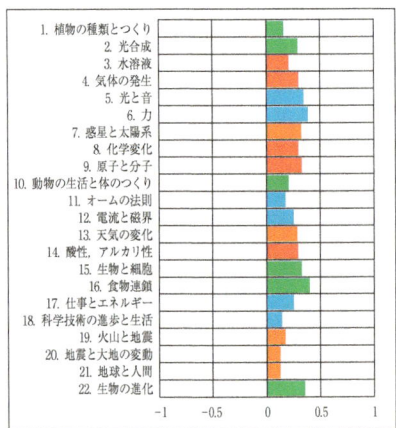

図5. 中学校理科の好嫌度（理科系男子） 　図6. 中学校理科の好嫌度（理科系女子）

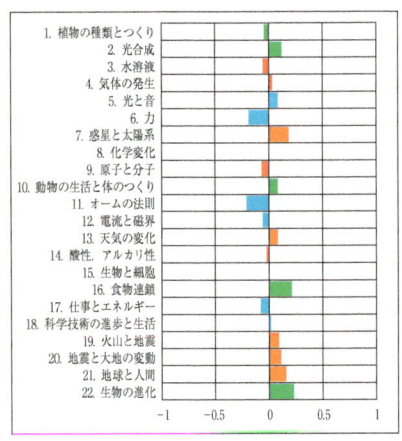
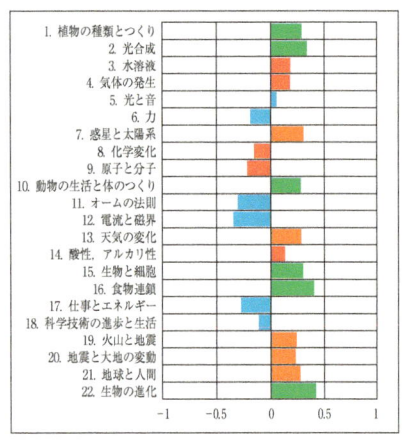

図7. 中学校理科の好嫌度（非理科系男子） 　図8. 中学校理科の好嫌度（非理科系女子）

好嫌度が高い（+0.4以上を示した）学習項目は，水溶液，生物と細胞，食物連鎖，生物の進化と**生物領域が中心**でした。

好嫌度が低い（-0.4以下を示した）学習項目はありませんでしたが，-0.3以下の項目は，オームの法則や電流と磁界のように**物理領域**のものです。-0.3以下にはなっていませんが力学的内容も負の値を示しています。

非理科系の男女では，中学校理科での物理離れが深刻でした。

理科学習が好まれる理由は，「実験回数が多かったから」（理科系男子64%，理科系女子56%）などで，小学校ではあまり理由にあがらなかった「先生が好きだったから」も高い値を示しました。他方，理科学習が嫌われる理由は，「公式や法則が多くあって難しかったから」，「理論が多く難しかったから」などでした。好きの理由が「興味が持てたから」でしたが，嫌いの理由も「興味が持てなかったから」でした。教師が楽しく学べる工夫を行う必要があることがわかります。

高等学校の物理学習についてはどうでしょうか。京都市の高校3年生の卒業時のデータです。図9に見るように，物理履修者の間では物理嫌いは見られません。しかし図10に見るように，自信度は低く，履修者は理解できたという自信を持てないでいることがわかります。

ここでは高校物理のデータを紹介しましたが，是非みなさん自身の手で，化学，生物，地学の実態を調査して頂ければ幸いです。

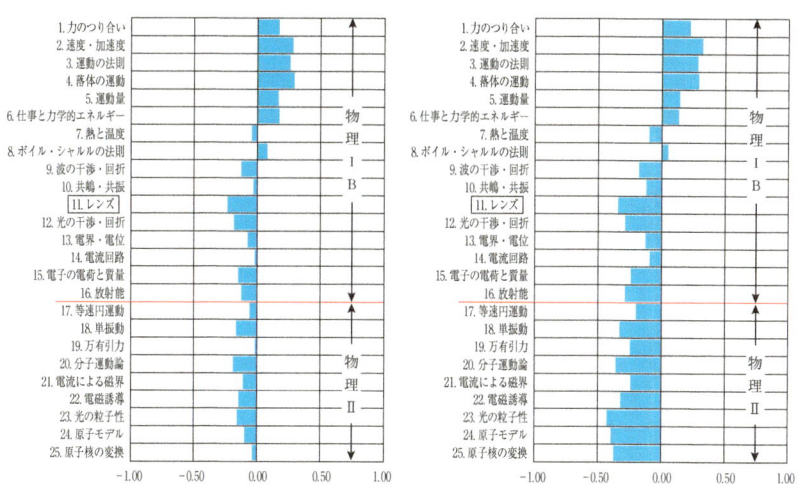

図9. 高校物理の好嫌度　　図10. 高校物理の自信度

2. これからの理科の授業方法論

　昨今，我が国でも **2050 年カーボンニュートラル** 実現に向けた取り組みが行われ，理科教育が果たす役割も大きくなり，**SDGs** の課題も理科授業の学習内容となってきています。さらに，学び方も探究的な学びが大切にされ，これまでのSTEM 教育にアート（A）を加えた **STEAM 教育** の実現がめざされています（STEM＝サイエンスのS，技術のT，エンジニアリングのE，数学のM）。このような流れのなかで，理科授業の改善の１つとして高等学校を中心に導入されてきたのが「学校教育と社会教育が連携して行うサイエンス・コミュニケーション」です。例えば **スーパー・サイエンス・ハイスクール（SSH）** などは，授業への積極的な支援です。また，科学や科学技術への興味・関心を高めることを目的に，大学や企業の研究者の出前授業等が実施されています。しかし，実際に授業をされるのは学校の先生ですから，先生自身の授業をどのように改善していくのかが大切です。このとき参考になる理科教育の方法論を次に紹介します。

2.1　構成主義理科学習論（constructivism）

　従来の理科教育に対するオルタナティブ（代替的）な学習論として，**構成主義理科学習論** が提唱されました。構成主義学習論とは，学習者自身が主体的に学習することにより，自分自身のなかに自ら概念構成を行うような学習論のことをいいます。構成主義学習論は，かつてジョン・ロック（John Locke）が学習者をタブララサ（tabula rasa，白紙状態）であるとしたのと対極に，学習者は授業の前にすでに **日常知** や **生活知** などの **既有の概念** や **スキーム**（枠組み）を自ら構成していることを鑑み，「新しく学んだことを既知の概念やスキームとすり合わせながら，学習者自らが新しい概念を作り上げていく」という学習論です。学習者の既有概念と新しい学習内容との間で認知的葛藤が生じた場合，学習者自身が新しい内容を納得する場面が無いと新しい学習内容は学習者自身によって棄却されてしまいます。そのため，**先生は授業を行ったが，学習者は学ばなかった** という結果になってしまいます。知識注入主義を批判するものといえます。

　構成主義を批判する教育実践家の中に，構成主義は教育を放任するものだという批判がありますが，そうではありません。構成主義的な学びの過程では，学習

者は主体的に学ぶため，学習者自身の中にすでに存在している既有概念を確認しながら学びが進んでいきます。学習者の既有概念の中には，多くの学習者が共通に持っているが科学的には正しくはない概念があります。このような概念は**素朴概念**や**ナイーブ・セオリー**，**オータナティブ・フレームワーク**などといろいろな呼び方がされています。以下の議論では，これを素朴概念と呼びます。

子供たち（中には大人もそうですが）は，理科の授業を受ける前に，空中を飛ぶボールにはボールの飛ぶ向きに力が存在すると考えていたり，電流は豆電球を通ったあとでは消費されると考えていることが多いことが知られています。これまでの理科教育では，電流計を用いてきちんと測定すればそのような素朴概念は正しい科学概念に修正されるとされてきましたが，認知心理学の研究の成果として，これまでの理科学習ではそのような学びは成功してこなかったことが明らかにされました。そこで登場する学習論が構成主義的理科学習論です。本書では，これからの理科学習の方法論として**構成主義的理科学習論**について解説します。

2.2 素朴概念の事例

認知心理学の研究より，学習者は理科授業を学ぶ前に日常生活の経験から自分なりに**素朴概念**を構成していることが指摘されています。例えば，McCloskey, Washburn & Felch(1983) は**直落信念**（straight-down belief）を，Clement (1982) は「運動は力を含意する」（motion implies a force；以下 **MIF** と略す）という素朴概念の存在を明らかにしています。また Clement は，大学の物理学の講義の前後で投げ上げ問題に見られた素朴概念がどの程度改善されるかについて調べたところ，受講後の正答率は受講前の正答率 12% から 28% にしか上昇せず，MIF のような素朴概念は従来の理科教育では変えるのが難しいことを示しました。素朴概念は物理学習の阻害の原因になっていると考えられるようになりました。

著者も 1993 年 11 月から 1994 年 3 月にかけて素朴概念の調査を行いました[1]。調査対象は大学生 324 人で，所属する学部によって，理科系男子 115 人，理科系女子 75 人，非理科系男子 35 人，非理科系女子 99 人の 4 群に分けて分析しました。

以下に，その結果からいくつか紹介しましょう。

(1) 空中を飛ぶゴルフボールには飛行方向に力が作用しているのか

本設問と同様の調査は従前から多くなされ，正答率はどの調査でも低いと報告されています（Osborne & Freyberg, 1985 など）。本調査対象者にもその傾向が伺えました。理科系男子でも正答率が約 60% であり，非理科系の場合，重力以外にも **MIF** を考えている大学生が男女とも 50% 以上存在しました。理科系の場

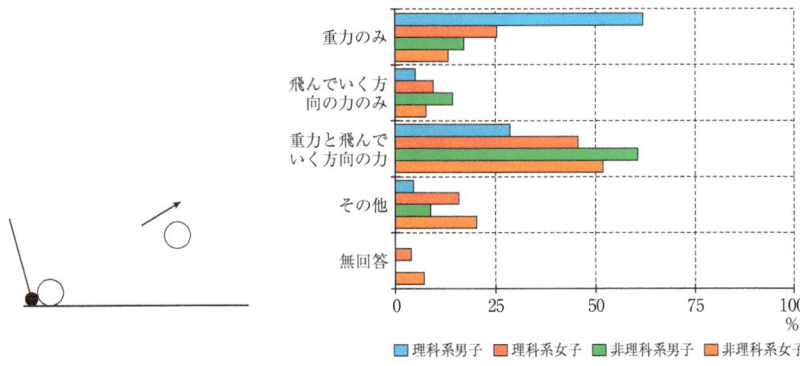

図1. 空中を飛ぶボールにはどのような力が作用するか

図2. 空中を飛ぶボールには飛ぶ方向への力が作用するという考え

合も，重力以外にMIFを考えている者が男子で約30％，女子で約45％存在しました。

(2) 等速度で走行する電車内で落下する物体はどこに落ちるか

本設問の正答率は図4に示すように全般的に高く，非理科系で20％前後の不正解や10％近い無解答があるものの，正答率は概ね高いといえます。

自由記述による本設問の調査結果から抽出できた素朴概念は，電車の進行方向に対して後方へ落下するという考え方です。記述の具体例を見ると，「食堂車でビールを注ぐ場合，コップのすぐ上からビールをつぐのでビールの液体はほんの少ししか後方へ移動しないが，もし天井からビールを注いだ場合には後方への移動距離が大きくなりビールはコップの中に入らないかもしれない」という記述がありました。このように後方へ向けて落下させるような力を**後方落下力**と名づけ

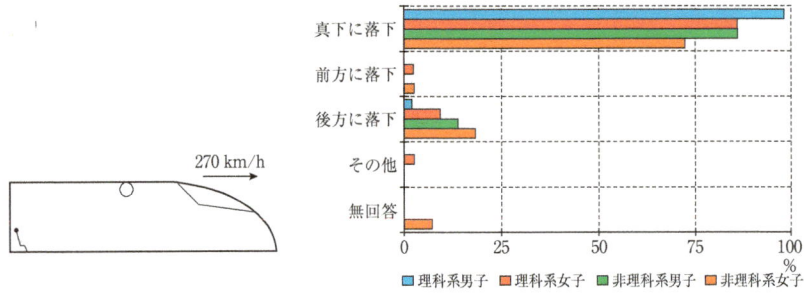

図3. 等速直線運動をする電車内の落下物体はどこへ落下するか

図4. 等速直線運動をする電車内の物体は後方へ落下するという考え

ます。正解者は「電車の中でボールを上方投射させたことがある」とか「電車が等速で走行中に財布を落としたことがあるが，60 km/hの速さで財布が逃げていったという経験がないから」という日常経験からの解答が見られました。つまり正解者では，日常知と妥当な科学概念が学習者自身の体験によって遊離せずにしっかりと融合していることがわかります。

(3) 等速円運動の束縛が解けても物体は遠心力を受けるのか

Kaiser, Proffitt & Anderson (1985) は，水平面上の螺旋状のチューブから投射されたボールは外力が働かないのにカーブをした軌跡を描くとする**曲線運動力**(McCloskey, Caramazza & Green, 1980) という素朴概念が存在することを明らかにしています。本設問ではこの曲線運動力を抽出するために，糸の一端に物体を取り付け他端を中心として水平面内で等速円運動をさせた装置において，糸が切れた場合，その後物体はどのような運動をするのかを質問しました。

正答率は図6の通りです。

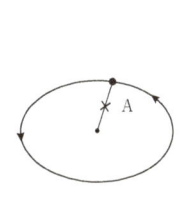

図5. 糸が切れた後も遠心力は作用し続けるのだろうか

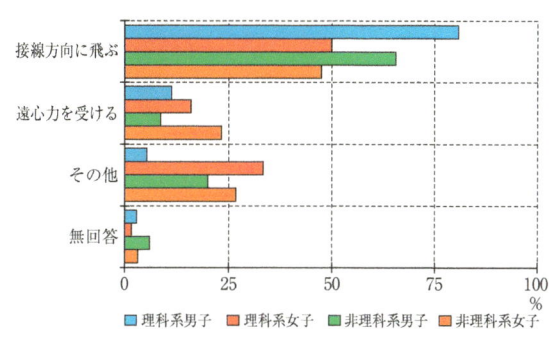

図6. 糸が切れた後も遠心力は作用し続けるという考え

(4) 加速中の電車の中の風船は傾くのか

本設問の正答率は図8に見るように極めて低くなっています。本設問では，日常知的経験によって複数のタイプの素朴概念が構成され，それらの素朴概念の方が科学概念よりも優位であると考えられます。調査結果から見られた素朴概念は「後方に傾く」と「そのまままっすぐ」でした。「後方に傾く」と解答した調査対象者の考え方は，風船に慣性力が作用し，そのために風船は後方へ傾いたとしています。一方「そのまままっすぐ」と解答した調査対象者の考え方には，2種類のタイプがありました。1つは，電車の運動について等速直線運動と等加速度直線運動を混同しているために生じたもので，電車内の風船にはなんらの力も作用

しないと考えています。もう1つのタイプは、加速度運動をしているという認識は持っているが、電車が加速度運動をしていても吊り革は傾いていないと考えており、その考え方から風船は傾かないと結論していました。調査対象者はそれぞれ独自の考え方を個々の経験から構成していることがわかりました。

本設問で抽出された代表的素朴概念を整理すると、「進行方向へ正の加速度運動をする空間内では、全ての物体は後方へ引っ張られる」という考えであり、これを**後方牽引力**と名づけました。

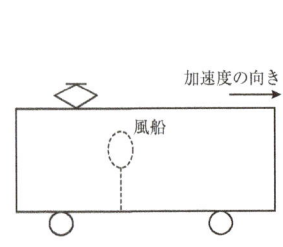

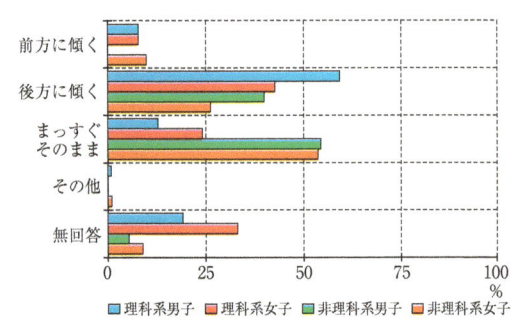

図7. 前方へ加速中の電車の中の風船はどちらに傾くか

図8. 前方へ加速中の電車の中の風船は後方へ傾くという考え

(5) 電流は消費されるのか

この設問も設問1と同様、正答率が低い例としてよく知られています。小学校の理科授業で本設問のような回路の場合、導線を流れる電流の強さはいたるところで等しいと学習しています。しかし、そのような認識が育っていないことは図

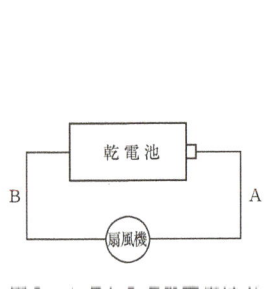

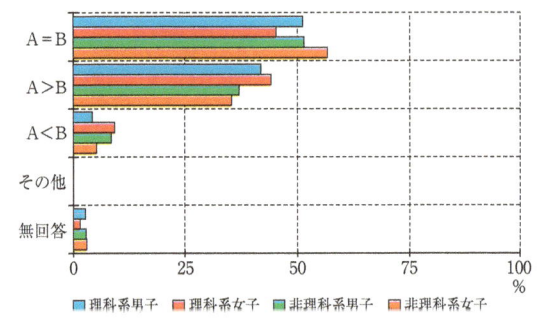

図9. A点とB点の電流はどちらが強いのか

図10. 電流は消費されるという考え

10 の結果から明らかです。また,「学校では流れる電流値は等しいと習ったが自分はそのような気がしない」という記述が多く見られましたが,この事例のように学校知と日常知が遊離した形で学習者の記憶に留まっている例も見られます。このことから,これまでの理科授業では学習者に科学知識を暗記させるだけで,学習者自身による科学概念構成を支援するという教授・学習過程が行われてこなかったなったことがわかります。

学習者にとって科学の学習は「自分はそうは思わないことを次々に覚えることである」という形になっていることが懸念されます。

また,「昔,学校で習った頃は覚えていたのに…」に代表される共通の解答が得られたことから,学習者が自らの生活の中で獲得してきた日常知が素朴概念として強固に構成されているために,学校知は学習後時間の経過とともに心理的葛藤により棄却され,科学概念として定着していないことも明らかになりました。

(6) 豆電球1個の場合と2個を直列接続した場合では電池が長持ちするのはどちらか

小学校のほとんどの理科の教科書に,乾電池1個に豆電球を1個接続した場合と,乾電池1個に豆電球を並列に2個接続した場合,どちらの電池が長持ちするかを調べる実験が掲載されています。本設問はこれをもとに設問を用意しました。小学校の実験では,豆電球を並列に接続することにより,回路全体に流れる電流が増加し,電池が早く消耗することを確かめることが課題として与えられています。このことが記憶に残り,豆電球の数が増加すると電池は早く消耗するという素朴概念が構成され,本設問の正答率は図12に示すように低くなっていると考えられます。非理科系男子大学生ではタイプBと考えた者は0人でした。

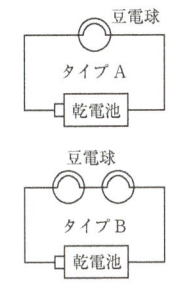

図11. 豆電球の個数を増やせば直列接続の場合でもより多くの電力を消費するのか

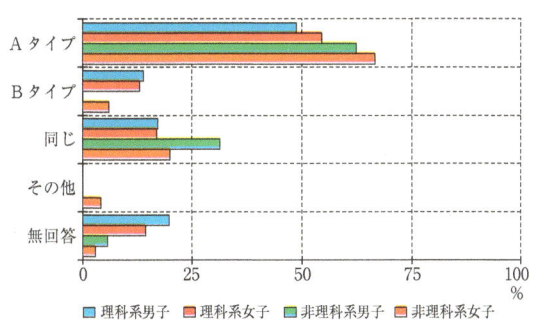

図12. 豆電球の個数を増やせば直列接続の場合でもより多くの電力を消費するという考え

本設問により，あらためて電気分野の学習の困難さが明らかになりました。つまり，複雑な電気回路の学習が学習者にとって困難であることを教師が予想することは難しくないかも知れませんが，本設問のような**基礎・基本的な内容の場合も困難であるという事実を教師は見落としがちである**からです。

(7)　直列に接続された3個の乾電池のうちの1つの乾電池の＋－を逆に接続した場合，電流は流れるのか

　本設問は，著者がこれまでに行ってきた授業中での経験から出題することにしました。キルヒホッフの第2法則の授業において，本設問のような電池の配列を提示したところ，「中学校ではそのような電池の並べ方をした場合，回路に電流

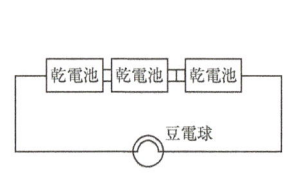

図13．直列に接続された3個の電池のうち1つが逆向きに接続された場合電流は流れないのだろうか

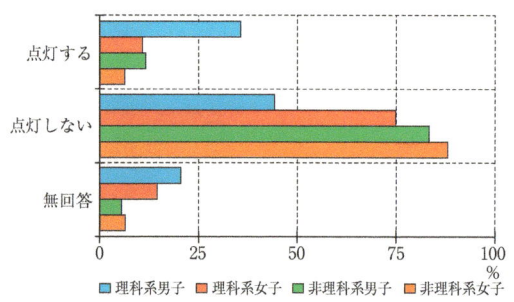

図14．直列に接続された3個の電池のうち1つが逆向きに接続された場合電流は流れないという考え

は流れないと習った」と発言した生徒がいたからです。そのときの授業で，発言した生徒と同じ考え方をしている生徒が何人ぐらいいるのかを挙手により調べたところクラスの2/3程度が「回路に電流は流れない」と考えていることがわかりました。この問題では，実際にこのような状況でも電流計の指針がふれることを見せたり，あるいは豆電球を点灯させたりという演示実験を行い，概念構成を図るような授業を行えばかなり改善が進みます。それでもこれまでの問題と同様に，大学生になるとこのような考えは放棄されることがあることがわかります。

まとめ

　好奇心にあふれた学習者（特に小学生）は，豆電球で電流が消費されるかどうかという問題で，豆電球の前と後で電流計にわずかでも差がないかどうかを見出そうと一生懸命になります。このとき，このようなタイプの閉じた回路では電流は一定であると覚えさせてしまうと，科学的探究活動への意欲が失せてしまいが

ちです。オームの法則の学習でも，とりあえず公式を覚えておけば問題は解けテストの点数も取れます。そしてこの経験により，「理科は暗記だ!!」となり，理科のいろいろな事象について「考える喜び」を失ってしまうのです。

　このような，覚えるだけの授業でよいのでしょうか。もちろん，大学に入ってからでないと扱えない高度な学習内容もあるかと思います。しかし学校の理科の授業の中では，まるで研究者が「ときめきながら，科学の本当の姿をあぶりだそう」としてきたように，生徒が自主的に考える場面を作りだすことが必要です。心から納得して学んでくれるように支援する必要があるのです。学習者は，研究者のようにわくわくしながら科学的な知識を自ら発見し，学びとっていくのです。**発見学習**という教授・学習過程が望まれます。

2.3　構成主義理科学習論を行うためには

　それぞれの授業担当者が事前に前節のような調査を行って，指導データとして準備しておくことは重要です。

　これまで物理の教師の間では「進行方向へ加速度運動中の電車の中の風船は後方へ傾く」などは**単なる誤答**として扱われ，**学習者の勉強不足**として処理されることが多くありました。しかし本調査の自由記述から，正答は○○であることは知っているが自分自身の考えとしては○○と考えている，あるいはどうしても○○と思えてしかたがないという記述が多く見られました。その考え方は授業で学ぶ以前から持っている考え方であり，授業を受けたからといって考え方が変わるものではないことが明らかになったわけです。それらは調査対象者にとって**心理的にそう思えるもので，科学知識の詰め込みだけではそれらの考えを克服することが困難なものといえます。**間違った生徒に向かって，授業で教えただろうといっても解決にはなりません。何度も何度も繰り返し説明しても，それでも理解されないままになる場合もあり得るのです。

　正しい理科の知識はこうこうこれですという，教師から生徒への一方向の授業，知識注入主義的な授業ではなく，できるだけ双方向的で**多方向ネットワーク型**の授業空間を作りたいものです。このような授業空間ができあがっている場合を，著者は社会構成主義的な授業が成立していると考えています。

　より根本的な基礎概念の学習には，学習者が主体的に教室内でディスカッションを行い，相互に学びあう空間を作り出すことが大切です。これはまさに研究者が学会の場でそれぞれの意見を闘わせ，やがて1つの概念がそのフロアの中で共有されていく過程とよく似ています。

今の時代，意見を言わない生徒が多いといわれますが，著者が高校教員をしていたとき，著者のクラスでは生徒は積極的に発言しました。また，現在の大学のゼミや授業でも学生は積極的に発言します。発言の機会がなかった生徒にも，少しでもいいので自分の意見を言ってもいい**チャンス**を与えることは，構成主義的な授業を行う上で重要です。生徒一人一人が主体的に授業に参加するわけですから，生徒は考えざるをえなくなります。教えられて覚える授業とは異なります。ある意味，授業の中で生徒たちは科学概念を研究者のように発見するわけです。そして，その発見した科学概念を互いに共有するのです。その場で概念を共有できていなかった生徒も，クラスの生徒から概念を共有するよう，学び合うよう励まされます。

このような知的な教授・学習過程を教師は支援し，進行役を務めるわけです。もちろん教師から，「みんなの出した結論は間違っている。正しくはこうだ」と指導し，なぜ間違っているのかをディスカッションさせることも時には必要です。このときも教師の役割は授業の進行役です。そして励ますことです。

このように理科教師は，学習者の素朴概念をふまえ，構成主義的な教授・学習過程を構築していく必要がより一層求められているといえます。

2.4　STS教育とSTEAM教育

学習内容の面からも理科教育の改革が行われ，**STS教育**が提唱されています。STSの最初のSはサイエンス（科学）のS，Tはテクノロジー（技術）のT，そして最後のSはソサエティ（社会）のSです。簡単に言い切ってしまうと，STS教育とは，科学Sと技術Tと社会Sの複合的な課題に，STS的な視点つまり総合的な視点を持って多方面からの解決をめざすような学力を育てることといえるでしょう。STS教育についてもいろいろな考え方がありますが，ここではSTS教育を構成主義学習論の場合と同様に，「学校での理科教育を生徒にとっても教師にとっても実り豊かなものにするためにはどのような実践を行うべきか」という視点から見た場合について紹介します。

昨今，日常生活で使われているものと教材との間にも乖離が生じていて，授業の教材として活用できないという問題が生じています。例えば，ばねの授業で「家庭にあるはかりを使ったことがあるでしょう」と教師が語っても，家にあるはかりが電子はかりでは，子供もたちにばねのイメージを持たせるのは難しいです。

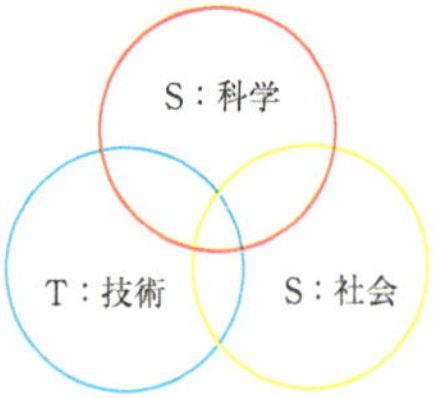

図 2.15　STS教育の概念図

このように日常品がブラックボックス化していて，動作原理はもとより，興味・関心の対象にすらならない場合がよくあります。かつては，時計やラジオを分解して楽しむ子供もいましたが，いまや，そのようなことは困難になってしまいました。このため，理科の授業で習うことは日常生活とは関係ないと思っている生徒が増えています。国際的な調査でも理科は日常生活に役立たないと考える子供たちが増加しています。しかし教師は，ブラックボックス化してしまったと単にあきらめるのではなく，学習内容と日常生活の中のいろいろなものが**つながっている**ことを紹介していく必要があります。

このような教授・学習過程を通して，自分たちが将来生きる未来社会を生徒たちに考えてもらうわけです。その未来社会は人間にとって幸せなものだけとは限らないでしょう。科学技術による闇の部分も予想することが，**アセスメント力**をつけることになります。現在社会では，**リスク・アセスメント**や**環境アセスメント**などアセスメントの力が必要になっています。大規模自然災害に巻き込まれたらどう生きればよいのか，情報系の混乱に巻き込まれたらどう対処すればよいのかなど，科学知識をもとに生きている私たち自身が主体的に判断しなければなりません。臓器移植，終末医療，iPS細胞に関することなどは個人だけの問題ではなく，多くの人々とのコミュニケーションの中で解決していくべき問題です。**このような課題にリーダーとして立ち向かうことができる人材**を理科教師は養成する必要があります。また，このような課題に対して，多くの子供たちが理解ができるように育て，高度科学技術社会を安全で安心にそして心豊かに生きていくことができるように有意味な教育を行う必要があります。

STEM教育はどちらかというと，STSの前半のSTを拡大してEMを深めたものでしたが，人間性を高める教育の必要性からSTEAM教育が目指されるようになってきています。STEAM教育では探究的な学びが大切にされています。

STS的な問題は科学が引き金となった社会問題ですが，科学教育としてどの教科・科目で指導することができるでしょうか。高校では，縦割りの物理，化学，生物，地学の授業をいくつか選んで卒業していきます。もし，生物や物理を学ばずに卒業したらその分野の科学知識を身に付けないままになっているということです。

近未来社会の問題に対処できるように，また，身近な日常に興味・関心を持ってもらい理科が日常生活に役立っているということを認識してもらうために，科学を総合的に学ぶことが重要です。このことへの対処としては，個別サイエンスを複数科目学ぶという方法ではなく，STS的な視点を理科教育に導入することが必要です。STS教育は環境教育やESD教育とも密接につながっています。

2.5 「ぷち発明」から「川村メソッド」へ

これまで構成主義学習論とSTS教育を2つの柱に，教育方法のあり方について述べてきました。しかし，いくら高尚な教育理念を持っていても，教育現場の仲間から賛同を得られないと一人孤立してしまい，管理職，PTAなどからも批判を受けることになってしまいます。

学校教育現場において多くの教師に支持され，児童・生徒にとって有意味な学習ができるような授業論が必要です。そのような授業論として，**ぷち発明からはじめる理科授業－川村メソッドの第1形態**というものを提案します。

理科教育で実現すべきことは，「理科の学習を通して，子供たちが想像力・創造力を涵養し，自立した個人として安全・安心で豊かな生活を送る」ことだと，著者は考えています。これを実現するのが構成主義的学習論とSTS教育の要素を取り入れた「ぷち発明からはじめる理科授業－**川村メソッド**」です。

人類は五感をフルに使って自然に挑んできました。土や岩を触って感触を確かめたり，食べ物になるか味をみたり臭いを嗅いだり，風の音や動物の鳴き声に耳を澄ましたり，遠くを偵察したり，近くを観察したりして，自然に挑み，自然の中にある原理・法則を見い出してきました。これこそが人類の歴史です。この人類史は別の言葉で**発明と発見の歴史**と表現できます。つまり，私たち人間は何かを発明し，何かを発見しうる主体であるということです。ずばりぷち発明とは，人間力そのものであるといえます。

理科教育の授業において，私たち教師は生徒をそういう主体として見ているでしょうか。どの生徒にもその生徒なりの気付きがあります。教育現場ではそれを**気付き**といってきましたが，まさにこれこそ，その生徒にとっての発明・発見なのです。大発明や大発見となるとそう簡単にできるものではありませんが，ぷち発明というといかがでしょうか。みなさんも，「あの教材をこういうふうに作り変えて，こんな教材を作ったな」というような経験があるのではないでしょうか。そんなことを**ぷち発明**と呼びます。ここで大事なことは，学習者が自分で主体的に創意・工夫していることです。授業の中でちょこっとそんな時間を作ってみてはいかがでしょうか。

では，ぷち発明からはじめる理科授業では，どんなことを大切にすればよいのでしょうか。自分で実験をすると，怪我をして痛い経験だけでなく，多くの生々しい体験ができます。重さを感じたり，いいフレーバーだったり，暖かさや涼しさを実感したり…。いわゆる，人間が生きている証しである五感をフル稼働させ

て，自然と対話するというのが実験のもう1つの役割だと考えています。自然との対話を繰り返しながら，人類は人間力ともいえる力を蓄えてきました。それはまさに，自然の中を生き抜いていく知恵です。科学はその一部を担っている学問です。自らの肉体を使って行う実験は，そんな人間力を高めるのに重要な役割を果たします。だからこそ，若い生徒にはもっと多くの実験を**体感**してほしいし，そのような機会を先生方は授業の中に実現して頂きたいのです。

　人間力は，**演示実験，先生が悦に入って解説しているだけでは身に付かない力です**。川村メソッドとは，科学や科学技術の内容，STS的な内容さらにはSTEAM教育的な内容を学ぶのに，ぷち発明のチャンスを理科授業の中に作り出し，ディスカッションなどを通して構成主義的に，つまりは探究的に学びながら，学習者自身の身に付くような理科授業論です。

2.6　まとめにかえて

　科学の学習は，未知との遭遇です。教師は，先に生まれた人間として体験を通して物事を知っているかも知れませんが，生徒たちは初学者で経験も持っていません。指導者は科学知識をリアルなものとして持っているかも知れませんが，知識のみを注入された生徒にとってはバーチャルなものでしかありません。研究室の学生に，彼らが高校で学習した内容についてぷち発明実験を紹介すると喚起の声をあげて喜びます。そして，あの法則はこういうことだったのかと，**今**，納得した様子です。彼らは難しい物理学を学んできてはいますが，その内容を本質としては理解していなかったともいえます。著者は，多くの子供たちが科学や科学技術やSTS的内容を学習者自身のものとして学べるように，理科教師のみなさんには指導してほしいと願っています。

文献
川村康文編著「STS教育読本」，かもがわ出版，2003
川村康文「よくわかるおもしろ理科実験：身近な現象の探究から環境問題へのアプローチまで」（東京理科大学・坊ちゃん選書），オーム社，2009

3. 構成主義的な理科学習指導案の書き方

3.1 理科の学習指導案とは

　構成主義的な理科授業をするための手始めとして，学習指導案を書いてみましょう。しかし，いきなり構成主義的学習指導案を書きあげることは難しいので，まず一般的な学習指導案の書き方からはじめましょう。

　学習指導案の形態は教科や都道府県によって異なりますので，これが一番いい指導案ですと示すことは難しいのですが，どのような授業がされているのかを授業参観する観察者に理解しやすい指導案を作成し，共有することが大切です。これにより，授業後の反省会でも建設的な意見がもらえ，よりよい授業を目指すことが可能となってきます。指導案作成のために指導案を考えるというのは本末転倒です。よりよい授業を行うためのガイドであると考えて下さい。

　それでは，指導案の構成要素について説明します。まず指導案には，
(1) 教育実習などで毎時の授業に向けてつくる**略案**
(2) 教育研修会や教育実習の仕上げとして行われる研究授業などでよく求められる一単元全体を通した**細案**
(3) 年間学習計画などをきちんと立てて作成される**密案**

があり，階層的な構造になっているため，略案，細案，密案で求められる項目は，統一的なものと，階層ごとに新たに求められるものとがあります。著者が教員養成大学の附属高校で勤務していたときには，教育実習生には毎時略案を作成させ，教育実習の仕上げの研究授業では細案を提出させる，というのが伝統でした。しかし現在では，教育現場が多忙なこともあり，仕上げの研究授業ではじめて略案を作成するところも多いようです。そこで本書でも，細案を意識しながらも，丁寧な略案の書き方を紹介していくことにします。

　それでは略案の構成要素を見てみましょう。

①指導案の属性の記述

まず最初に，どの教科の指導案なのかを宣言します。例えば，「高等学校物理学習指導案（略案）」というようにです。センタリングして，ポイントも 16 ポイントほどの大きな文字にします。

続いて，改行して右詰めで，「指導者：○○○○印」改行して「指導教員：○○○○印」とします。次の行に「対象：物理 2 ○講座（男子○名，女子○名，計○名）」を，改行して「日時：平成○○年○月○日　第○校時（10：40〜11：30 など）」を，さらに改行して「場所：物理実験実（あるいは○年○組教室）」と書きます。

ここで，**押印**という作業が入っていることに注目して下さい。指導者も指導教員も押印します。つまり，学習指導案というものは決して軽々しいものではありません。**重要な公的書類**だということを常に念頭に置くべきです。生徒との間に，「私は教師として，みなさんの学力向上を保証するいい授業を実施します」という契約書なのです。

これで，授業を行うクラスの属性の設定は完了です。

②教材観・生徒観・指導観

それでは，内容の書き方を具体的に紹介しましょう。

最初に，授業の単元を「1. 単元名：運動の第 2 法則」のように示します。続いて「2. 本時の教材観」，「3. 本時の生徒観」，「4. 本時の指導観」を記述します。なお，「本時の」というのは「この授業の」という意味です。

「2. 本時の教材観」では，基本的にその単元の学問的な背景をきちんと調べて書き込みます。例えば，運動の第 2 法則（運動方程式）であれば，アリストテレスによる運動の考え方，ガリレオ・ガリレイによる慣性の法則の発見，もっと踏み込んで，なぜニュートン自身が一番貢献したであろう第 2 法則を第 1 法則とは呼ばず，慣性の法則を運動の第 1 法則としたのかにも触れてもよいでしょう。運動の第 3 法則についても，細案以上の学習指導案では中単元の内容を網羅的に扱う以上，きちんと記述する必要があります。このように，自分なりに教材観をまとめて，自分が生徒にどのような内容の授業を行おうとしているのかを事前に整理しておきます。

「3. 本時の生徒観」では，次の「4. 本時の指導観」を整理するためにも，自分の目の前にいる生徒たちを十分に観察しておく必要があります。生徒は決して敵ではありませんが，昔から「敵を知り己を知らば百戦危うからず」といいます。今の言葉では「丁寧なマーケティングを行って消費者およびその動向を知る」とでもいったらよいでしょうか。いわゆる対象者について十分に知っておかないと，

せっかくのいい教材も空振りに終わります。

　ある学年で複数クラスの授業を受け持つ場合でも，クラスごとに性格は異なります。学年が異なれば，学年のカラーも出てきます。生徒たちは多様ですから，この教材１つだけで，指導案もこの１つだけというわけにはいきません。また，10年以上教師を続けていると自然と見えるようになってくるのですが，クラスの中にさまざまな**キーパーソン**がいます。授業を盛り上げてくれるキーパーソン，授業をかき回すキーパーソン。それらのキーパーソンの存在によって，クラスごとのカラーが決まってきます。キーパーソンに頼った授業ではいけませんが，キーパーソンを無視して授業を行おうとすると，授業崩壊を起こしがちです。**授業というのは１回だけの講演とは異なりますので，１回だけ独創的でウケのいい授業を行ったとしても，１年間はもちません**。１年間あるいは２年，３年という長期間の中では，生徒と信頼関係を築き，お互いの信頼のもとに授業が展開されないと，やはり授業崩壊の原因となってしまいます。生徒との信頼関係を構築する上でも，キーパーソンというのは重要な役割を果たします。

　教材観と生徒観が整理できたら，次は，いよいよ**「4. 本時の指導観」**です。実際の授業で生徒にどのように指導すると学習効果があるのかを記述します。

　自由に実験をさせる方がより高い学習効果が期待できるクラスもあれば，授業をかき回す生徒が多く生徒実験をすると事故の危険が高いクラスもあることでしょう。１人で授業をするのか，TT（チーム・ティーチング）をお願いするのか，理科助手さんとの役割分担など，授業の運営的な側面についても考える必要があります。一方，どのような授業論で教授・学習過程を進めるのかも選択する必要があります。しかし，授業の方法論をクラスのタイプに合わせて何種類も用意するのは至難の技です。そこで，応用範囲が広い授業方法論を身に付けておくことが大切です。その１つが本書で中心的に扱っている構成主義的理科学習論というわけです。

③行動目標

　続いて**「5. 本時の目標」**を書くことになります。ここで書く目標は，「○○ができる」と具体的に**行動目標**の形で記述します。「○○がわかる」や「○○が理解できる」という目標を書いても，実際に「わかったかどうか」を授業中に判定するのは困難です。そこできちんと評価ができるように，「○○ができる」と行動目標の形で記述することが大切です。また現在，国内では表１のような評価の観点が用意されており，そのような観点から目標を定めることが重要です。

④教具・展開計画・評価・板書

表1. 観点別評価の趣旨について

観点	趣旨
関心・意欲・態度	自然の事物・現象に関心を持ち，意欲的にそれらを探究するとともに，科学的態度を身に付けている。
思考・判断	観察・実験などを通して，自然の事物・現象の中に問題を見いだし，事象を実証的，論理的に考えたり，分析的，総合的に考察したりするとともに，事実に基づいて科学的に判断する。
観察・実験の技能・表現	観察・実験の技能を習得するとともに自然の事物・現象を科学的に探究する方法を身に付け，それらの過程や結果を的確に表現する。
知識・理解	観察・実験などを通して自然の事物・現象についての基本的な概念や原理・法則を理解し，知識を身に付けている。

[出典] 山際隆・江田稔「各教科の評価のポイント」，中等教育資料，平成5年12月号

次は，「6. 単元の資料・教具」です。本時で必要な資料や教具を書きます。教科書やワークシート，実験で使用する器具を具体的にあげておきましょう。

続いて，「7. 本時の展開計画」です。この部分が指導案の命の部分といっても過言ではありません。いい授業をする教員は特に発問が洗練されています。そのような教員の指導案は予想される生徒の応答も充実していて，生徒の反応によって臨機応変に指導計画を対応させ，授業の目的を達成しています。みなさんも骨太の指導計画をしっかりと練って下さい。

続けて，自分の行った授業の評価を行います。「8. 本時の評価」です。最初にあげた目標が達成できたかどうかを評価します。

最後に，「9. 本時の板書計画」を記載します。デジタルコンテンツを使う場合にはパワーポイントなどを印刷したものも板書計画へ貼り付けておきます。

細案の場合には，構成は次のようになります。

最初に，授業の単元を「1. 単元名：運動の第2法則」のように示します。続いて，「2. 単元設定の理由」を起こして，その下位に，「1）教材観」，「2）生徒観」，「3）指導観」と順に立て，それぞれの内容を丁寧に記述します。

その次に「3. 単元の展開計画（全〇時間）」とタイトルを起こし，それに続いて，全〇時間におよぶ単元の展開計画を記述します。例えば「運動の法則」の場合，

第1時限　生徒実験「運動の法則」
　　　　　　　―記録タイマーで加速度測定を行う（実験前に原理説明も行う）
　　　第2時限　生徒実験「運動の法則」
　　　　　　　―第1時限で得られたデータの処理を行う（表にまとめる）
　　　第3時限　生徒実験「運動の法則」
　　　　　　　―第2時限の授業で実験データの取り直しがあればそれも行う
　　　　　　　（グラフ化する）
　　　第4時限　生徒実験「運動の法則」
　　　　　　　―発見学習的方法によって，運動の第2法則を導き出す
　　　第5時限　運動方程式

のように記述し，本時の時限に **(本時)** と明記します。

　その後は，略案のように**「4. 本時の目標」**に入っていき，**「5. 単元の資料・教具」**，**「6. 指導計画」**と続けます。略案では本時の指導計画のみを書きますが，細案では上記の単元の指導計画の全時間数分を書きます。そのあとは，略案の流れに従います。学習指導案を見れば本時の授業展開・生徒の学習・評価がきちんとわかることが大切です。

　最初に計画した指導案の通りに授業が展開できなくなった場合，指導案にしがみついた授業を続けてはいけません。研究授業だから評価されるので…という，自分自身の保身に走り，生徒を置いてきぼりにしてしまうようなことは決して行わないようにして下さい。指導者の躊躇が生徒の貴重な時間を奪ってしまわないように，生徒のようすをよく観察しながら授業を行って下さい。このことが生徒をよく観察して下さいと述べた理由なのです。指導案通りの授業にならなくても，生徒たちにとって有意義な授業となるように，学習者中心主義の教授・学習過程を行うことで，構成主義的な理科学習を進めて頂けたらと願っています。

3.2　学習指導案の実際（略案）

　それでは，学習指導案の具体例を示します。初心者が，学習者中心の構成主義的学習指導案やそのような授業の展開計画を書くのは至難の技です。そこでまず，冒頭の流れは教師中心主義的に展開してみます。そして，授業の途中から学習者中心主義的な展開に切り替えたものを示しますので，どういうタイミングで，どういう方法で，学習者中心主義的な授業へと変革していくか，授業の展開計画の流れから見きわめて下さい。自分の授業を改善させるヒントが見えてきます。紙面があればいろいろな事例を示したいのですが，まず一事例を紹介しましょう。

高等学校物理学習指導案

指導者：○○○○印
指導教官：○○○○印

対象：3年2組（男子20名，女子20名，計40名）
日時：平成24年4月30日　第3・4校時（100分間）
場所：物理実験室

1. **本時の単元名**
   運動の第2法則
2. **本時の教材観**
   前時は，慣性の法則（運動の第1法則）について学習した。本時は，それを受けて運動の第2法則を取り扱う。
   物体に同じ大きさの力を作用させる場合，質量が大きいほど加速度が小さくなる。質量と力は反比例の関係にある。また，同じ質量の物体に力を加える場合，加える力が大きいほど加速度は大きい。まとめると，物体に力$\vec{F}$が作用するときは，力$\vec{F}$の方向に加速度$\vec{a}$を生じ，その大きさaは，力の大きさFに比例し，物体の質量mに反比例する。このことを**運動の第2法則（運動の法則）**という。加速度，質量，力の関係を一つの式にまとめると，

$$\vec{a}=k\frac{\vec{F}}{m} \quad あるいは \quad m\vec{a}=k\vec{F}$$

このとき，比例定数kが1になるように力の単位を決めると，式の表現が簡潔になる。質量1 kgの物体に1 m/s^{2}の加速度を生じさせる力を1 N（ニュートン）と決めると，運動の法則の式は，

$$m\vec{a}=\vec{F}$$

と表される。この式を運動方程式という。
3. **本時の生徒観**
   生徒は，これまで，動いている物体には動く向きに力が作用していると考えていたが，慣性の法則を学ぶことで，本来，物体は力が作用しなくても初期に持っ

ていた速度を維持しながら等速直線運動を続けることを知り，物理学的なものの見方について感動をもって学んでいる。このことにより，物理に対する興味・関心を高めている。

　生徒は，速度・加速度の授業で加速度概念を身につけており，重力加速度測定の生徒実験により，記録タイマーと記録テープでの加速運動の測定方法は体得している。

　A君は物理好きで，授業においては積極的に物理をよく理解した発言をするが，彼ばかりが発言すると，クラス全体としてはディスカッションモードにならない場合が多い。Bさんは，HRでは議長をしていて，クラス全体を巻き込んでの議論を展開させるのに慣れている。

4.　本時の指導観

　力学における重要な法則である運動の第2法則を，実験により発見学習的に導くよう指導したい。つまり，運動方程式を公式として与え，力学の問題を生徒に解かせるだけの授業を行うのではなく，生徒自身が自ら考えながら $F=ma$ の関係式を導き出せるように授業を展開したい。

　具体的には次のように授業を展開する。

　事前に準備した何通りかの質量の台車を，事前に準備した何通りかの力で引っ張り，その加速度を記録タイマーで測定する実験を行う。前時で，慣性の法則により力が作用していない，または力がつり合っている場合，物体が等速度で動き続けることを確認した。本時では，実験機を見せながら，まず，物体に外力を加えると物体の速度はどうなるか生徒に考えさせたり，同じ大きさの外力を加えた場合でも質量が大きくなるとどうなるか考えさせる。その後，どんな実験を行えば力と質量と加速度の関係がわかるのか考えさせる。

　実験では，事前の準備として，各条件で最小限5種類のデータを取ることで合計25個のデータが得られるように用意しておき，このようなデータ数が必要なことに生徒が気付くよう導く。この実験では，クラス全員が一致協力してプロジェクトチームを組み，データ収集から解析までを行うという意識が芽生えるように，生徒を鼓舞する必要がある。

　1時間目はデータの収集を，2時間目はデータの解析を中心に授業展開する。キーパーソンのBさんを中心に，生徒たちによる自主的なディスカッションを展開しながら，表からグラフ作成を行い，法則を発見していくように導く。常時，生徒に実験の意味を考えさせ，データの意味も理解させながら実験を行う必要があり，適時発問をきちんと行う。

5. 本時の目標 (行動目標で書いています)

- 力と質量と加速度の関係を数式で書くことができる (知識・理解)。
- N (ニュートン) という単位の意味が説明できる (知識・理解)。
- 自ら実験の意味を考えて実験に積極的に参加できる (関心・意欲・態度および思考・判断)。
- 表からグラフを作り，式を導き出すことができる (知識・理解および観察・実験の技能・表現)。
- 観察した事象を解析し，法則性を導くことができる (知識・理解および思考・判断)。

6. 本時の準備物 (1 班分：4 人で 1 班)

記録タイマー 1 台，記録テープ (45 cm×5 本)，力学台車 1 台，おもり (2 種類 4 個ずつ)，L 型アングル 1 個，C 型クランプ 1 個，滑車 1 個，はかり 1 本，ひも 1 本，教科書，プリント 4 枚，定規 (各自)，グラフ用紙 (各自)，ノート (各自)，大型グラフ用紙 (演示用)，マグネット (演示用)

7. 本時の展開計画

段階	学習内容	教師の活動	生徒の活動	留意点
導入 8 分		挨拶 出席確認	挨拶 返事する	適宜発問を入れるように留意
	前回の復習および本時の内容説明 (5 分)	(板書①) 「前回の授業では力が加わってないときの運動を説明しました」		ディスカッション形式なので生徒に十分に発表する時間を作る
	物体に外部から力が加わったときの運動	(発問) 「では，力が加わったとき物体はどんな運動をするでしょうか」 生徒の発言を抽出し黒板に書く	(予想される生徒の応答) ・物体は静止する ・物体の速度が速くなる ・物体の速度が遅くなる ・物体の速度が変化する	力が加わったときに物体がどんな動きをするか考えて発言するよう促す (思・判)
		(発問) (実験機を見せながら) 「重いものと軽いものに同じ大きさの力を加えた場合，何か違いはあるでしょうか」	(予想される生徒の応答) ・重いものの方が勢いがある ・重いものの方が勢いをつけにくい ・重いものの方が加速しにくい	実験機を見て，重いものと軽いものに同じ力を加えた場合どうなるのか考える (思・判)

展開Ⅰ 7分	実験の事前	(発問) (実験機を見せながら) 「ここに実験機があります。力と加速度と質量の関係を調べるにはどんな実験をすればいいでしょうか」	(予想される生徒の応答) ・3つを一度に調べるのは難しいです ・1つを固定して残りの2つの関係を調べるといいです ・どれを固定するのか考えないと…	力と加速度と質量の関係を調べるためにはどんな実験をするとよいかを考え発言する (思・判)
展開Ⅱ 35分	生徒実験「運動の法則」	各グループごとで,台車とおもりの合計としての総質量を固定し,台車を引く力を5種類かえて,加速度測定を行うよう指示する	各グループごとで,台車とおもりの合計としての総質量を固定し,台車を引く力を5種類かえて実験し,加速度を求める	展開Ⅰで生徒より出された実験方法をまとめて示す。 加速度が求められるか留意する (技) 記録テープから加速度を求められない生徒には,適宜,補足説明を行うよう留意 (板書③)
		板書④の表を黒板に描く	板書④の表をノートに描く	クラスとして,合計25個のデータを取る (技)
		各グループ担当の加速度を,黒板に記述するよう指示する。合わせて,各自のノートにも記載するよう指示する	各グループ担当の加速度を,黒板に記述すると同時に,各自のノートにも記載する	
休み時間 10分	休み時間	グラフ用紙の配布など次の時間の準備	休憩	
展開Ⅲ 20分	$f-a$ グラフ作成	(発問) 「1変数を固定し,残りの2変数の関係を調べると合意がありましたが,具体的にはどう進めましょうか」	(予想される生徒の応答) ・3変数とは,質量m,力f,加速度aですか? ・mとfの関係を調べるには,aを固定するといいですが,aの値は,ばらばらで固定できないです ・mとfの関係は,こちらで決めた量なので,調べても意味がありません ・fを固定して,$m-a$の関係を調べたいです	

			・m を固定して，$f-a$ の関係を調べたいです	
		(発問) 「いろいろな意見がありますが，クラス全員で，プロジェクトとして進めたいので，どれか1つの方法にしぼりませんか」	(予想される生徒の応答) ・実験では，m を固定して実施したので，$f-a$ の関係を調べるといいのではないでしょうか ・f を固定して $m-a$ の関係を調べるのはあとからやってみたいです	
		では自分の担当する総質量の $f-a$ グラフを作成しましょう	自分の担当する総質量の $f-a$ グラフを作成する	
		各班の代表者に，黒板にグラフを描いてもらう	各班の代表者は，黒板にグラフを描く。それぞれの班員は，他班のグラフをノートに描き写す	
		(発問) 「各質量ごとに描かれた $f-a$ グラフからどんなことがわかりますか」	(予想される生徒の応答) ・原点の付近を通る直線グラフではないでしょうか？ ・一定の傾き k の直線だと思います ・$f=ka$ と描けるのではないでしょうか？ ・傾き k は，$k=\dfrac{f}{a}$ だと思います	
展開 Ⅳ 15分	$m-k$ グラフ作成	(板書⑥)に，求めた傾き k を，それぞれの担当の総質量のところに記入するように指示する	生徒は板書⑥をノートに写し，求めた傾き k をそれぞれの総質量のところに記入する。 指名された生徒は黒板に，求めた傾き k をそれぞれの総質量のところに記入する (予想される生徒の応答) ・総質量 m と傾き k の関係を求めていくといいですね	このあたりから，クラスへの教師の介入はほとんど必要でなくなり，生徒同士での積極的な能動的ディスカッションが進み，クラスでの学びは社会構成主義的に進む（関心・意欲・態度と表現）。

			・それなら $m-k$ グラフを描けばいいんだ ・$m-k$ グラフっていうことは，m と f/a の関係がわかるから，3変数の関係がでるのね
		(発問) それでは，みなさん，m と f/a の関係を求めてみて下さい（板書⑦）	**(予想される生徒の反応)** ・$m-k$ グラフの傾きを k' とすると，$k=k'm$ となりました ・それはすなわち，$f/a=k'm$ だから $f=k'ma$ だ！ ・実験式は，○$f=ma$ となりました
		すごくいい実験式になりましたね。この実験はこの学年の物理クラス全体で行っていますが，他の1組と3組のデータなどを合わせてみましょう。すると，このクラスだけの実験式ではなく，この学年全体での実験式もでますね	
展開 Ⅴ 10分	さて，みなさんが出してくれた実験式ですが，数多くの回数を繰り返し行うと，やがて理論値に近い値の収束してきます **(発問)** 「理論値ではこの値はどのような値になると思いますか」 実は，そうなんです。みなさんが，共同プロジェクトとしてやってきたこの実験	**(予想される生徒の応答)** ・ほぼ10なのではないでしょうか ・不思議なことに，9.8に近い		

	における理論式は，$9.8f = ma$ となります		
	(発問) 「しかし，これを方程式として計算をすると，いつも 9.8 という係数がついてくるので，なんとかすっきりと計算する方法はないだろうか？」	**(予想される生徒の解答)** ・たしかに便利だけれど，どうしていいか，ちょっと難しすぎます ・おお，これは難問！	
	実は，この難問をみごと解決してくれて，後世に生きる私たちを楽にしてくれたのが，かのアイザック・ニュートンなんですよ	・ニュートンはすごい！ ・そういえば，中学校で，すでにニュートンという単位は使っていたな	
	これまで，実験ではおもりの重さ，つまり重力の大きさを f [kg重] としてきたので理論式を $9.8f = ma$ としてきましたが，ここで，$m=1$ kg，$a=1$ m/s^2 としたときに，$F = ma = 1 \times 1 = 1$ となるような新しい力の単位を決めればよいわけです。そのような新たな F を考えると $9.8f = F$ と置き換えられます。そのときの力の単位がニュートン〔N〕です **(板書⑧)**	**(予想される生徒の応答)** ・そうなんだ。1 N とは，1 kg 物体に 1 m/s^2 の加速度を生じさせる力なんだ	

まとめ 5分		運動の第2法則は、言葉で書くと長い文章になれるけれど、数式で書くと簡単になって $F=ma$ と書けるね。数式はとっても便利なコミュニケーションツールで、世界中、$F=ma$ で通用するんですね	(予想される生徒の反応) ・いままで数式は嫌いだったけれど、こんなに便利で素晴らしいものだったんですね

8. 本時の評価

・力と質量と加速度の関係を $F=ma$ と数式で書くことができたか（知識・理解）。

・1 N とは、1 kg 物体に 1 m/s^2 の加速度を生じさせる力であると説明できたか（知識・理解）。

・自ら実験の意味を考えて実験に積極的に参加できたか（関心・意欲・態度および思考・判断）。

・表からグラフを作り、式を導き出すことができたか（知識・理解および観察・実験の技能・表現）。

・観察した事象を解析し、法則性を導くことができたか（知識・理解および思考・判断）。

9. 板書計画

板書①

運動の第2法則
　〈復習〉　運動の第1法則
　　　　力を加えないと物体はどんな運動をするでしょうか
　　　　　　⎰・静止し続ける←速度が0の等速直線運動
　　　　　　⎱・等速直線運動
　　　　では、力を加えたときはどうなるでしょうか
　　　　　（予想される生徒の応答を書き並べましょう！）
　　　　　　・物体は静止する
　　　　　　・物体の速度が速くなる
　　　　　　・物体の速度が遅くなる
　　　　　　・物体の速度が変化する

> **板書②**
> 「重いものと軽いものに同じ大きさの力を加えるとどうなるでしょうか」
> **（予想される生徒の応答を書き並べましょう！）**
> ・重いものの方が，勢いがある
> ・重いものの方が，勢いをつけにくい
> ・重いものの方が，加速しにくい
>
> 　　　　　　　　力 F
> 　　　　　　／　　　＼　　　⇔　F と m と a の関係は？
> 　　質量 m ＿＿＿＿＿ 加速度 a
>
> **以下略**

以上が指導案の例です。

学習者がどの方向に向かって進めばよいかがわかってくると，クラス全体がまるで自学自習をするかのように，学習が進みはじめます。そのスイッチのボタンを，指導者がどのタイミングでうまくいれるかということです。ときには学習者同士の学びですから，違った方向にそれる場合もあります。その場合には，発問を適宜入れて，学習者が迷子にならないようにガイドをする必要があります。

アメリカの大学での白熱教室が話題になっていますが，カリスマ教授など，先生が中心的な役割を演じています。しかし著者は，授業での主役を先生から生徒に手渡してみてはいかがでしょうかと皆さんに提案したいと思います。生徒たちは科学の発見者としてたくましく自ら学習し，科学的知識を構成していくことでしょう。そして，あなた自身は教師として，そのようなプロセスをまのあたりにすることになると思います。川村メソッドはそういう授業作りです。

第 2 部

理科の授業で指導する実験と学習内容

物

1 ばねはかりを作って測定実験

　力学の分野では必ず「力」について指導します。学習者は「力」という言葉からどのようなことをイメージするでしょうか。「力持ち」とか「力が弱い」などという答えが返ってくると予想されますが，学習者がイメージしている力の大きさは同じ大きさでしょうか。何かで確認する必要があります。そこでばねはかりを活用することになります。日常生活でも学習者に力の大きさを継続的に意識してもらうためにマイばねはかりを作ってもらいましょう。ちなみに，ばねはかりで，ばねばかりではありません。

準備物：①タピオカストロー（直径 1 cm 程度，長さ 20 cm 程度），②つる巻きばね（間が詰まったタイプのばねの場合は少し引き伸ばしてから使いましょう），③やや太い金属棒（フックにするので曲げることが可能なもの），④柔らかい金属線（ばねを吊します。ステンレス線など），⑤幅 2 cm 程度のペットボトルの側面（タピオカストローに 1 周巻き付け補強します），⑥セロハンテープ

工作：①図のように，上側にするタピオカストローの端にペットボトルの側面を巻き付け，セロハンテープなどでとめタピオカストローを補強します。
②タピオカストローの中にいったん伸ばして間を広げたばねを吊します。このとき，ペットボトルで補強した部分に金属線を通してばねを吊します。金属線だと 0 点の位置がずれません。
③ばねの下方には，おもりを吊せるように下端をフックにした金属棒を作り吊します。
④目盛りを描くために，タピオカストローにセロハンテープを貼ります。これで，目盛りの打ち間違いをしてもセロハンテープを貼り替えればオーケーです。
⑤おもりを吊していないときに，原点を定めておきます。
⑥重さのわかっているおもりを吊し（例えば 0.5 N とか 1 N），目盛りを打ちます。N 単位と g 重単位の両方を入れてもオーケーです。

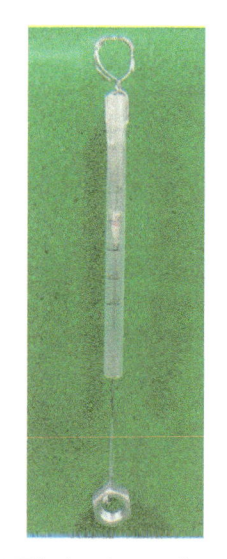

これで完成です。できれば2N以上の重さが測定できるものを作っておきましょう。以下3つの実験の指導例を紹介します。

実験1：フックの法則

ばねにおもりを吊し，吊したおもりの個数とばねの伸びを測り，グラフを作成します。おもりの個数とばねの伸びは比例し，ばねに作用する力 F〔N〕とばねの伸び x〔m〕伸びが比例します。フックの法則です。

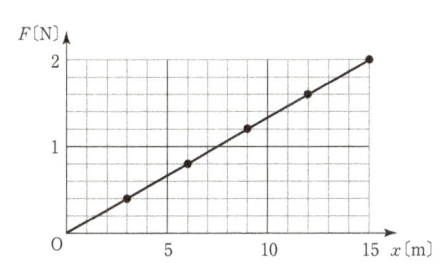

F と x との比例定数を k とすると，フックの法則は $F=kx$ と書けます。このときの k を，**弾性定数**あるいは**ばね定数**と呼びます。単位は，MKS単位系では〔N/m〕を用います。

実験2：2力のつり合い──つり合う2力は一直線上等大逆向き

ばねはかり2つの間に消しゴムなどを取り付けて，互いに引き合います。つり合っているとき，2力の大きさが同じになることを，ばねはかりで確認します。このとき，消しゴムという一物体に作用する2力が，力のつり合いの関係にあったわけです。

実験3：作用・反作用の法則──作用・反作用の2力は一直線上等大逆向き

2つのばねはかりのフックを直接絡ませ引き合います。一方のばねが引く力の大きさ（作用の大きさ）と他方のばねが引く力の大きさ（反作用の大きさ）が等しいことがわかります。一方が相手を引くと，相手も同じ大きさの力で引き返します。作用・反作用は，2物体間での相互作用です。

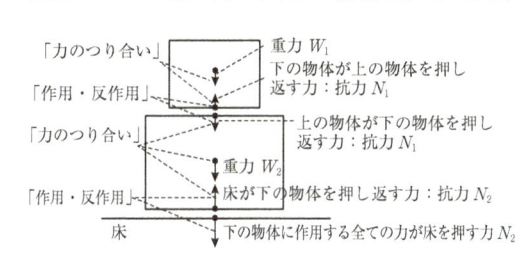

物

2 力の合成・分解の実験

　力の指導では力の大きさだけでなく力の向きをきちんと指導する必要があります。学習者には具体的にサッカーボールのパスなどを想定してもらうといいでしょう。ボールのパスで重要なことを質問し考えてもらうというわけです。強く蹴るだけではどこに飛んで行くかわかりません。力の大きさと向きとを考えないとパスはうまくつながりません。このように，大きさと向きを持つ物理量を**ベクトル**といいます。それに対して大きさだけの物理量を**スカラー**といいます。

準備物：① 180 cm アングル 4 本，45 cm アングル 4 本。アングルを止めるボルトとナット，②軽い容器 3 個，③少し重いおもり 12 個，④滑車 2 個，⑤たこ糸

工作：① 180 cm アングル 4 本で正方形の枠を作ります。このアングルの枠が倒れないように 45 cm アングルを脚として取り付け，さらに滑車を止めるためのアングルを取り付けます。

②写真のように，アングルの上端に滑車をそれぞれ 1 個ずつ取り付けます。

③たこ糸に 3 つのカップを取り付けますが，両端のカップはたこ糸にくくりつけても，真ん中のカップは自由に動けるようにクリップなどを利用して吊します。なお，カップはおもりの重さに対してノイズにならないように軽いものにし，おもりはある程度重いものを選びます。ただし，重すぎて怪我の原因にならないように注意しましょう。

④生徒に，机の上でもできる実験を考えて作ってもらいましょう。

実験1：力の合成

互いに向きが異なる力の合成・分解では，**力の三角形**を利用するか，**平行四辺形**の法則を利用することになります。力の三角形では直角三角形を利用すると指導しやすいので，3：4：5の直角三角形が利用できるように，実験を仕込んでおきます。

①学習者を2～4人程度のいくつかのグループに分けます。
②各グループに，おもりを12個渡します。そして，3つのカップにすべてのおもりを入れてつり合いの条件を作ってもらいます。
③つり合ったら，ノートに3つの力の「力の図示」を行ってもらい，力の合成を考えてもらいます。

例えば，両端のカップにそれぞれ3個と4個が入ったとき，第3番目のカップに5個入れると，3：4：5の直角三角形ができ，力のつり合いが成立します。3の大きさの力と4の大きさの力の合成で5の大きさになったことを理解してもらいます。

実験2：力の分解

3：4：5の直角三角形の状態を再考し，5の大きさの力は，3の大きさの力と4の大きさの力に分解できることを理解してもらいます。また力は，直交する2つの方向に分解すると便利なことも体験してもらいましょう。

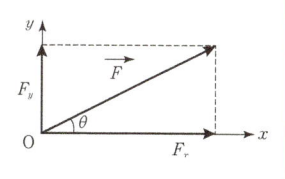

力を表すには**力の3要素**を示す必要があります。**力の大きさ**，**力の向き**，**作用点**の3つです。これを目に見えるようにしたのが，**力の矢印**です。力の大きさは矢印の長さで，力の向きは矢印の向きで，作用点を適切に描くことで，力を図示するようにしましょう。

1. 力の大きさ
2. 力の向き
3. 作用点

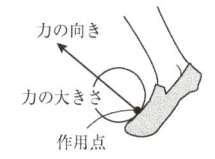

物 地

3 大気圧を実感

　大気圧は，私たち人間がその環境の中に生まれてきたため，日々の生活の中で実感するのは困難です。指導を行う場合にも，身近な現象と結び付けるのが難しいため，学習者に不思議な現象をいろいろ提示することで，興味・関心を高めることが重要といえます。あわせて，水圧を指導するための伏線を準備しておきましょう。

実験1：気圧体感実験

準備物：①弁当箱のような箱を7，8個

工作：①弁当箱のような高さ5 cm程度の箱を，7，8個作ります。

実験：富士山を黒板に描いて，海抜0 mの上にある大気の柱（空気柱）と富士山の上にある大気の柱の高さを比較し，山頂で気圧が低いことを確認します。また，気圧 p はその空気の柱の重さ（重力の大きさ）を面積 S で割ったものなので，密度を ρ，空気柱の高さを h とすると，$p = \dfrac{Mg}{S} = \dfrac{\rho Vg}{S} = \dfrac{\rho Shg}{S} = \rho gh$ と書け，圧力 p は高さ h に比例し，空気柱が高いほど大きくなります。1気圧＝1 atm＝1013 hPaです。

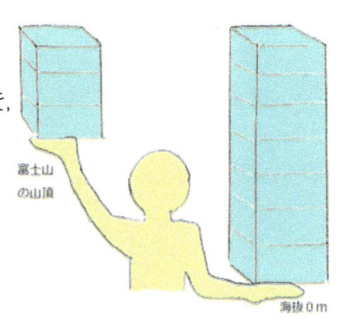

実験2：連通管実験

　続いて，**パスカルの原理**を実験を通して見てみましょう。パスカルの原理は，流体（液体や気体）では，圧力 p はどこでも一定であることを示しているため，連通管を考えると小さな力で大きな力が得られることがわかります。

準備物：①2 L以上のペットボトルと500 mLペットボトル，②大きな注射器と小さな注射器，③①や②をつなぐビニール材質のパイプ，④発泡スチロール（厚さ2mm程度），⑤おもり

実験：①2 Lペットボトルと500 mLのペットボトルを図のように，長いパイプでつなぎ，発泡スチロール板で浮き板を作ります。

②面積の小さい方におもりを乗せ，面積の大きな方にどのくらいのおもりを

乗せることができるか調べてみましょう。
③図のように，大きな注射器と小さな注射器をつないで，力比べをしてみましょう。

つり合うかな？

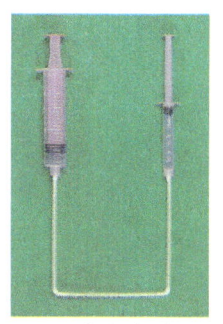

連通管（注射器）

実験3：人間の浮上実験
準備物：①大きなごみ袋（ちょっと分厚目），②ストロー，③安定して乗れる板，④セロハンテープ 
工作：①大きなごみ袋の端の一端に，ストローを挿し，ごみ袋の端を全てセロハンテープでふさぎます。
②ごみ袋だと不安定なので大きな板を1枚ごみ袋の上に置きます。
実験：ストローで息を吹き込むと，ごみ袋が膨らんで人が持ち上がります。

実験4：真空調理機実験
　減圧タイプのパスカルの原理の実験です。
準備物：①真空調理機（簡易漬物器），②少しだけ膨らませた風船かマシュマロ 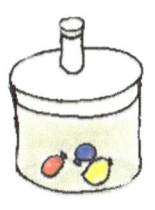
実験：真空調理機の空気を抜くだけです。容器内の風船やマシュマロはどうなるでしょうか？
　実験後，空気の気圧を元の1気圧に戻すと，風船もマシュマロももとの大きさに戻ります。

3. 大気圧を実感

実験5：大気圧の実感の実験
準備物： ① 30 cm×30 cm 程度の 3 mm 以上の厚みのあるゴム膜，②鍋のふたの取っ手（100円ショップで市販されています）
工作： ゴム膜に鍋のふたの取っ手を取り付けます。
実験： 机にゴム膜を貼り付けて取っ手を持ち上げると，机が持ち上がります。壁にもやってみましょう。

実験6：空き缶，一斗缶，ドラム缶の実験
準備物： ①空き缶，一斗缶，ドラム缶，②カセットコンロなど熱を加える装置，ガスが NG の場所ではトースター。ただしドラム缶の場合はたき火，③空き缶の場合には洗面器と水。一斗缶やドラム缶の場合には大量の水，④長い火箸やトング
実験： ①空き缶，一斗缶，ドラム缶に少量の水を入れ沸騰させます。
②空き缶の場合は，長い火箸やトングなどで，上の穴を下に向けて，そのまま水の中につけます。すると，クッシャ！とつぶれます。一斗缶，ドラム缶の場合は，口をしっかりと封じます。
③一斗缶，ドラム缶の場合は，大量の水をかけます。すると，大きな音を立ててつぶれます。ドラム缶が大気圧でつぶれるのは圧巻です。
④空き缶の場合も，金属のキャップが付いている飲料容器の場合は，しっかりとキャップをしておいて，そのまま放置してもいいです。やがて，水蒸気が水に戻り，体積が約 1/1700 に縮小するため，容器内が真空に近くなり（減圧し），容器が大気圧によってつぶれます。

実験7：掃除機でボーリングを持ち上げる実験
準備物： ①掃除機，②直径約 30 cm の透明なアクリルパイプ，③ボーリングのボール，④添え木，⑤ふた（段ボールで十分）

工作：①段ボールに掃除機のホースの口が入るように穴を開け，ふたを作ります。
②添え木の上に，アクリルパイプを置きます。
③アクリルパイプの中にボーリングのボールを入れ，上からふたをし，掃除機を取り付けます。
実験：①最初，実験器の装置を組まない状態で，学習者にボーリングのボールを持ってもらい，これを掃除機で持ち上げて下さいと課題を与えます。
②ボーリングのボールが浮くには，ボーリングのボールの上と下でどのくらいの圧力差があればいいのかを考えてもらいます。
③アクリルパイプの中にボーリングのボールを入れ，ふたをしてから掃除機で吸引すると，ボーリングのボールが持ち上がります。ただし，アクリルパイプの底から空気が入るように添え木などを必ずしておいて下さい。

物 化 地
4 水がこぼれないコップ

　水の入ったコップを逆さにしても水がこぼれない、という手品のような実験として有名です。この実験では，薄いガーゼをコップの口の全面に貼るというバージョンもあります。いずれにしても，コップの中の水がこぼれないというのは，とても不思議ですね。

準備物：①プラコップ（柔らかくても OK です），②下敷き，③ガーゼと輪ゴム

実験：①プラコップに水を満タンに入れ，下敷きなどをかぶせます。
②そのまま，コップごと逆さにし，下敷きから手を放します。
③水がこぼれると思いきや，水はこぼれません。
④ガラスコップに水を入れてから，ガーゼを2重にして口にかぶせ，輪ゴムでコップにしばります。
⑤そのまま，コップを逆さにしても水がこぼれません。

　コップに下敷きなどをかぶせて逆さにしたときに水がこぼれないのは，コップの口の部分の圧力のつり合いで見ると，下敷きを下から押し上げる大気圧の方がコップの中の水と下敷きが下向きに押す圧力より大きいからです。
　また，ガーゼの場合は水の表面張力ために、ガーゼの網目程度の穴からは

水がこぼれ落ちないのです。

解説：**トリチェリーの実験**という実験があります。トリチェリーは，一端を封じた約 1 m のガラス管に水銀（Hg）を満たし水銀漕に倒立させました。このときガラス管内の水銀の圧力は大気圧 p_a より大きいので下がり，図のように上部に真空部分ができます。ガラス管内の水銀漕と同じ高さの面 A では，水銀柱が面 A を上から押す圧力と，下から面 A を押し上げる圧力 p' とがつり合いあいます。水銀槽の表面は，大気圧に押されていますので，面 A を下から押し上げる圧力は大気圧 p_a と同じというわけです。

大気圧 p_a は，水銀の密度を $\rho=13.6$ g/cm^3，重力加速度を 980 cm/s^2 とすると，水銀柱の高さは実験により 760 mm なので，

$$p_a = \rho g h = 13.6 \times 980 \times 76 = 1.013 \times 10^6 \text{dyn/cm}^2 = 1.013 \times 10^5 \text{N/m}^2$$

となります。これが 1 気圧です。水の場合，高さ h がどうなるかを計算してみましょう。ただし，実際は水が真空中に蒸発して圧力が発生するのですが，それ無視して計算しますと，

$$p_a = \rho g h = 13.6 \times 980 \times 76 = 1.0 \times 980 \times h$$
$$\therefore\ h = 13.6 \times 76 = 1033.6 \text{ cm} = 10.3 \text{ m}$$

となり，10 m も上がることになります。

このことから，地下水を汲み上げる場合，手押しポンプですと，地下 10 m のところの水までしか汲み上げられないこともわかります（ポンプは大気圧を利用して水を汲み上げるため）。

最近，水槽の壁に横から手を入れて，魚に直接触れる水族館がありますが，実はこの原理を利用しています。

物 生

5 浮沈子

　浮沈子は多くの子供たちの心をとらえて離さない実験の１つです。最近では，ペットボトルと魚の形をした醤油さしを使って手軽な浮沈子の実験がよく行われています。しかし，魚の口が下を向いているのが著者としては気にいらず，魚が水平に泳ぐようにこだわってみました。

　さて，この浮沈子を中に水が入って重くなって上下するという，ちょっと間違った説明をする先生方もおられますが，パスカルの原理とアルキメデスの原理とボイルの法則で正しく説明しましょう。生きた魚は，浮き袋を自分の筋肉で締め付けたり緩めたりして，潜ったり浮いたりをコントロールしています。死んだ魚が浮きっぱなしになってしまうのは，浮き袋を締め付けることができなくなったためです。

準備物：①ペットボトル（500 mL など），②魚型の醤油さし，③ステンレスねじ，⑤コップ，⑥注射器 2 mL，⑦ボンド

工作：①魚の醤油さしのお腹のあたりにボンドを付けてステンレスねじを差し込み，その後，水を入れ，醤油さしのキャップをします。
②コップに魚の醤油さしを水平に浮かし，背びれが出るぐらいに調整します。これが浮沈子となります。
③ペットボトルに水を満たし，②で作った浮沈子を入れ，ペットボトルのキャップのふたをしっかり閉めます。

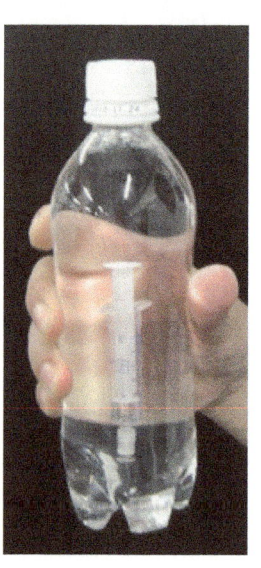

④②で作った浮沈子を取り出し，2 mL の注射器の先をステンレスねじで締め，約 0.5 mL 程度の空気を入れ，③のペットボトルに入れキャップをしっかりと閉めます。

実験：①ペットボトルの胴体を手でへこませるように押すと，浮沈子（魚型も注射器型も）沈みます。

②押さえる力を緩めると，浮沈子は再び浮いてきます。

解説：①ペットボトルの胴体をへこむように押さえると，その部分で加わった圧力が，流体である水全体に等しく加えられます。このことをパスカルの原理といいます。浮沈子には，上下左右から均一な圧力が加圧され，浮沈子内部の空気にかかる圧力も大きくなります。

②浮沈子内部の空気にかかる圧力が大きくなると，空気の体積は小さくなります。これはボイルの法則によります。気体に加わる圧力を p，気体の体積を V とすると，圧力と体積の関係は $pV=$ 一定と表されます。圧力が 2 倍になれば，体積は 1/2 になります。

③体積が減少すると，浮力も小さくなります。流体中の物体は，その物体が押しのけた流体の重さの分だけ軽くなります。これはアルキメデスの原理です。

④以上を整理すると，ペットボトルの胴体をへこむように押すと，浮沈子内部の空気の圧力が増加し体積が減少します。そのため，浮沈子が押しのけている水の体積も減少し浮力が小さくなります。浮力が減少するため，浮沈子の重さの方がまさり，浮沈子は沈むというわけです。

⑤ペットボトルを押していた力を緩めると，浮沈子内部の空気の体積も元に戻り（増大し），浮力も大きくなるため，浮沈子は再び浮上します。

⑥魚型の浮沈子と注射器型の浮沈子を取り換えてみましょう。浮沈子全体が水中にある場合は，ペットボトルの側面に加える力を大きくすると体積が小さくなります。このときの体積を読み取ると，浮沈子内部の圧力を知ることができ，精度はよくないですが**簡易圧力計**となります。

物 化 生

6 野菜の浮き沈みとリサイクル7

　密度や比重の授業では，木が水に浮き，鉄が沈むといった当たり前すぎる教具のため，学習者の興味・関心を引きつけるのが難しいです。学習者が自ら楽しく学べるような教材を整えることが大事です。

　米のうち重いものは次年の種もみとし，軽いものは食用として出荷されます。このとき，重い米粒と軽い米粒はどのようにわけているのでしょうか。また，熟した野菜は重いとか，溺れている人を助けるのにペットボトルを投げ入れろといいますが，果たして正しいのでしょうか。

実験1：野菜の浮き沈み実験
準備物：①天秤用の棒（直径1 cm程度，長さ50 cm程度），②ひも（または糸），③水槽，④完熟のトマトと青いトマト，⑤かぼちゃ，⑥なす，⑦だいこん，⑧にんじん，⑨きゅうり，⑩じゃがいも，などなど…
実験：①水槽に2/3程度水をはり，次々と野菜を入れて浮くか沈むかを見てみましょう。意外と，浮く野菜，沈む野菜，わからないものです。果物なども面白いです。パイナップルはどうでしょうか。

②空気中において，天秤で2つの野菜をつり合わせておき，これを水に沈めるとどうなるでしょうか。これは浮力をダイナミックに理解できる実験となります。つり合う野菜が無いときは，ペットボトルやその他の容器を利用してもかまいません。

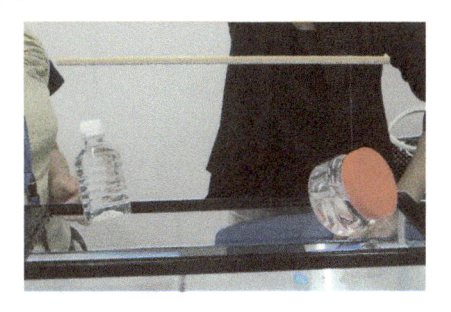

この実験で**構成主義的理科学習論**の強みを実感してほしいと思います。浮力の学習では，同体積の木片と鉄とかを使ってという授業になりがちですが，何か，難しいお勉強をしているというのではなく，学習者の活動を素直に引き出し，学習者自らが学びたいという環境を作るようにしましょう。

実験2：リサイクル7

　プラスチックの分別マークがあります。ペット1はポリエチレンテレフタレートです。プラスチックの分別には，燃やして確かめる方法がありますが，燃やすと含まれる不純物により有毒ガスが出たり，二酸化炭素が発生します。燃やさないでプラスチックを分別してみましょう。

リサイクルマーク		用途	比重
①	PET ポリエチレン・テレフタレート	ペットボトル	1.27～1.40
②	HDPE 高密度ポリエチレン	レジ袋バケツ	0.910～0.925
③	PVC 塩化ビニール樹脂	パイプ・ホース	1.45
④	LDPE 低密度ポリエチレン	ラップフィルム マヨネーズなどのチューブ	0.910～0.92
⑤	PP ポリエチレン	食品容器・浴用品	0.91～0.96
⑥	PS ポリスチレン	トレー・カップ	1.05～1.07
⑦	OTHER その他の石油製品		

準備物：①水槽，②プラスチックの7種類
実験：水槽に7種類のプラスチックを入れて，浮くか沈むかを見てみましょう。
　ペットボトルは実験したように水に沈みます。ですので，ペットボトルに空気を入れてキャップをしたものは利用できても，キャップをせずにペットボトルを溺れている人に投げ与えても助けにはなりません。

物

7 だるま落としと摩擦実験

　100円ショップなどでも**だるま落とし**が市販されていますが，学習者と楽しく学ぶには，スケール感が感じられる実験も大切です。巨大だるま落とし実験器を作って楽しく学べる授業をしましょう。

準備物：①なるべく丈夫そうな段ボール箱，②手作りハンマーの柄となるもの，③ガムテープ

工作：①段ボールを直径30 cm程度の円板に切ります。2枚準備します。
②その円板を底板とし，そのまわりに段ボールで円柱を作ります。
③直径30 cmの3枚の段ボールを，中心で交差させ，②の内側に，補強材として入れます。
④円柱に円板でふたをし，ガムテープでしっかり付けます。
⑤だるま落とし用の円柱を4個程度作ります。
⑥頭部に重みのあるハンマーを，段ボールを何枚か重ねて作ります。

実験1：慣性の法則（運動の第1法則）の実験
①だるま落としの実験をやってみましょう。
　段ボールで作った円柱も，段ボールで作ったハンマーで叩くと壊れにくいです。
②机の上でできるだるま落としの実験器も作って，実験してみましょう。

実験2：摩擦力の実験〈もちろん巨大だるま落としで実験してもオーケー!!〉
①手作りMyばねはかりと，**手作り卓上版のだるま落とし**を利用して，垂直抗力と摩擦力の大きさとの関係を調べてみましょう。
②横に滑らせるおもりの重さをばねはかりで測定し，これを垂直抗力としていいことを，学習者と確認します（作用・反作用の関係）。
③だるま落としの積み台は，ある大きさの力を超えないと動きません（**最大**

摩擦力）が，その後は，最大摩擦力より少し小さな一定の大きさの力（**動摩擦力**）で動き続けます。

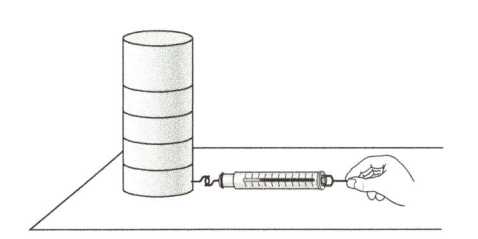

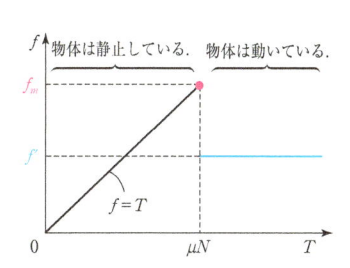

④横軸に垂直抗力 N を，縦軸に摩擦力 f をとってグラフを作成し，静止摩擦係数 μ を求めましょう。
⑤③の要領で，動摩擦係数 μ' も求めてみましょう。

実験3：摩擦係数の変化

①だるま落としの積み重ねる個数を一定にして，一番下の積台の底に，紙やすりや，耐震グッズのシートや，アルミ板（アルミ缶飲料の側面を利用）を貼って，実験2をやってみましょう。底面の状態によて，静止摩擦係数も動摩擦係数も変化します。

実験4：摩擦角から静止摩擦係数を求める実験

①だるま落としの積み台を，斜面の上において，摩擦角を測定します。
②斜面上の物体のつり合いから，静止摩擦係数を求めます。
最大摩擦力を f_m，垂直抗力を N とします。

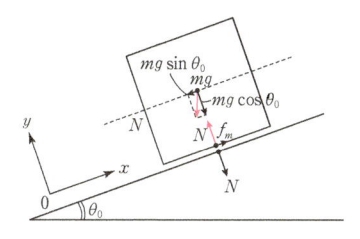

$$\begin{cases} f_m = \mu N \\ x : f_m - mg \sin\theta_0 = 0 \\ y : N - mg \cos\theta_0 = 0 \end{cases} \Rightarrow \mu = \frac{f_m}{N} = \frac{mg \sin\theta_0}{mg \cos\theta_0} = \tan\theta_0 \Rightarrow \therefore \mu = \tan\theta_0$$

[物]

8 ホバークラフト実験-慣性の法則の実験

　車は急には止まれない！慣性の法則を表す一番よく知られた標語でないでしょうか。しかし，まさに物理学の原理をわかりやすく説いているといえます。**風船で作るホバークラフト実験**は有名ですが，ついでに，巨大風船でも**ホバークラフト実験**をしてみましょう。学校の廊下の端から端ぐらいまで走らせることができます。同時に，止めようと思うと強い衝撃を受け，**慣性を実感**することができます。

　それでは，最初に巨大版を作って実験し，そのあとで卓上版を作って実験してみましょう。

実験1：巨大風船ホバークラフト実験

準備物：①プラスチック段ボール，②段ボール，③ペットボトル（500 mL），④ガムテープ，⑤ジャンボ風船（1 mぐらいあると面白い），⑤ブロワー

工作：①プラスチック段ボールを直径1 mの円形に切り，中心にブロワーの口が入る程度の穴を開けます。
②ペットボトルの上部を切り取ったものと大型風船をガムテープで接着します。
③プラスチック段ボールを下にして②と接着します。
④巨大風船の自重で傾かないように段ボールで巨大風船のクビに囲いを作りましょう。

実験：教室を飛び出して，長い廊下や体育館で，運動の第1法則の大実験をしよう！

　続いて，卓上版ホバークラフト実験器も作って実験してみましょう。

実験2：卓上版ホバークラフト実験

準備物：①不要のCDやDVD，②ペットボトルキャップ，③風船，④セロハ

ンテープ，⑤100円ショップの空気入れ（ストローの穴にあうノズルを選ぶ），⑥固いストロー（空気入れに合うもの），⑦ボンド

工作：①ペットボトルキャップの中心にドリルなどでストローの直径サイズの穴を開けます。

②固いストローを3cm程度に切り，キャップ穴に埋め込み，まわりをボンドで密着させます。このときストローの埋め込んだ先端がキャップの外にはみ出ないように気を付けましょう。

③②とCDをセロハンテープかボンドで密着します。

④③のストローに，風船をかぶせ，セロハンテープで密着します。ここで空気漏れがないか十分に確認しておきましょう。

実験：①空気入れを，CD板の方からストローに差し風船をふくらませます。自分の息で風船をふくらませてもオーケーです。

②空気入れを外すときは，風船のクビのついているストローを押さえて外します。

③水平な面に置いてから，風船のクビを押さえている指を放すと，出ていく空気によりホバークラフトは浮き長い距離を運動します。

　風船がすぐにしぼむ場合は，ストローの出口にセロハンテープを貼り，噴出する空気の量を調節しましょう。

物

9 エアートラック

　等速直線運動を目で見る実験といえば，**エアートラック！** です。しかしエアートラックという実験器は何十万円もします。空気の力で滑走体が浮き上がり，まるで摩擦がないかのような運動を楽しむことができます。これにより，物体に外力が作用していないときには等速直線運動をするという，運動の第1法則を実感を伴って学ぶことができます。

　それでは，最初に巨大版を作って実験し，そのあとで卓上版で個人で実験をしてみましょう。

実験1：演示用エアートラック：慣性の法則（運動の第1法則）の実験

準備物：①走行部製作用の透明アクリルや塩化ビニルの筒（長さ2m程度，厚み2～3mm程度，直径5～6cm程度）②段ボール，③円筒型のペットボトル（500mL），④ガムテープ，⑤ブロワー2台（1台でもよい）

工作：①透明アクリルや塩化ビニルの円筒パイプ（長さ2m程度，厚み2～3mm程度，直径5～6cm程度）に，1cm間隔で3列の穴を開けます。
②円筒パイプの両端にブロアーを差し込みます。もし，ブロアーが1台しかない場合，他端を完全にふさぎます。
③②の装置がきちんと立つように，段ボールなどで台を工夫します。本を積むだけでも構いません。
④滑走体は，円筒型の500mLペットボトルの胴体を利用して作り，図のように円筒パイプのコースに差し込みます。

実験：①ブロアーのスイッチを入れて，滑走体を手で移動させてみましょう。

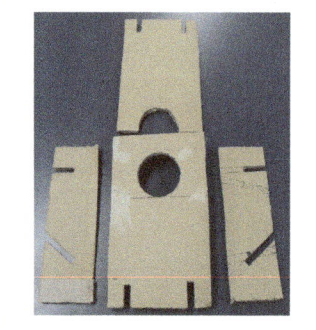

エアーの力で滑走体が浮いているので，円筒パイプのコースとの摩擦がなくスイスイと動き続けます。
②等速直線運動になっていることを確認しましょう。
③ブロアーのスイッチを切ると，滑走体は円筒パイプのコースとの摩擦のため，急ブレーキーが効いて止まります。
　それでは，卓上版エアートラックも作って実験してみましょう。

実験2：卓上版エアートラック

準備物： ① A3 クリアファイル，②ストロー，③カッター，④千枚通し，⑤セロハンテープ

工作： ① A3 クリアファイルを幅 8 cm 程度に切り出し，2 cm ずつカッターで切れ目を入れて折り曲げ三角柱を作ります。
②三角柱を横たわるように置きます。頂角を挟むように，1 cm 間隔で印を付け，その位置に千枚通しなどで穴を開けます。このとき，滑走体の走る面にセロハンテープが来ないように注意しましょう。
③三角柱の中にエアーを送れるように，図のようにストローを取り付けます。
④滑走体は，クリアファイルで二等辺三角形の形に作り，三角柱のコースにまたがるように置きます。

実験： ①ストローから息を吹き込みながら，滑走体を運動させます。エアーの力で滑走体が浮いていて，三角柱のコースとの摩擦がないので，スイスイと動き続けます。等速直線運動を確かめましょう。
②息を吹くのを止めると，滑走体はコースとの摩擦のため，急ブレーキが効いて止まります。

_物

10 加速度計を作ろう

　加速度は小さい子供でも実感ができ，ジェットコースターなど加速度を体感できる乗り物は人気があります。しかし加速度という概念についての学習となると，多くの学習者に苦手感が漂います。その原因の1つは，記録タイマーからの積み上げがうまく行っていない場合が多いことです。教員採用試験直前の学生の皆さんでも，記録タイマーから瞬間の速さのグラフを描くようにいうとほとんど全滅です。瞬間の速さグラフが描けないと加速度が求められません。しかし，この実験の方法だと簡単に加速度の値を知ることができます。

　水面にサーフボードのようなものを浮かせ指針を取り付けた演示用のものと，水面だけを利用するタイプの卓上版を紹介します。

　まず，**大型演示用加速度計**を紹介しましょう。

実験1：大型演示用加速度計

準備物：① 25 cm×60 cm のアクリル板2枚，5 cm×60 cm のアクリル板2枚，30 cm×10 cm のアクリル板2枚，②パテの性能を持つボンド，③おもちゃの吊り皮，④薄い板（20 cm×4 cm），⑤ステンレスの針金，⑥人形

工作：①**水槽を作ります**。25 cm×60 cm のアクリル板2枚，5 cm×60 cm のアクリル板2枚と30 cm×10 cm のアクリル板1枚をボンドで貼りあわせて水槽を作ります。

②**浮き板を作ります**。薄い板の左右から10 cm のところに，板の外に3 mm 程度支え軸が外にはみ出るようにステンレスの針金を取り付けます。軸を指で持って，左右がつり合うようにしましょう。

③ 25 cm の面を正面として，底から10 cm のあたりに，②で作った浮き板を取り付けられるように，アクリルの端材などを利用して軸受けを貼ります。

④浮き板の下には，垂直にステンレス線で指針

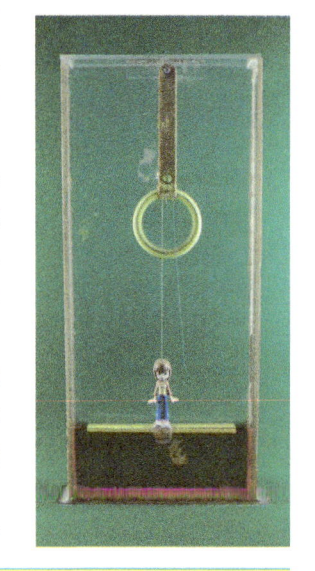

を取り付けます。また，浮き板の上には，風船を持った人形を取り付けます。
⑤水を入れて，浮き板がちょうど浮くように水深を調整します。これで完了です。
⑥また，演示用でももっと小型のものでよい場合には，右図のようなタイプも重宝です。

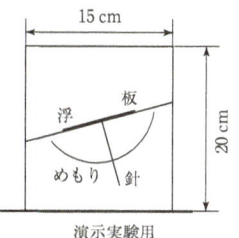

実験2：卓上版の加速度計
準備物：①CDやDVDなどの薄いケース，②パテの性能を持つボンド，③セロハンテープ，④ブッカー，⑤油性サインペン

工作：①CDやDVDなどの薄いケースの3方を，水が漏れないようにボンドで封じ，乾き始めた頃に，セロハンテープでオーバー・カバーをします。 
②ボンドが乾いてから，色付きの水をケースに入れます。もし，水漏れがあれば，修正します。水漏れがなければ，最後の1方向も水が漏れないようにボンドとセロハンテープを用いて封じます。これで完成です。
③薄いケースが見付からない場合は，水の漏れないケースと浮き板を利用して，右図のような加速度計を作っても有用です。

実験：①加速度運動するものに，加速度計を設置し，加速度測定をします。デジカメやスマホなどで撮影した後プリントアウトし，分度儀で角度を測定します。加速度を $a = g\tan\theta$ 〔m/s^2〕で求めます。あるいは，事前にケースの側面に目盛りを打っておき，読み取っても構いません。
②電車の窓のサンなどに加速度計を置いて，実際の乗り物の加速度を測定してみましょう。

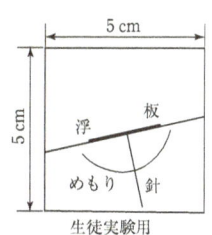

11 １：３：５：７…のおもり

　物体を投げ上げたり，投げ下ろしたりせず，静かに落とすと，物体はどのような運動をするでしょうか。そのような運動を**自由落下**といいます。遊園地などではフリーフォールというアトラクションがありますが，まさに，自由落下を体験しようというものです。

　自由落下では，物体はどのように落ちていくのでしょうか。毎秒同じ距離ずつ落ちるのでしょうか。もし，そうであるなら，例えば40 cmごとにおもりを4個取り付けた図のようなひもを用意すると，おもりがバケツの底に当たったときに聞こえる音は等間隔になるはずです。しかし実際には等間隔にはならず，音と音との間がつまって聞こえます。

　それでは，自由落下とはどのような運動なのでしょうか。昔，ガリレオ・ガリレイは斜面を利用して自由落下は**等加速度直線運動**であることを証明しました。ここでは，自由落下の $v-t$ グラフや $s-t$ グラフを作成することで，視覚的に理解した上で，聴覚的な確認実験をしてみましょう。

　自由落下は，最初，速さが0（初速が0）の状態から毎秒 g ずつ，速さが鉛直下向きに加速する運動です。そのことを $v-t$ グラフに表してみましょう。数式で見ると，以下のようになり，面積から落下距離もわかるので，$s-t$ グラフも描いてみましょう。

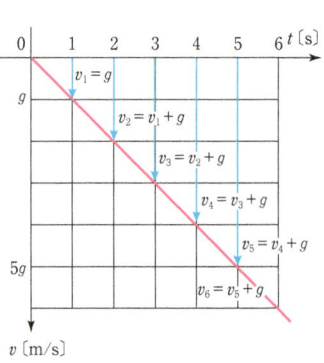

$$t_1 = 1\,\text{s}\,;\,v_1 = 0 + g = g \qquad s_1 = \frac{1}{2}v_1 \times 1 = \frac{1}{2}g$$

$$t_2 = 2\,\text{s}\,;\,v_2 = v_1 + g = 2g \qquad s_2 = \frac{1}{2}v_2 \times 2 = \frac{1}{2}g2^2$$

$$t_3 = 3\,\text{s}\,;\,v_3 = v_2 + g = 3g \qquad s_3 = \frac{1}{2}v_3 \times 3 = \frac{1}{2}g3^2$$

- - - - - - - - - - - - - - -

時刻 t のとき，　$v = gt \quad s = \dfrac{1}{2}gt^2$

となります。

　各区間ごとの移動距離の比をとってみると，図のように，奇数列になっていることが確認できます。その検証実験を行ってみましょう。

準備物：①バケツなど大きな音がするもの，②おもり（ナットなどがよい），③糸，④セロハンテープ，⑤メジャー

実験：①図のように糸にナットを 10 cm，40 cm，90 cm，160 cm のところに付けます。

②バケツを置き，糸の原点側の先端をセロハンテープでバケツの底に貼ります。

③糸をぴんと張って，自由落下させ，おもりがバケツに当たるときの音の間隔が等間隔かどうかをチェックします。

④糸におもりを等間隔（例えば 40 cm 間隔）に取り付けたものと，音の鳴る間隔の違いを聞き比べてみましょう。

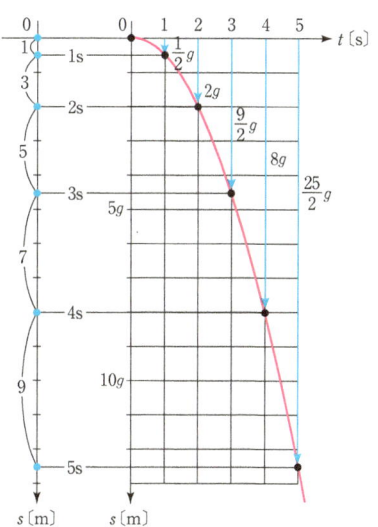

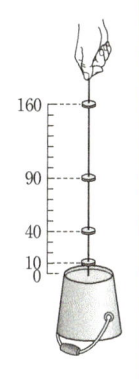

11．1：3：5：7…のおもり

物 生

12 ものさし de 刺激反応実験

　スポーツをすると，重力加速度の大きさをイヤ！というほど体感させられます。床や地面に落としてはいけない球技，例えば，バレーボールや卓球やテニスや野球など，あと 0.01 秒でも早くボールに触れられていたらと思うこともあるかも知れません。

　プロ選手やオリンピック選手は，その反応速度を上げていって対応しているのだともいえますが，実は人間には越えられない限界があります。それは，ズバリ！反応時間です。

　人間は反応するためには，反応のための情報を**感覚器官**で受けてから，その信号を**感覚神経**を通して脳や脊髄に送り，その後**運動神経**を通して筋肉など**運動器官**に送られてきますので，その時間だけは，どうしても短縮することができません。

　自動車を止める場合も，そのことはとても大事です。危険を察知して，脳にその情報を伝えます。この間も自動車は走行し続けています。脳が危険という情報を受けてから，足の筋肉にブレーキを踏めと命令を出しますが，実際にブレーキを踏み始めるまで，自動車はノーブレーキのまま走行します。その距離 s は，経過時間を t，自動車の速さを v とすると，$s=vt$ となります。

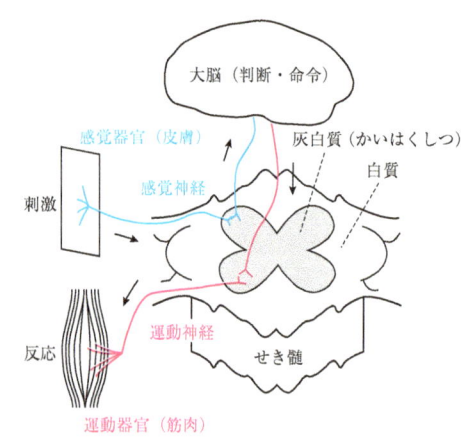

準備物：①ものさし
実験：①2人組になり，1人がものさしを落とす担当（スターター）を，もう1人がものさしをつかむ担当（キャッチャー）とします。
②スターターは，不意に，ものさしを落下させます。
③キャッチャーは，スターターがものさしを落下させたのを見てから，もの

さしをつかみます。

④キャッチャーは，ものさしの目盛りを読み，ものさしが落下し始めてから，つかむまでの時間を計算し，自分の反応時間とします。

⑤反応時間は，$h=\frac{1}{2}gt^2$ で求めます。

⑥大人の場合には，ものさしのようにゲーム性のないものばかりでなく，お札のようなものを用いると興味のなかった人にも楽しんでもらえます。お札は 15 cm 程度ですので，キャッチするのは結構難しいです。落とし方によっては空気抵抗も効いて遅くなってしまいますので，上手にストンと落とすようにしましょう。

解説： 運転者が急ブレーキをかけようと判断した地点から自動車が停止した地点までの距離を**停止距離**といいますが，停止距離は，**空走距離**と**制動距離**とに分けられます。空走距離は，運転者が危険を感じて急ブレーキが必要と判断した時点から，アクセルペダルから足を動かし（反射時間 0.4～0.5 秒），ブレーキペダルに足を乗せ（踏替え時間 0.2 秒），踏み込んでブレーキが効き始める（踏込み時間 0.1～0.3 秒）時点までの距離のことです。この間の時間を**反応時間（空走時間）**といい，個人差はありますが，平均的な反応時間は 0.75 秒とされています。時速 50 km/h の場合の空走距離は，約 10.4 m となります。

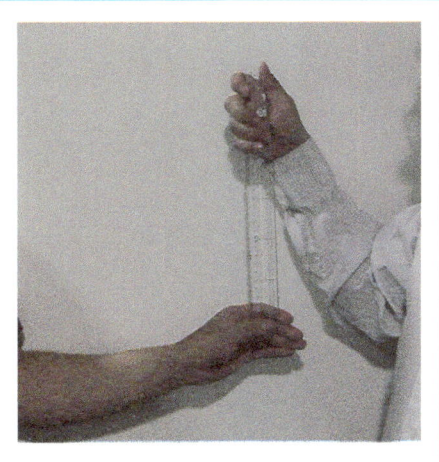

13 斜方投射実験

　物体を水平面より角度をつけて投げ上げると，物体はどのような運動をするでしょうか。もし，物体に重力が作用しなければ，慣性の法則により，仰角の向きに速度一定の等速直線運動をすることになります。

　しかし実際には重力が作用し，物体は水平方向には等速直線運動を，鉛直方向には上方投射をすることになります。

　斜方投射の時刻 0 での初速度を v_0，仰角を $\theta_0 (> 0)$ とすると，初速度の水平方向の成分と鉛直方向の成分は，それぞれ次式のように書けます。なお右図は，

$$v_{y0} = w = v_0 \sin \theta_0 = 3g$$

として作図したものです。

$t = 0$ s

$$v_{x0} = u = v_0 \cos \theta_0$$
$$v_{y0} = w = v_0 \sin \theta_0$$

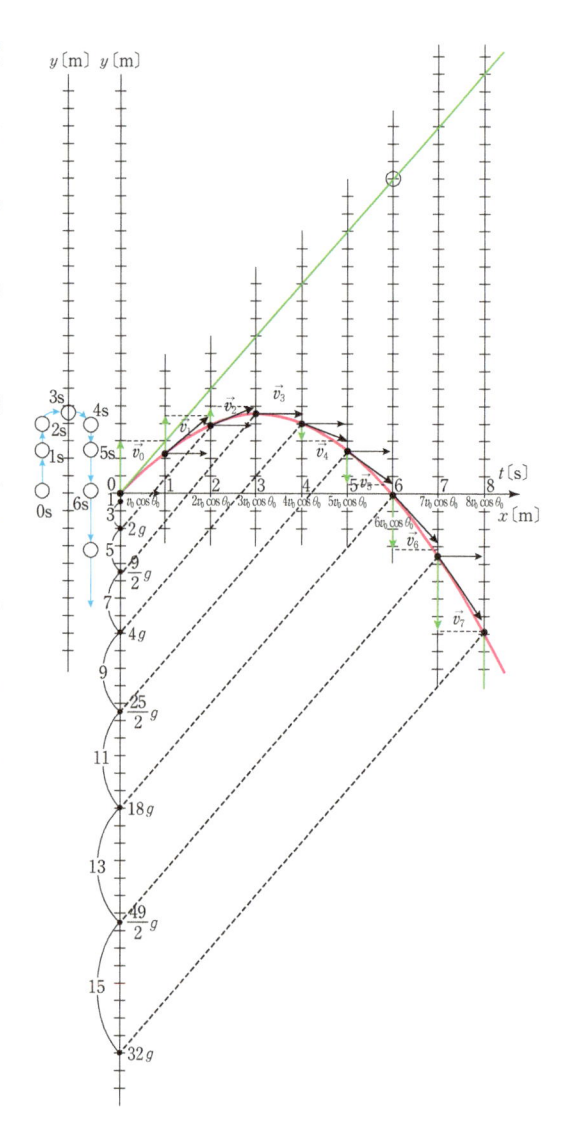

$t = t$ [s]

$$v_x = u = v_0 \cos \theta_0$$
$$v_y = w - gt = v_0 \sin \theta_0 - gt$$
$$x = ut = v_0 t \cos \theta_0$$
$$y = wt - \frac{1}{2}gt^2 = v_0 t \sin \theta_0 - gt^2$$

以上から，斜方投射の軌道の式は以下のようになります。

$$y = (v_0 \sin \theta_0) \times \frac{x}{v_0 \cos \theta_0} - \frac{1}{2} g \left(\frac{x}{v_0 \cos \theta_0} \right)^2$$

$$\therefore \quad y = x \tan \theta_0 - \frac{g}{2 v_0^2 \cos^2 \theta_0} x^2$$

ところで，グラフの $t = 6$ s に注目をしてみましょう。$(x, y) = (6v_0 \cos \theta_0, 18g)$ にあった物体も，6秒後には $(6v_0 \cos \theta_0, 0)$ に落下し，原点から発射された物体と同じ位置に同時刻に存在することになります。つまり，衝突をしていることになります。その他の時刻でも，$y > 0$ の範囲ではそのようなことが生じます。

準備物：①透明なパイプ（広告用紙を筒にしたものでもよいが，スケルトンモデルの方が楽しい実験器になる）長さ40 cm程度以上で直径は1 cm程度，②糸，③ゼムクリップ，④フック，⑤おもり（リンゴのおもりなど楽しい雰囲気が出るもの，空き缶でもよい（コン！と音がするので），⑥チョーク

実験：①糸の一端にゼムクリップを，他端におもりを取り付けます。
②パイプの中にチョークを発射物として入れます。
③実験室などの桟に，フックを取り付け，図のように，パイプでおもりにねらいを定め，パイプからチョークを発射すると，チョークがおもりに命中します。

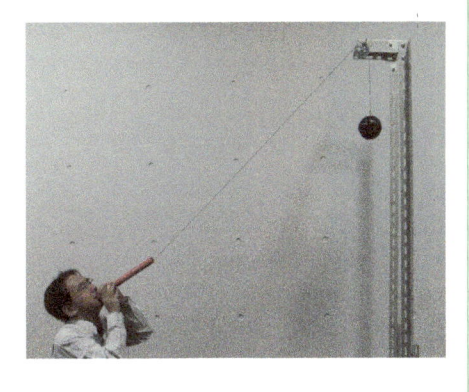

かつては**モンキーハンティング**と呼ばれた有名な実験です。

[物] [化] [環境]

14 綿菓子実験器でリサイクル繊維作り

綿菓子実験は，子供を始め，学習者の心をとらえて離さない実験です。

物理では等速円運動の実験，化学では固体と液体の変化や高分子化学の分野での学習，環境ではリサイクル繊維の学習ができます。

まず，固体のザラメの砂糖を加熱すると**融解**し液体になります。一般に物質は三態変化をします。水という物質の場合には，一番低温のときには固体の氷で，温度が上昇すると**融解**し液体の水となり，さらに高温になると**蒸発**し気体の水蒸気となります。逆に温度が下がると，水蒸気が**凝結**し水になります。さらに低温になると**凝固**し氷になります。

空き缶の底側の側面に小さな穴を開け水を入れると，穴から水が法線方向に漏れ出します。空き缶を回転させると水が空き缶の円の**接線方向**に飛び出します。綿菓子器では溶けた砂糖が接線方向に飛び出します。学習者は，このことから，円運動をしていた物体は円運動を離脱したとき接線方向に運動するということを学びます。

砂糖でおいしい綿菓子が作れるようになれば，砂糖の代わりにペットボトルを小さく切り刻んで入れます。ペット繊維ができますので，織器で布を織りましょう。ペットは，リサイクルマークでは ♳ PET と描き，化学式は，

$$\left[\begin{array}{c} O \\ \parallel \\ -C- \end{array}\bigcirc\begin{array}{c} O \\ \parallel \\ -C-O-CH_2 \\ CH_2 \end{array}\right]_n$$

です。

準備物：①鉄製の空き缶（直径10 cm程度，深さ15 cm程度），②全ねじ棒（長さ30 cm程度，直径8 mm程度），③全ねじ棒にフィットするナットとワッシャ（2個ずつ），④電気ドリル，⑤針金，⑥カセットコンロ，⑦段ボール箱，⑧

アルミ箔，⑨割り箸，⑩ザラメ砂糖，⑪ペットボトル
工作：①鉄製の空き缶にコーティングしてある塗料などを，カセットコンロなどで完全に焼きます。空き缶のコーティング剤が健康に悪いという説があるためです。なお，空き缶を焼くときは換気を十分にしましょう。

②空き缶の塗料が落せたら，底から3cmのところまでに2mm程度の穴を20か所程度開けます。

③空き缶の底に8mm程度の穴を開け，全ネジをナットとワッシャで，空き缶の底を挟むように取り付けます。

④全ネジと空き缶がぐらつかないように，針金で図のように4か所を留めて固定します。これで完成です。

実験1：綿菓子の飛ぶ向きを見よう

最初に，段ボールの箱の内側にアルミ箔を貼った容器を用意しておき，この箱の中で綿菓子を作ります。綿菓子実験器にザラメの砂糖を入れ，コンロにかけます。砂糖が解けたら，箱の中に綿菓子実験器を入れ，電気ドリルを回転させます。まず，綿菓子実験器から離れて，綿菓子がどの方向に飛び出すか観察してもらいます。接線方向に飛び出すことを確認してもらいましょう。そのあと，年齢がある程度高い学習者の場合には，電気ドリルを回す係も経験してもらいながら，白い色の綿菓子ができるように慣れてもらいます。

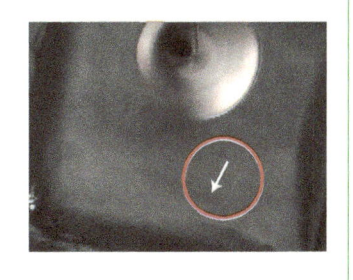

実験2：ペット繊維を作ろう

ペットボトルを小さく**ペレット状**に切り刻みます。ザラメ砂糖の代わりにペットを入れ，繊維を綿菓子のように作ります。その後，この繊維をよりあわせて毛糸のようにします。そして，織器を利用して布を織ります。

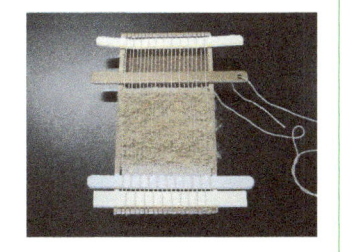

物

15 風船ロケットを飛ばそう

　風船ロケットは広く知られている実験ですが、この実験で一体何を学べばよいのでしょうか。空気抵抗でしょうか。運動量でしょうか。あるいは、ロケットの飛行中の姿勢でしょうか。それとも重心ということをテーマにしたものでしょうか。尾翼の問題でしょうか。ジャイロ効果についてでしょうか。

　さて、巨大ホバークラフト実験を行ったときに用いた巨大1m風船と普通の大きさの風船とでは、どちらが遠くまで飛ばすことができるでしょうか。両者を同じ大きさの力で投げた場合、実は、大きな風船の方が遠くまで飛びます。確かに空気抵抗は大きな風船の方が大きそうですが、実は、大きな風船の中に大量の空気が入っているため質量が大きくなり、その慣性のためより遠くまで飛びます。

　ところで風船ロケットは、理科以外に**体育の授業**でもよく使われます。特に、野球のボールをうまく投げられない女子生徒に、風船ロケットを投げる練習をさせることで、肩の回し方を体得させ、ボールの投げ方を身に付けさせる教材としての利用も知られています。

　本実験のミソは、体を使って物理学を体感できる実験だということです。物理は嫌いなのに、何十球もボールを投げ込むピッチャー、シュートをするサッカー選手、どうして、物理学の内容をやっているのに、スポーツとなると飽きないのでしょうか。1000回も素振りをするというのはつらいと思いますが、それができて10題そこそこの物理演習ではいやになる。テニスボールでは、スピンがどうのこうのといいながら斜方投射の実験を何千回、何万回と繰り返しているわけです。

準備物：①細長風船，②厚紙（カレンダーや段ボールも再利用しましょう），③風船用のポンプ，④セロハンテープ

実験：①細長風船を2つに切ってからふくらませ，50 cm 程度の長さにします。②風船の先頭の側に厚紙を鉢巻のように巻き，重心が前の方にあるようにします。

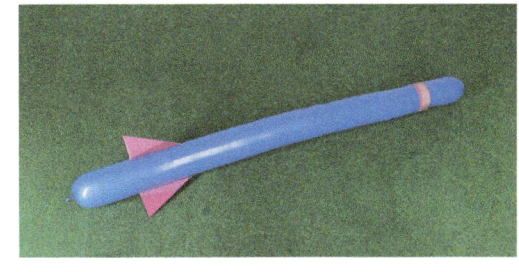

③風船の後方に，手ひとにぎり分あけて，尾翼を取り付けます。尾翼の形や枚数は，いろいろ工夫してみましょう。手ひとにぎり分あけると，**エアーばね**の形で飛ばすことができます。普通に投げるだけの場合は，尾翼をより後方に取り付けてもオーケーです。

④ロケットを進行方向を軸として回転させ，ジャイロのように回るように尾翼を取り付けると，ロケットの姿勢はさらに安定しますが，**回転の運動のエネルギーに，エネルギーが取られ，飛距離は短くなります**。グライダーのように，空気にうまく乗るようにすると，飛距離を伸ばすことができます。

⑤風船のおしりの部分に指を入れて，風船をエアーばねのようにして飛ばすと，弾性の位置エネルギーが，風船の運動エネルギーに変化することを体感できます。

とっておきの豆知識

　ロケット風船の実験を終えたあと，細長風船の結び目を切ると，風船を割らないで中の空気を抜くことができ**再利用できます**。

物 16 ビー玉運動量カーを作ろう

「ロケットは運動量を利用して前向きに飛んでいく」と，子供たちにいきなりいっても，なかなか理解されないでしょう。その理解を助けるために水ロケットという実験が紹介されますが，水ロケットから噴出される水は連続体で，どうしても微分積分の考えを抜きに説明するのは難しい面もあります。しかしビー玉運動量カーは，ビー玉の1個，1個を，個別の物体と見なしての説明がリアルにできるので，学習者にとっては理解しやすい教材になっているといえます。

それではさっそく，ビー玉運動量カーを作ってみましょう。

準備物：①貼パネ（厚さ4mm程度，50cm×3cmの長方形1枚，25cm（底辺）×12.5cm（高さ）2枚，30cm×2.2cmの長方形1枚），②直径3cmの車輪6個，③竹串2本，④ストロー2本，⑤大きなビー玉（直径3cm程度を4個程度），⑥セロハンテープ

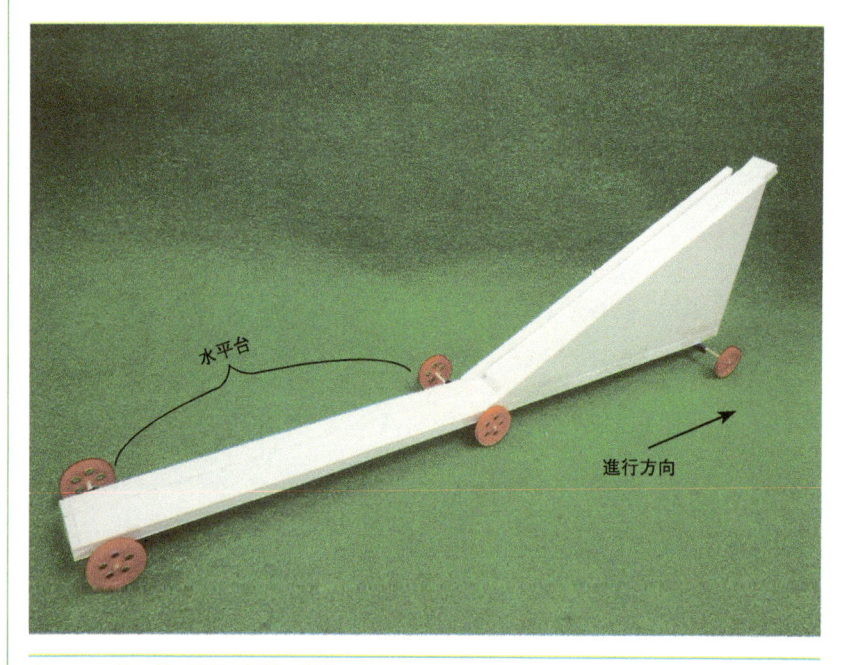

工作：① 50 cm×3 cm の長方形の貼パネに，車輪を3組取り付けます。車軸の竹串はストローを利用して台車の底に取り付けます。
② 傾角 30°の坂を，直角三角形の貼パネを2枚と，30 cm×2.2 cm の長方形1枚を用いて，図のように台車の上に作ります。ビー玉が落ちる場合は両サイドにガイドを付けましょう。これで完成です。

実験：①運動量カーをそのまま用いると，運動量カーの総質量が最小になります。この状態で，ビー玉を転がしてみましょう。
② 滑り台を転がすビー玉の数を2個，3個，4個と変えてやってみましょう。
③ 運動量カーの総質量を変化させて，運動量カーがどのような勢いで進むかを調べます。

結果：① ビー玉運動量カーで，ビー玉が勢いよく出てくるのは，ロケットでいうと，勢いよく後方に噴出しているのと同じ状況です。
② ビー玉の数を多くすると，ビー玉運動量カーはどんどん加速し，速度が大きくなります。ビー玉の数が少ないと，すぐに等速直線運動状態になり，その後，空気抵抗や摩擦のため短い距離を走行して止まってしまいます。
③ ビー玉運動量カーの総質量を大きくすると，つまり重くすると，ビー玉運動量カーは，あまり加速されません。軽いほどよく加速し，速度も大きくなります。

解説：速度 v_1 で運動する質量 m_1 の物体 A が，速度 v_2 で運動する質量 m_2 の物体 B に衝突した後，それぞれの速度が v_1', v_2' に変化した場合を考えましょう。物体 A，B の運動方程式は

$$m_1 a_1 = m_1 \frac{v_1' - v_1}{\Delta t} = -F$$

$$m_2 a_2 = m_2 \frac{v_2' - v_2}{\Delta t} = F$$

$$\Leftrightarrow m_1 v_1' - m_1 v_1 = -F \Delta t$$

$$\Leftrightarrow m_2 v_2' - m_2 v_2 = F \Delta t$$

両式を，辺々加えると，

$$m_1 v_1 + m_2 v_2 = m_1 v_1' + m_2 v_2'$$

となり，衝突の前後で二物体の運動量の和が保存されることがわかります。これを**運動量保存則**といいます。このことから，上記の**結果**の①，②，③を説明することができることもわかります。

物

17 ペットボトル水ロケット

　すっかりなじみになったペットボトル水ロケットですが，それでも，発射の瞬間は感動ものです。授業で，是非，その感動を学習者のみなさんと共有してみて下さい。身のまわりのものを利用して，水ロケットを飛ばしてみましょう。

　指導のシナリオとして，最初から完成したもので，実験指導を行うのではなく，徐々に，学習者の知的好奇心を刺激するように指導できるといいと思います。ここでも構成主義的な授業のシナリオを紹介します。

準備物：①1.5Lの炭酸型ペットボトル，②自転車の空気入れ，③ボールの空気入れの針，④直径2cmのゴム栓（シリコン栓）6号，⑤厚紙，⑥セロハンテープ

工作1：①直径2cmのゴム栓かシリコン栓に，ボールの空気入れの針を差し込みます。
②ボールの空気入れの針を自転車の空気入れに接続します。
③ゴム栓（シリコン栓）をペットボトルに差し込み，翼を考察を深めながら取り付けます。

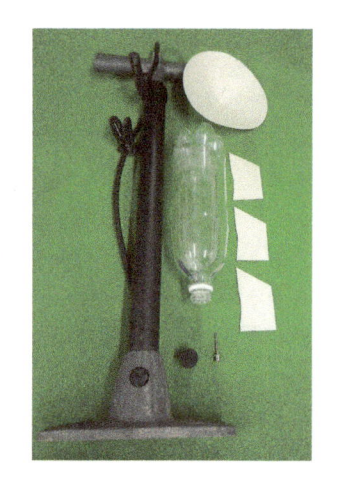

実験1：プリミティブな実験

　まずこのままで，栓の部分だけを手で持って，空気入れでペットボトルに

空気を入れてみましょう。ただし、広い場所で行います。

どうでしたか。あまり飛びませんでしたね。また、ペットボトルの飛ぶ向きも、どの向きに飛んで行くのかがわかりませんでしたね。

そこで、どうすれば安定した姿勢で飛ぶのでしょうか。また、どうすれば長距離飛行が可能になるのでしょうか。

工作2：①最初に、ペットボトルの底で受ける空気抵抗を減らすように流線型にします。そのために、厚紙でコーンの形を作って、ペットボトルの底にガムテープで取り付けます。

②続いて、尾翼を作って取り付けます。尾翼は、工作用紙を利用して作り、本体にセロハンテープで取り付けます。これで、水ロケット本体が完成です。

実験2：ロケットの飛行姿勢を保ち遠くへ飛ばそう

解説：水ロケットの場合、空中できちんと飛行姿勢が保てます。この方法でも **100 m 程度**飛ぶので、広場で行うことと、発射場所付近に子供たちがたむろしないように注意しましょう。発射の瞬間はかなりのスピードなので、子供たちにロケットが当たると大きな事故や怪我になってしまいますので、十分な注意が必要です。

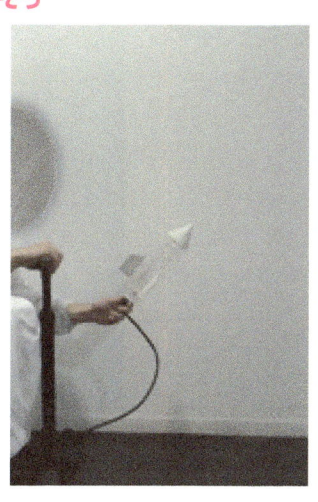

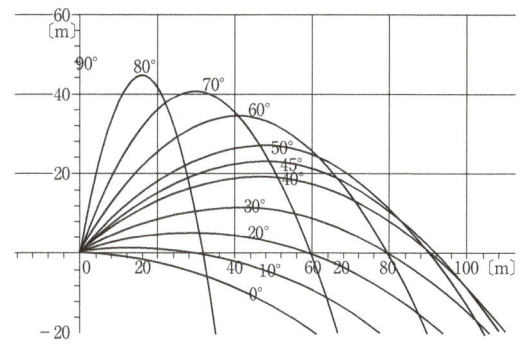

さて、空気抵抗の無いときには、**仰角 45°** で打ち上げると**最大到達距離**に達しますが、水ロケットの場合は、仰角を 60° にすると最も遠くまで飛ぶとされています。また水量は 1/3 程度がよいとされています。

初速度を 30m/s に固定し、仰角（打ち上げるときの角度）を変えた場合の出力結果

物

18 かっちんこっちん衝突球

　10円玉5枚程度を一直線上に並べて，その延長線上の左側から，10円玉を1枚衝突させるとどうなるでしょうか。5枚の内の一番右の10円玉だけが右側にはじき飛ばさます。この実験は有名です。同様に，左側から2枚衝突させると，今回は右端の2枚の10円玉が弾かれます。この実験を色のきれいなビーズ玉やビー玉でやってみましょう。

実験1：卓上型かっちんこっちん衝突球
準備物：①固いビーズ玉4玉（ガラス製のものがよいが，固いプラスチック製でもよい）でなるべく大きな玉（ここではビーズショップで市販されている2cmのピンクパールを利用）②ブックエンドかCDケースの内側，③ヒートン4個，④釣り糸15cm4本，⑤接着剤，⑥セロハンテープ
工作：①ヒートンのネジの部分に，接着剤を少量塗り，ビーズ玉の穴に，接着剤がついたヒートンをねじ込みます。
②ブックエンドの両端に，図のように両面テープを貼ります。
③ヒートンに釣り糸を通して，図のように，ブックエンドの両面テープを貼ったところに，釣り糸を留め，ビーズ玉を吊します。

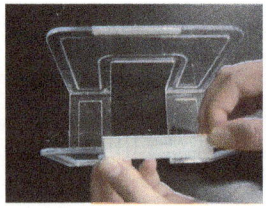

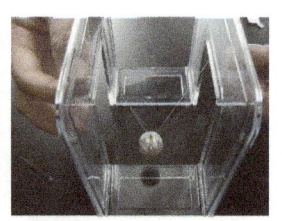

④ビーズ玉を隣り合ってくっつくように4個吊します。
⑤釣り糸が，実験中に横ずれしないように，セロハンテープで留めます。これで完成です。
以上をガラスビー玉で作ってもオーケーです。
実験：球1個を，軽く持ち上げて，当てるとど

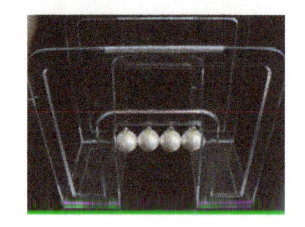

うなるでしょうか。

　反対側の球が1個だけ飛び出し，またそれが戻って来て，こちら側の元の1個が飛び出しそれを繰り返します。

　球を2個同時に持ち上げて，当てると今度はどうでしょうか。反対側の球が2個だけ飛び出し，またそれが戻って来て，こちら側の元の2個が飛び出し，それを繰り返します。

　これは，冒頭で述べた10円玉の場合も同じですね。

解説：この問題は，運動量の保存則と，はねかえり係数で考えることができます。**はねかえり係数 e が $e=1$ の場合，質量が等しい物体は，速度を交換します。**

　ところで，衝突前の球の速度を v とし，静止している球に衝突させます。衝突後のぶつけた側の球の速度を v_1，ぶつけられた側の球の速度を v_2 とすると，運動量保存則によると，

$$m \times v + m \times 0 = m \times v_1 + m \times v_2$$

はねかえり係数の式より，

$$1 = \frac{v - 0}{v_2 - v_1}$$

$$\therefore \quad v = v_2 - v_1$$

以上から，$v_1=0$，$v_2=v$ となり，ぶつかった側の球は静止し，速度交換が行われたことがわかります。

　3個ならんでいるビーズ玉に左側から1個の玉が当たると，衝突した側から順番に速度交換が行われます。そして，最後の右端の1個が，左端からぶつかった玉と理想的には同じ速度で飛び出して行きます。

実験2：ボーリング玉でかっちんこっちん衝突球

　小さなビーズ玉での衝突球であきたりない人は，是非，ボーリング玉でトライしてみて下さい。とてもハラハラドキドキして，スリリングです。

物 化

19 温度計を作ろう

　力学という学問が筋肉の緊張感から始まったように，熱学は熱い・ぬるいという人間の感覚そのものから始まりました。しかし，人間の感覚は細かい話を始めるとあてになりません。冬の地下水は暖かく感じ，夏の井戸水は冷たく感じますが，当然，地下水の温度は夏の方が冬より高いことはいうまでもありません。そこで，客観的に物の熱い・冷たいを測るはかりが必要になります。それでは，簡単な温度計を作ってみましょう。ここで重要なことは，液体は気体に比べるとあまり膨張しないことです。身近に見る温度計は，赤い液体や水銀が上がり下がりするなど，液体の膨張を見るものが多いですが，手軽に作る温度計では気体の膨張を利用したものにします。気体の方が膨張率が大きいためです。

準備物：①透明なストロー，②ピンポン球，③色水
工作：①ピンポン球にストローと同じ大きさの穴を開けます。
②ピンポン球にストローをスポイトのように利用して，半分ぐらい色水を入れます。
③同じく，ストローをスポイトのようにしてストローの半分くらいまで色水を入れ，そのままピンポン玉の穴に差し込みます。このとき，ストローの先端はピンポン玉の中の液にしっかりと浸かるようします。ただし，底につかないように浮かします。
③ピンポン球を水につけ，水温を10度，20度，30度…と変えて，ストローに目盛りを入れます。これで，温度計の完成です。
④もっと簡単に作るときは，ストローの中腹に3～5mm程度の長さになるように色水を入れます（右側のタイプ）。
実験：いろいろなものの温度を測ってみましょう。また，測定器には測定の限界がありますが，この温度計の測定の限界は何が与えるか議論してみましょう。
注：学校の理科室の温度計では，2度程度の誤差があります。沸騰する湯の温度が100℃にならない原因の1つに，温度計の誤差が原因の場合がありますので要注意です。

20 圧縮発火実験を作ろう

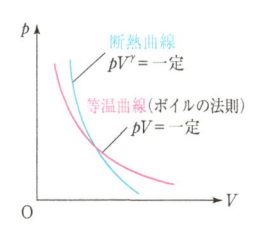

気体を急激に圧縮すると気体は断熱圧縮を受け，温度が上がります。自転車のタイヤに空気を入れると，空気入れの根元の部分が熱くなります。どれだけ高温になるのかは断熱変化の式でわかります。**ポアソンの法則**といい $pV^\gamma = C$ と書きます。また，$TV^{(\gamma-1)} = C$ という関係も成り立ちます。γ は**比熱比**といい，$\gamma = C_p/C_v$ なので2原子分子の理想気体の場合 $\gamma = \frac{7}{2}R / \frac{5}{2}R = 1.40$ です。窒素や酸素などは2原子分子です。温度が変化しない場合には $pV = C$（ボイル曲線）となります。断熱曲線は図のように等温曲線より急な曲線です。そのため急激に圧縮すると高温化し，急激に膨張すると低温化します。

準備物：①アクリルパイプ（25 cm 程度，内径9 mm 外径12 mm），②ゴム栓（0号，$\phi 13 \times \phi 10 \times 18$），③ドアーストッパーの脚のカバー，④木の棒（29 cm 程度，直径8 mm），⑤角材（3×3×1.5 cm 程度），⑥Oリング 8 mm，⑦強力接着剤，⑧木綿やティッシュペーパー

工作：①ゴム栓に強力接着剤を着けアクリルパイプに差し込み，さらに外側からドアーストッパーの脚のカバーを取り付けます。 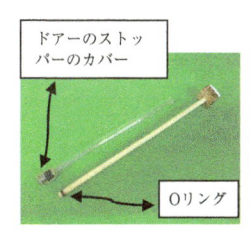
②木の棒の一端に角材を取り付け，他端にOリングを溝を掘って付けます。角材の上にクッションを着けてもいいです。

実験：パイプの底に木綿などを小さく切って入れ，木の棒で勢いよく圧縮すると発火が確認できます。紙も木綿も約450℃前後で発火します。最初の体積が 20 mL の場合，木綿を発火させるには体積をどれくらいにすればよいでしょうか。室温が27℃のとき，27 + 273 = 300 なので 300 K です。確実に発火する温度は約750 K なので，$300(20 \times 10^{-6})^{0.4} = 750(V \times 10^{-6})^{0.4}$ となり，求める体積は $V ≒ 2.0$ です。約1/10です。

物 地

21 熱気球を上げよう

　気球に乗って大空を飛んでみたいと思いませんか。高いところから，まわりの世界を見れば気分爽快でしょう。しかし，どうして気球は空高く上がることができるのでしょうか，などと詩的な授業を物理の授業を行ってみてはいかがでしょうか。

　ところで熱気球を最初に発明したのは，諸葛亮孔明ともいわれ，天灯（孔明灯）と呼ばれています。天灯は，紙を貼り合わせた袋の底部で油紙を燃やし，浮力を持たせて飛ばす小型の気球で，中国南部や台湾で，息災などを願う行事に用いられています。熱気球による初の有人飛行を成功させたのはフランスのモンゴルフィエ兄弟[ジョセフ・ミシェル，ジャック・エティエンヌ]です。1783年6月5日に無人飛行に成功し，同年9月19日にはベルサイユ宮殿でルイ16世やマリー・アントワネットの前で動物を乗せ飛行に成功し，同年11月21日にブローニュの森から飛び立ちました。

　さて，熱気球が高く上がるのは熱気球に作用する浮力のためです。アルキメデスの原理により，熱気球が押しのけた空気の重さの分だけ軽くなります。熱気球の中の温まった空気の重さと熱気球本体が持つ重さより，浮力の方が大きな場合に，熱気球は浮きます。

　太陽のもとで浮かぶ熱気球を作りましょう。

　http:/www.ntv.co.jp/megaten/library/date/09/11/1121.html
の不思議①は，東京理科大学川村研究室で行った実験です。

準備物：①90Lの黒のポリ袋（0.015 mm（15ミクロン），90 cm×100 cm）3枚，または高密度ポリエチレンフィルム，②コマひも（10 m程度），③セロハンテープ（普通の12 mm幅のものでよく，幅広のものを使うと重くなります。

工作：①2枚のポリ袋は，側面の一方と底を開きます。残りの1枚は，開いた口から10 cm切り落とし，側面の両方を開きます。
②展開図のように，セロハンテープでつなぎます。
③コマひもを熱気球にしっかりと付けます。
④90 cm×90 cm×10 cm＝0.81 m³の直方体の熱気球が作れますが，実際には，膨張して膨らんだ形になりますので，体積はより大きくなります。

⑤全質量は，約 1 kg となります。

実験：①まわりに電線などの障害物が無く，自動車などが通らない広場で実験をします。学校では運動場がいいでしょう。
②太陽が照っている風の無い日を選んで実験をします。
③みるみるうちに熱気球が上がりますので，しっかりとひもを持っていないと危険です。どうしようもなく引っぱられるときは，残念ですが，熱気球を割ります。決して空に飛ばしてしまわないように注意しましょう。

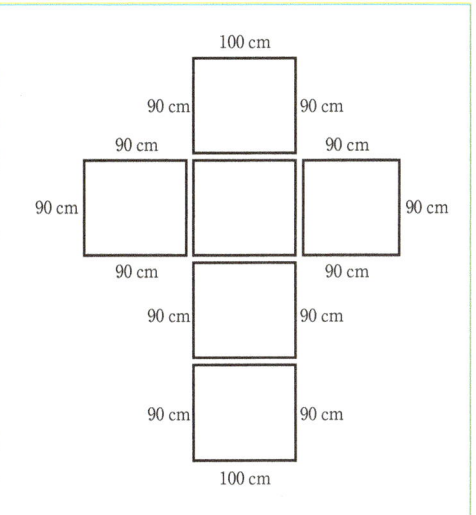

解説：人を持ち上げるには！

熱気球の浮力 f は，熱気球のバルーンの重さと気球が押しのけた空気の重さの差なので，$f=(\rho-\rho')Vg$ です。熱気球と人との合計を 200 kg とすると，$(\rho-\rho')Vg>200g$ でなければなりません。

外部の気温が 10℃ で，圧力は 1 atm とします。なお，10℃ のときの空気の密度は 1.25 kg/m³ です。

理想気体の状態方程式は，$pV=nRT$ です。モル数 n は，物質の質量を w，分子量を M とすると，なので，$n=\dfrac{w}{M}$ なので，$pM=\dfrac{w}{V}RT=\rho RT$ と書きます。上式の左辺を見てみましょう。熱気球は，大気圧が 1 atm と見なせる範囲の高さまでしか上昇しないとすると，熱気球の内部では常に内外の圧力が等しいので，p を一定とします。また分子量 M は変わらないので，左辺は一定となります。このことより $\rho T=\rho'T'$ なので，$\rho V=\rho'V+200=\dfrac{T}{T'}\rho V+200$ となります。もし熱気球の温度が，70℃ = 343 K まで上昇するとしますと，$\left(1-\dfrac{T}{T'}\right)\rho V=200$ と変形できますので，数値を代入すると，$\left(1-\dfrac{283}{343}\right)\times 1.25 \times V=200$ $V=200\times\dfrac{1}{1.25}\times\dfrac{343}{60}=914$ となり，高さを 2 m，底面積を 500 m² にすると，体積が 1000 m³ になるので可能だとわかります。

物 化

22 ドライアイスも液体に！

　水は，1気圧のもとでは，三態変化を行います。0℃以下では固体の氷，0℃～100℃の間では液体の水，100℃以上では気体の水蒸気です。ところが，二酸化炭素は－78.5℃以下では固体のドライアイス，それ以上ではいきなり昇華し，気体となります。そのため，二酸化炭素には液体の状態がないのかと思っている生徒も多いと思います。しかし，指導者のみなさんは居酒屋で二酸化炭素の液化ボンベを見ていると思います。深緑色のビールサーバーにつながっているボンベです。そのボンベの中では，二酸化炭素は高圧な状態にされ，液体として貯蔵されています。そのことは右下図を見るとわかります。

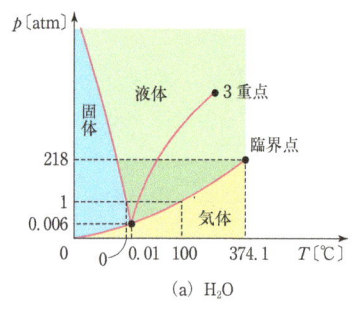

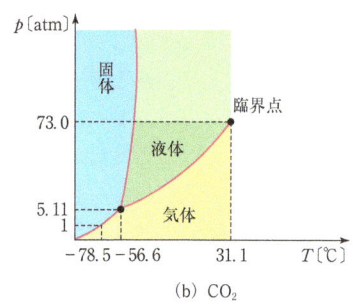

(a) H_2O
(b) CO_2
相図

　それでは，2つの方法で二酸化炭素を液化してみましょう。
準備物： ①肉厚のビニールパイプ（25 cm 程度，内径 9 mm 外径 12 mm），②ドライアイス，③ペンチ2本，④圧縮発火器
実験1： パイプの中にドライアイスを入れ，パイプの両端を折り返して，ペンチで強くはさんでおきます。やがてドライアイスが液化します。
実験2： 圧縮発火器の中にドライアイスを入れます。圧縮すると液化し，元に戻すと再びドライアイスに戻ります。

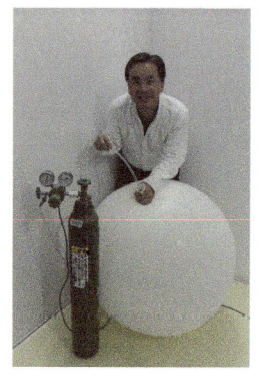

23 アイスクリームを作ろう

水に不純物が溶け込むと**凝固点降下**が起こり，純粋な水の凝固点よりも低い温度になってはじめて凝固が起こります。なので，砂糖水や食塩水などの水溶液は，0℃では凍らず，それより低い温度で凝固します。同様に沸点上昇も生じます。液体の濃度が薄い間は，凝固点降下や沸点上昇の値はモル濃度に比例します。

さて，氷に食塩を入れればマイナス十数度を実現できます。牛乳に砂糖を加えたものをこれを用いて冷却すると凝固しますが，これではクリーミーにはなりません。なんとかしてソフトタッチな食感にしたいものです。

そのためには，凍るまでの間，振ったり揺さぶったりして，空気の泡を作る必要があります。振り続けるのは大変なので，今回はエキスパンダーのような強いばねの助けを借り，ばねの振動によってアイスを振り続けます。アイスクリームができるまでに15分程度かかりますので，凝固点降下と沸点上昇の式を学習したり，ばね振り子の周期を学習するといいですね。

$\Delta t = km$　　Δt：凝固点降下度　k：モル凝固点降下〔K・kg/mol〕
　　　　　　　　m：質量モル濃度〔mol/kg〕

準備物：①牛乳，②砂糖，③食塩，④しっかりと封入できる容器小（アイスボックスとして使用），⑤しっかりと封入できる容器大（アイスボックスと氷を入れる），⑥（もしあれば）エキスパンダー（ばねとして使う），

実験：①アイスボックスに牛乳と砂糖を入れしっかりと閉めます。
②大きな容器に，アイスボックスと氷と食塩を入れしっかりと閉め，タオルでくるみ，勢いよく振ります。エキスパンダーに取り付けて振ってみましょう。

化 地

24 大きな結晶を作ろう

　大きな結晶には誰でも魅力を感じますね。特にダイヤモンドの大きな結晶となると人々の目を引き付けてやみません。水晶などの宝石も魅力的な結晶です。結晶は時間をかけてゆっくりと成長させると大きな結晶ができます。火成岩には**火山岩**と**深成岩**があります。マグマが熔岩として噴出し，地上で急冷した火山岩では，結晶が十分には成長できずに**斑状組織**を作ります。一方，マグマが地下深い所でゆっくりと冷え固まった深成岩では，結晶が大きく成長して**等粒状組織**を作ります。火山岩には，玄武岩，安山岩，流紋岩があります。深成岩には，花崗岩や斑レイ岩があります。

　水溶液を加熱し，溶媒を蒸発させると溶質が残ります。食塩水では食塩の結晶ができますが，小さく細かな結晶になります。物質には**溶解度**が決まっていて高温ほど溶解度は大きくなります。そこで，溶質を高温で溶かしてら温度を下げると溶解度以上は溶けないため，水溶液から溶質が析出してきます。これを**再結晶法**といいます。うまく行うと，大きな結晶に成長させることもできます。

準備物：①水，②食塩，③ミョウバン（カリミョウバン；硫酸アルミニウムカリウム 12 水和物），④コップ，⑤割り箸，⑥ナイロン糸

実験：①市販のミョウバンや食塩から，少し大きな結晶を種結晶として選びナイロン糸の先にくくり付けます。
②水に食塩やあるいはミョウバンを溶けきれないほどまで溶かし，食塩水かミョウバン水溶液を作ります。
③コップに溶液を入れ，コップの淵に割り箸を横渡しにし，箸の中央から糸を水溶液の中に垂らします。このとき，結晶の種が水溶液の真ん中あたりにくるように注意しましょう。大きな結晶になるのに，ミョウバンでは1ヵ月，食塩で3ヵ月かかります。

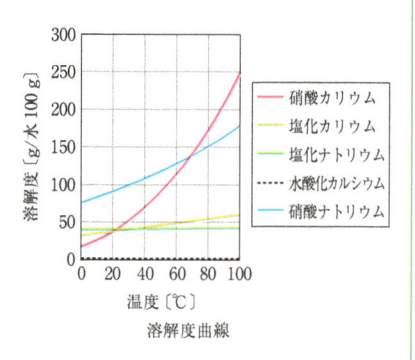

物 地
25 雲を作ろう

　雲を作る実験はインターネットで探してみると次々と出てきます。それぞれ特徴があっていいのですが，**川村メソッド**では，実験器の基本的な準備物は使いまわしを推奨しています。これは独創力を開発するにはとても重要なことです。普段，何気なく見ているものも，ええっ？そんな使い方ができるの？という視点を養うことが大事です。是非，本書で川村メソッドを修得し，独創的な子供たちが育てられる指導者になって頂けたらと願っています。

　大気には水蒸気が含まれています。空気は熱せられると膨張するため，同じ体積で比較すると暖かい空気の方が軽くなります。熱気球はそうして浮かびました。湿った空気も熱せられると軽くなり，地球の上空に向かって上昇します。ところが，気圧は地表面ほど高く上空で低いため，空気は上空で**断熱膨張**をします。そのため，空気の温度が下がり，空気中に含まれた水蒸気は，露点以下で水滴となって水となったり，さらに温度が下がって凝固点以下で氷の小さな結晶となったりします。これらが，空気中の小さなちりを核として集まって雲ができます。さっそく雲を作ろう実験を行ってみましょう。

準備物：① 500 mL 炭酸飲料用ペットボトル，②自転車の空気入れ，③ 6 号のゴム栓またはシリコン栓，④温度シール

実験：①ゴム栓に，自転車の空気入れについているボールに空気を入れる針を貫通するように刺します（水ロケットと同じ要領です）。
④ペットボトルの内側が湿る程度水を入れ，ゴム栓でふたをします。このときペットボトルの中に液晶の温度シールや温度計を入れても構いません。
⑤ペットボトルに空気を押し込みボトル内部を加圧します。
⑦この状態で，ゴム栓を一気に外すと，ペットボトルの中に雲ができます。

物 26 スターリングエンジン

　熱効率の授業となると，お手軽な実験教材がなくて結構困ってしまいます。自動車やオートバイのエンジンなどは最高の教材だとは思いますが，どのような授業を行うのかで，授業の深さも変わってしまいます。エンジンをただ作動させてもしかたないし，エンジンのスケルトンモデルを演示しても，「…？？」という授業に終わってしまいがちです。そこで登場するのが**スターリングエンジン**です。

　熱効率は100%にすることはできません。熱力学の第2法則は，いろいろな表現ができますが，このことも熱力学の第2法則の1つの表現です。それでは，熱効率を最高にするサイクルはどのようなサイクルでしょうか。ズバリ，**カルノーサイクル**です。スターリングエンジンは，カルノーサイクルに近い熱機関です。

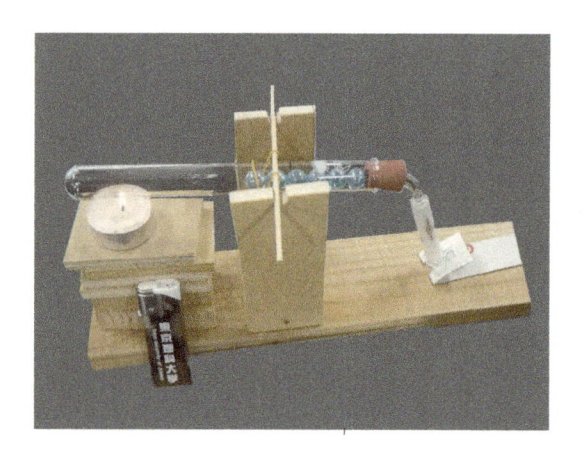

準備物：①ガラス製試験管1本，②ガラス製注射器5ccタイプ1本，③ビー玉7個，④固形燃料（ロウソクでもいいが，燃えると短くなるので調整が必要），⑤ゴム栓，⑥直径3mmのアルミ管3cm，⑦内径3mmのビニールチューブ5cm，⑧竹ひご，⑨木片（上図参照）（底板は，5cm×20cm程度，側板2枚は5cm×15cm程度），⑩輪ゴム，⑪厚紙，⑫セロハンテープ，⑬木ネジ4

本

実験：①底板の中央の両側に，上図のように側板2枚を，それぞれ木ネジ2本で留めます。
②側板の上に，竹ひごを乗せる凹みを作ります。
③試験管にビー玉を5〜7個入れ，アルミ管を貫通させてゴム栓をします。
④③を輪ゴムで竹ひごにぶらさげ，試験管がシーソーのように上下するように吊します。
⑤アルミ管の先にビニールチューブを取り付け，その他端に注射器の口をつなぎます。
⑥工作用紙などの厚紙を使って，注射器のピストンの頭と厚紙をセロハンテープでとめ，さらに底板に厚紙をセロハンテープで留めます。
⑦固形燃料に火をつけ，試験管の底に炎が届くように，板切れや空き缶などを用いて固形燃料の場所を決めます。バランスをうまくとると，スターリングエンジンがピストン運動を開始します。

解説：空気を含め気体は熱すると膨張し，冷やすと収縮します。これを動力として利用するのがスターリングエンジンです。

　スターリングエンジンの基本パーツは，パイプでつながった**メインシリンダー**と**パワーシリンダー**と，メインシリンダー内の**ディスプレーサ**と呼ばれるピストンです。シリンダーとディスプレーサの間には隙間があり，内部の気体はこの隙間を通って移動します。

　最初，試験管の口が下に傾き，注射器のピストンが押し込まれている状態にして，試験管の底側の空気を加熱します。このとき，ビー玉は試験管の口の方に固まっています。試験管の底の側の空気が熱せられて膨張すると，注射器の側では，ピストンは土台に固定されているので，空気が入ったぶんだけシリンダーが上昇します。そのため，試験管が傾き，ビー玉は底の方に転げ落ちます。そうすると，試験管の底の温められていた空気はビー玉に押し出されて，試験管の口の方に移動します。ところが，試験管の管口付近は低温なので空気は冷され，注射器内の空気を引き戻すように全体として収縮します。これによりシリンダーは降下し，試験管の口も下がります。するとビー玉が最初の位置に戻ってきます。持ち上がった試験管の底側の空気が熱せられて膨張し，これの繰り返しにより，ピストン運動が継続します。

　ビー玉はディスプレーサの役目をしていたわけです。スターリングエンジンで走るスターリングエンジンカーは p.205 に写真があります。

物 27 ストローウエーブマシン

　波の実験といえば，ウエーブマシン！ 理科実験教材の会社のものを購入すると 30 万円以上もします。これをなんと 100 円程度で作ってしまおうというものです。材料はストローとセロハンテープだけ。すかすかのストローでは，いい動きをしてくれないので，そこでひと工夫が必要です。いい動きをするように調節できると，いろいろな波動現象をわかりやすく見せてくれるすぐれもの実験器になります。

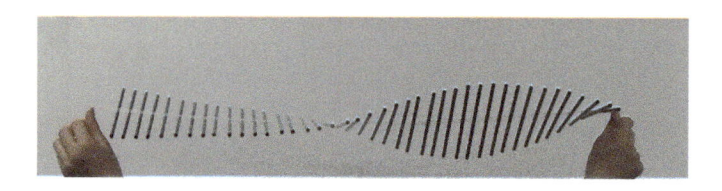

準備物：①固いやや重いストロー 40 本以上，②強力セロハンテープ（ただし幅広は NG。揺れてくれません），③さらに追加でゼムクリップも 40 個程度
工作：①広い机の上に，A3 の紙などをつないで長いロールを作ります。
②その紙に幅が 1.5 cm 間隔で直線を 40 本以上引きます。
③②の直線と垂直に，紙の幅の中央に 1 本の長い線を引きます。
④③の線に沿って，セロハンテープを粘着面を上にして置きます。
⑤ 40 本引いた直線に合わせて，ストローを 1 本ずつセロハンテープに貼ります。これで完成です。

実験 1：パルス波を送ってみましょう。
　媒質が水平方向に移動するのではなく，**媒質の振動**が水平方向に伝搬していくことがわかります。図のように，波動の振幅の最大値の部分を**山**，最小値の部分を**谷**といいます。
　隣り合う山から山あるいは谷から谷の長さを**波長**といいます。速度を v とすると，

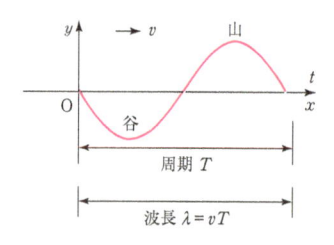

1周期 $T=\dfrac{1}{f}$ の間に，波動が進む距離が波長 λ なので，

$$\lambda = vT = \dfrac{v}{f} \quad \therefore \quad v = f\lambda$$

実験2：**固定端反射**と**自由端反射**を行ってみましょう。

　固定端は固定されているので常に振れないため $y=0$ となります。もし波が固定端に山で入射していれば，反射波は谷で反射をし，合成波の y 方向の変位はゼロとなります。つまり，位相が $\pi/2$ ずれる（逆位相になる）わけです。**自由端**では位相のずれはなく，山で入射すると山で反射するので，自由端での y 方向への変位は振幅の2倍になり，位相のずれはありません。そのため，防波堤の高さは，波の高さが2mの場合には4m必要ということになります。よく海岸で5mもの高さの防波堤があるのはそういう理由からです。

実験3：定常波を発生させてみましょう。

　定常波の実験では，固定端では**節**に，自由端では**腹**になります。隣り合う節と節の距離は**半波長**です。隣り合う節と腹の距離は 1/4 波長となります。

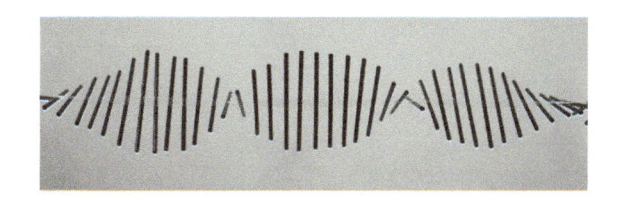

実験4：15本程度のストローの両側にゼムクリップを付けると，媒質を変化させることができます。媒質が変化する境界で何が起こるかを観察してみましょう。

　直線的に進む進行波でも，媒質が変わる境界では**屈折波**と**反射波**に分かれます。ストローにゼムクリップを付けることで媒質が変化したため，境界では反射と屈折が見られます。一般には，空気中から水中に斜めに入る光線の反射・屈折の実験が有名ですが，入射光が水面に垂直に入っても反射と屈折は同時に生じています。

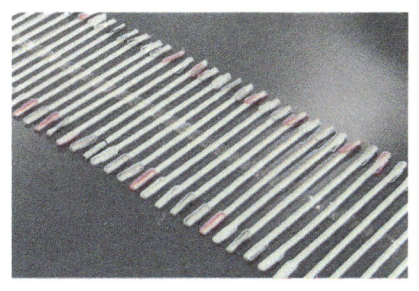

物 生

28 デジタル・オシロスコープ

　人は音を利用して，コミュニケーションをしています。

　音は，振動体（発音体）の振動が空気を伝わって，耳の鼓膜を振動させ，その振動が聴神経を通して脳に送られ，音として認知されます。そのため真空中で音は伝わりません。

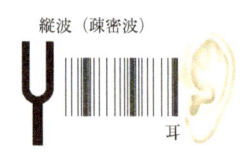

　音の三要素は，音の大きさ，音の高さ，音色です。これを物理学な音波に対応させると，順に**音波の振幅**，**音波の振動数**，**音波の波形**です。

　人に聞こえる音の高さは，20 Hz（ヘルツ）〜20000 Hz です。これを**可聴音**といい，その周波数を**可聴周波数**といいます。1秒間に1回振動する場合，振動数を 1 Hz といいます。1オクターブ高い音は，振動数が2倍高いということです。例えば普通のラの音，すなわちAの音の振動数は 440 Hz なので，高い方のラの音は 880 Hz となります。よく3オクターブのボーカリストといいますが，仮に下のラの音 220 Hz からはじめても，2オクターブでも大変です。しかし，耳はなんと約10オクターブ聞けます。

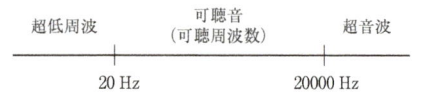

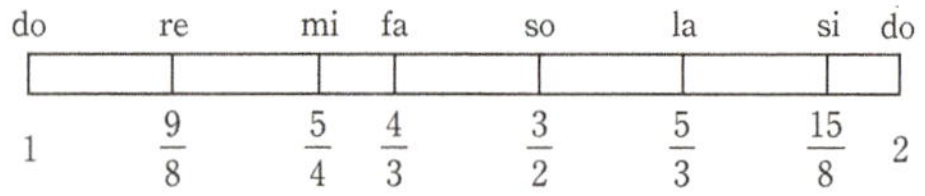

　20000 Hz より高い音を**超音波**といいます。人は聞こえませんが，コウモリなどは有効に活用しています。洞窟のような暗がりでは光を使っての情報収集より超音波の方が有効なのでしょう。逆に 20 Hz より低い音を**超低周波**といいます。最近では，風力発電の低周波騒音が問題になりつつあります。

　このように物理学性質だけを切り出して分析的に見ると，何か味気ないような気がしますが，音は私たちの生活を潤してくれています。鈴虫や松虫，鳥の鳴き声に癒やされたり，風鈴の音色に涼しさを感じたり，同じ楽器なのに奏でる人によって全然違って聞こえたり…などなど。

準備物：① PC，②インターネットでいろいろなデジタル・オシロスコープ・ソフトをダウンロードしましょう，③ PC 用のマイクやイヤホン

実験および実験結果：①「あ，い，う，え，お」と人の母音の波形を見てみましょう。右図は著者の母音です。
②同じ「あ」でも，低い声の場合と，高い声の場合を比べてみましょう。ほぼ同じ形の波形が，波長が短くなって，オシロスコープに表示されます。③エレキギターの低い A の音（220Hz）を入力してみました。生ギターの弦を優しく弾いた場合は，正弦波に近い形の波形が得られますが，エレキギターでは少し歪んだ波形になります。ディストーションというのは，ギターの音を強くひずませる装置です。原音の波形と比べると，波の振幅が増幅されていることがわかります。ディレイというのはエコーをかける装置です。原音の波形が遅れて繰り返され，原音の上に合成された波形になっています。

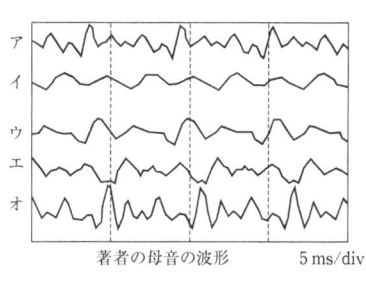

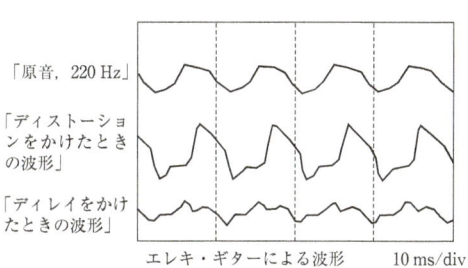

このような電子的な方法を駆使して，いろいろな合成音を作り出す装置が，**シンセサイザー**です。

ところで同じ演奏者でも，楽器によって音色が変わります。それは，楽器作家のつくりによって，楽器の音色が変わるようにできているからです。

音さはほとんどきれいな正弦波を出します。楽器はそのつくりによっていろいろな倍音がでます。例えば図(a)のような倍音を合成すると，図(b)のような合成波になります。どのような波形になるかは楽器作家の腕によるというわけです。しかしその演奏家の腕はもっと大事です。

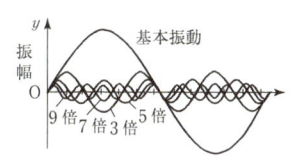

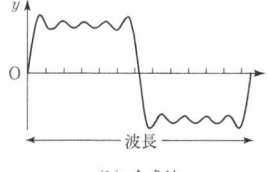

物 地

29 波動説明器を作ろう

　波動というと，とかく難しく考えてしまいがちで，高校生にとっても物理学習で難しい学習内容の1つとされています。波動説明器を作って，波の波形を観察しながら学習しましょう。このとき，いきなり三角関数を用いた正弦波で授業を始めるのではなく，三角波で始めてみて下さい。

実験1：演示用波動説明器
準備物：① A4サイズの工作用紙や，グラフ用紙に厚紙を貼ったものなど1枚，② A4サイズのクリアファイルを1枚，③油性マジックなど
工作：図のような「波動説明器枠」を作ります。

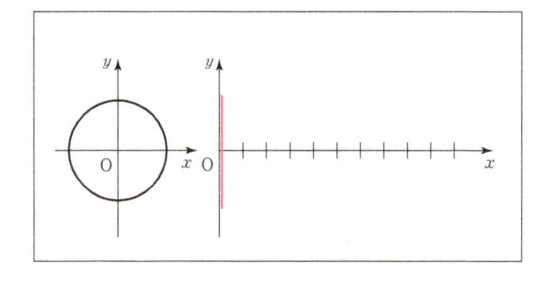

① A4サイズの工作用紙か，あるいは厚紙にグラフ用紙を貼ったものを台紙にします。
②台紙を横置きにし，中央に基準線をx軸として描き，これと垂直に基準線を中心に上下に5 cmずつ10 cm程度の切れ込みを入れます（図の赤いライン）。これがy軸となります。
③基準線上に，1周期と1/4，つまり10目盛を描きます。これで枠の完成です。
④次に，三角波波動定規を作ります。右の図のように，透明なクリアファイルを10 cmの幅に切り，三角波を2周期16目盛分を描きます。 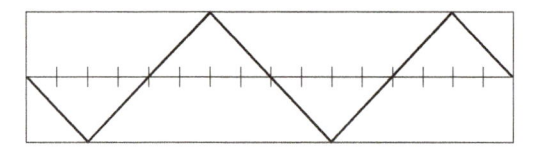
⑤さらに，右の図のような正弦波波動定規を作ります。

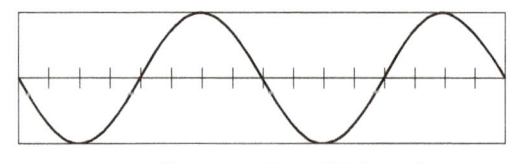

実験方法：①最初に，三角波で進行波の波形を見てみましょう。三角波波動定規を1目盛りずつ動かし，そのときのそれぞれの目盛りでのy軸方向の変位を観察しましょう。さらに1周期進行したときの波形を観察しましょう。
②次に，正弦波の波形を観察してみましょう。三角波波動定規を1目盛りずつ動かし，そのときのそれぞれの目盛りでのy軸方向の変位を観察しましょう。さらに1周期進行したときの波形を観察しましょう。

実験2：名刺サイズの波動説明器
準備物：①名刺サイズの工作用紙やグラフ用紙など1枚，②幅5cm程度の透明フィルム透明1枚

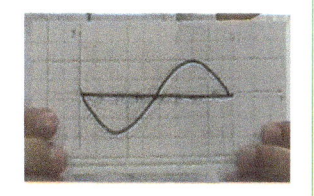

実験方法：①写真のように，名刺サイズの工作用紙などにx, y座標を描き，y軸と1周期分のところに切れ込みを入れ台紙とします。
②透明フィルムに，正弦波を2周期書き，台紙に差し込み，裏側でセロハンテープでとめ，フィルムが何周も自由に動けるようにします。これで完成です。

解説：原点での波動を，$y_0 = Af(t)$ とするとし，周期を8秒としましょう。速度v〔m/s〕とすると，1目盛横の位置は$x=v$です。ここには1秒後に波動が伝わってきますので，原点での振動を1秒遅らせて，$y_1 = Af(t-1)$となります。同じく2目盛横の位置では$y_2 = Af(t-1)$となり，3目盛横の位置では$y_3 = Af(t-1)$です。任意のxでは，速度がvなので，時間の遅れは$\frac{x}{v}$です。したがって，$y = Af\left(t - \frac{x}{v}\right)$となります。

$t=10$s のときの波動の y-x グラフ

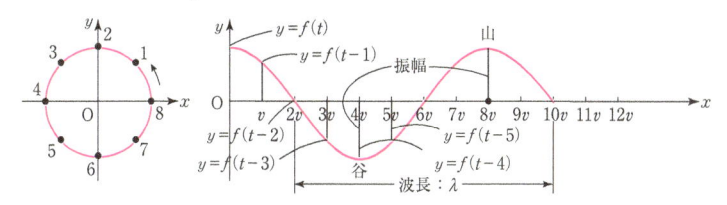

原点での振動が $y_0 = A\sin\omega t$ ならば，次のようになります。

$$y = A\sin\omega\left(t - \frac{x}{v}\right) = A\sin 2\pi f = A\sin\frac{2\pi}{T}\left(t - \frac{x}{v}\right) \quad \therefore \quad y = A\sin 2\pi\left(\frac{t}{T} - \frac{x}{\lambda}\right)$$

物 地
30 共振・長周期振動（念力振り子）

　外から誰も揺すっていないはずなのに，3本のビルの模型のうちの1本だけが揺れる！いったいどうして？　地震のたびに高層ビル高層階では大きな揺れに見舞われます。その理由は？どうやって揺れを防ぐの？と，理科教育でも，防災教育について指導する必要が出てきました。もちろん **STS 教育** や **ESD 教育** を考えると授業で指導していて当たり前のことですが…。

実験１：逆さ振り子
準備物： ①しっかりとしたプラスチック下敷き，②幅約2cmのプラスチック板（10 cm，20 cm，30 cm 各1枚，場合によってはこれも直定規でもよい），③モーター（あるいはバイブレータ）

工作： ①プラスチックの下敷きを，長い辺から，2 cm 幅の板を2枚切り取ります。残りから，中ぐらいの長さのもの2枚と短い長さのもの1枚を切り取り，合計5枚の板を作ります。
②一番長いものを土台として（直定規でもオーケーです），この土台の上に，4本のビルを建てるつもりで，高いビル，中ぐらいの高さのビル，低いビルと見なします。4本とも土台としっかりと固定して下さい。これで完成です。

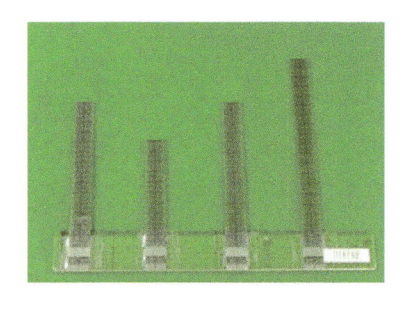

実験方法： ①土台を手で持って，サイエンス・マジックです。友達にどのビルを揺らしてほしいかリクエストし，その要望に応えられるように練習をします。いわゆる **念力振り子** と呼ばれる実験です。相手に分からないように，手元を揺らし，特定のビルだけを揺らします。揺れにくい場合は，ビルの屋上に粘土や消しゴムなどのおもりを付けてみて下さい。
②バイブレータ（なければ，モーターの軸に消しゴムを付け，偏心モーターとします）で土台を揺すります。モーターにかける電圧を変えて回転数を変化させます。すると，ビルに **定常波** ができ，**節** や **腹** が出現します。わかりにくい場合は長さの異なる竹ひごを数本立て，それらを観察します。

解説：上述した振り子は**逆さ振り子**といいます。高層ビルは長周期地震動に弱いとされています。振動数が大きい揺れ（**短周期地震動**のモデル）と小さい揺れ（**長周期地震動**のモデル）を与えてそれぞれのビルのモデルの揺れ方を比べてみましょう。高層ビルが長周期地震動（振動数は小さい）で大きく揺れてしまうことがよくわかります。

これら一連の実験がうまくできれば，次に共振がもっとわかりやすい実験を行ってみましょう。長さの異なる4個の振り子をぶらさげて実験をしてみましょう。

実験2：共振振り子

準備物：①実験1の土台か直定規，②おもり4個，③糸4本，④セロハンテープ

実験方法：①図のように，長い糸1本，中ぐらいの長さの糸2本，短い糸1本の先におもりを取り付け，これを直定規に取り付けます。
②直定規を揺らすと，どれか1個のおもりを振動させることができます。念力振り子と同じことです。
③中ぐらいの長さのおもりの1個を振ると，やがて，同じ長さのもう1個のおもりが揺れ始めます。このとき，最初のおもりの揺れは徐々に小さくなります。他の長さのおもりは揺れません。
④②の実験を行う場合は，次の図のように振り子を取り付けても大丈夫です。

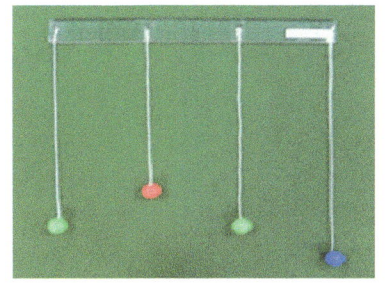

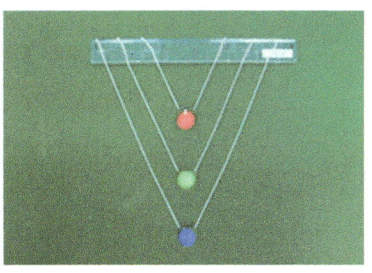

解説：物体には固有振動数があり，この振動数とマッチする周期の振動を送ると，共振して大きな振動をするようになります。

単振り子の周期 T は，$T = 2\pi\sqrt{\dfrac{L}{g}}$ です。L は振り子の長さです。振り子の長さで周期が決まっていることがわかります。直定規をこの周期にあわせて揺らすと，その周期とマッチした振り子が揺れたというわけです。

物 31 弦楽器を作ろう

　弦楽器では，両端が節となる定常波ができています。A（ラの音）の振動数は 440 Hz です。高い方の A の振動数は 880 Hz です。音の高さが 2 倍になるとき，音波の振動数は 2 倍になり 1 オクターブ高くなります。音速を v とすると，音の波が 1 周期 T のあいだに進む距離が波長 λ なので $\lambda=vT$ となります。周期は 1 回振動するのに要する時間です。もし周期が 0.2 秒なら，1 秒間に 5 回振動することになります。つまり，周期 T と振動数 f は逆数の関係です。以上から $v=f\lambda$ なることがわかります。

　振動数 f が 2 倍になると，弦が変わらない限り v は変化しないので，波長 λ が半分にならないといけません。ですのでギターや弦楽器の倍音は，弦のちょうど真ん中を押さえて弦を鳴らすとよいわけです。

　弦の真ん中を押さえて弦を弾かなくても，弦の真ん中に軽く指を触れて弦を弾くと同時に指を弦から離すと，きれいな澄んだ倍音が聞こえます。この奏法を**ハーモニック奏法**といいます。

準備物：①牛乳パックのような音響箱となる空き箱，②輪ゴムや糸など弦となるもの，③つまようじや竹串などフレットとなるもの，④セロハンテープ，⑤コマになる厚紙など，⑥ティッシュペーパー，⑦音さやドの音を出す楽器やチューナー

実験方法と結果：①ギターや琴などの弦楽器をイメージし，共鳴箱を作ります。
②両端を節とする定常波ができるように弦を張り，一番音が低いときにドが鳴るように，共鳴箱の長さを調整します。なお，完成したあとで音程の微調節ができるような機能を作っておきましょう。
③ドレミファソラシドが鳴る位置を計算により求め，その位置につまようじや竹串をセロハンテープなどで固定します（難しい場合は③は省いても構いません）。
④高い方のドが鳴るフレットの位置がちょうど弦の真ん中にあることを確認

音階音		振動数 Hz	音程
ド	C	264	
レ	D	297	全音
ミ	E	330	全音
ファ	F	352	全音
ソ	G	396	全音
ラ	A	440	全音
シ	B	495	全音
ド	C	528	全音

して、ハーモニック奏法を体験してみましょう。

⑤全体の1/3や1/4のところに、少し高いコマを立てて、定常波の節と腹の位置を予想しましょう。

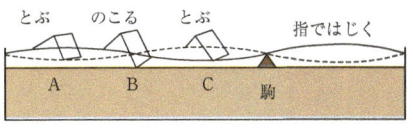

⑥予想した節と腹の位置に軽いティッシュペーパーを弦をまたぐように置き、短い方の弦を弾いてみましょう。腹の位置のティッシュペーパーは飛び散りますが、節のところのものはそのまま残ります。

解説：波の山の極めて短い部分 ΔL（以下微小部分という）を円の一部分と見なし、円運動をしているとします。この微小部分は波動の一部分で単振動をしているので、図の下向きのを受けています。微小部分を、両側から引く張力は $S\sin\theta$ なので、その合力 $2S\sin\theta$ が向心力を与えることになります。

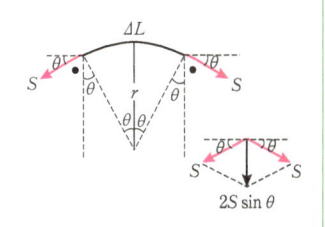

曲率半径を r、波の伝わる速さを v、線密度を ρ とすると、運動方程式は、$F = ma = m \cdot \dfrac{v^2}{r}$ なので、$2S\sin\theta = \rho \Delta L \dfrac{v^2}{r}$ となります。ところで、円弧が $\Delta L/2$ で、半径が r、中心角が θ の場合には $\dfrac{\Delta L}{2} = r\theta$ なので、θ が微小なとき、$\sin\theta \fallingdotseq \theta = \dfrac{\Delta L}{2r}$ となり、$S = \rho v^2$ より $v = \sqrt{\dfrac{S}{\rho}}$ となります。弦の振動数振動数 f は $f = \dfrac{v}{\lambda}$ なので、$f_1 = \dfrac{v}{\lambda_1} = \dfrac{1}{2L}\sqrt{\dfrac{S}{\rho}}$, $f_2 = \dfrac{v}{\lambda_2} = \dfrac{2}{2L}\sqrt{\dfrac{S}{\rho}} \cdots f_n = \dfrac{v}{\lambda_n} = \dfrac{n}{2L}\sqrt{\dfrac{S}{\rho}}$ となります。

張力を一定にして、両端を固定された弦では、の振動数の振動だけが存在できます。これらの振動数を **固有振動数** といいます。

固有振動のうち、

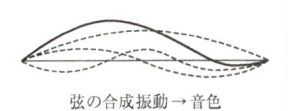

$n = 1 \rightarrow \begin{cases} 基本振動 \\ 基本音 \end{cases}$ $n \geq 2 \rightarrow \begin{cases} 倍振動 \\ 倍本音 \end{cases}$

一般に、弦の弾き方により振動は1つの固有振動だけとは限らず、多数の固有振動数の混ざったものとなり、これが音色を決めます。

人間の耳では、合成波の音は基本音の高さの音に聞こえます。

31. 弦楽器を作ろう

物

32 笛を作ろう

　筒を耳にあてて都市の音や草原の音を聞いてみましょう。それまで聞こえなかったいろいろな音が聞こえてくると思います。実は，筒は音の共鳴にとってとても重要な役割を果たしています。縦笛であれ横笛であれ，空気の振動を筒全体に共鳴させています。笛に息を吹き込むと，空気は**カルマン渦**を発生します。体育の授業で用いられるあの甲高い笛の音です。カルマン渦にはいろいろな振動数，すなわち波長の音が含まれます。筒の長さと共鳴する波長の音を利用して音階を構成します。管の側面に作った穴を押さえて管の長さを変えたり，2本の管を抜き差しして管の長さを変えたり，最初から長さの異なる管を準備しておいたりなど，いろいろな工夫が可能です。学習者一人一人が自らの創造力を発揮できるよう指導しましょう。

実験1：オクターブ笛を作ろう
準備物：①ストロー8本程度，②セロハンテープ，③厚紙，④はさみ
実験方法：①ストローをはさみで次の長さに切り，ドレミファソラシドを準備します。下記の値は室温が15℃のときの音速を340 m/sとして，閉管の開口端補正を考えて求めた値です。気温で音程がずれるので注意が必要です。

ド　8.0 cm
レ　7.1 cm
ミ　6.3 cm
ファ 6.0 cm
ソ　5.3 cm
ラ　4.7 cm
シ　4.2 cm
ド　4.0 cm

②ストローを隣同士にくっつけて並べると吹き分けるのが難しいので，ストロー1本分以上程度間隔を開けて，ドレミファソラシドの順に並べ，厚紙にセロハンテープで留めます。
③ストローの底をセロハンテープで封じて完成です。

実験2：長さの変わるぶーぶー笛を作ろう
準備物：①ストロー太いもの（6 mm）1本，②ストロー細いもの（4 mm）1本，③はさみ
実験方法：①細い方のストローの先を左下図のようにカットします。
②カットした先端を，へらべったくなるように押しつぶします。押しつぶしすぎると鳴らないこともあるので，その場合は両サイドから少し力を加えて，右下の写真のように広げてみましょう。

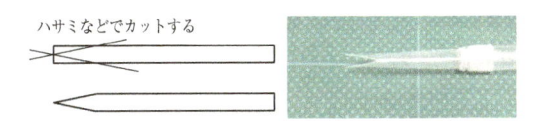

③太い方のストローに細い方のストローを差し込んで一体化させます。
④トロンボーンのようにストローを抜き差しして長さを変えることで，音程を変えてみましょう。
解説：両端が開いた管を**開管**，一方が閉じた管を**閉管**といいます。
閉管；閉じた端における空気は変位できないので**節**，開いた端における空気は変位が可能なので**腹**となります。音速を V〔m/s〕とします。

$n=1$；**基本振動**　　$\lambda_1 = 4L, \ f_1 = \dfrac{V}{4L}$

$n=2$；**3倍振動**　　$\lambda_2 = \dfrac{4}{3}L, \ f_2 = \dfrac{3V}{4L}$

$n=3$；**5倍振動**　　$\lambda_3 = \dfrac{4}{5}L, \ f_3 = \dfrac{5V}{4L}$

一般に，　$\lambda_n = \dfrac{4V}{2n-1}, \ f_n = (2n-1)\dfrac{V}{4L}$

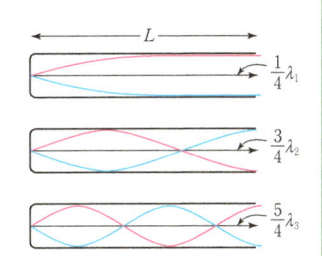

開管；両端とも開いているので**腹**となります。

$n=1$；**基本振動**　　$\lambda_1 = 2L, \ f_1 = \dfrac{V}{2L}$

$n=2$；**2倍振動**　　$\lambda_2 = L, \ f_2 = \dfrac{V}{L}$

$n=3$；**3倍振動**　　$\lambda_3 = \dfrac{2}{3}L, \ f_3 = \dfrac{3V}{2L}$

一般に，　$\lambda_n = \dfrac{2V}{n}, \ f_n = \dfrac{3V}{2L}$　となります。

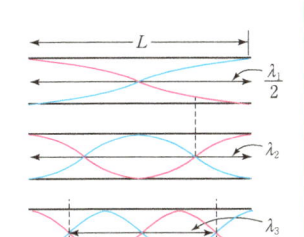

物 33 クント管を作ろう

　クントの実験という有名な実験があります。ガラス管の中にできる定常波の様子を，微細な粉を利用して可視化して確かめようという実験です。かつては，コルク粉末や石松子（Lycopodium：直径約 20 μm）を使っていた時代がありましたが，いまは発泡スチロール球（直径 1 mm 以下）などを使ってされています。

実験 1：手持ちクント管
準備物：①直径 2 cm 程度の柔らかいビニールチューブ 30 cm 以下，②直径 1 mm 程度以下の軽い発泡スチロール球，③ガーゼ，④輪ゴム，⑤ビニールテープ，⑥静電気帯電防止剤
工作：①ビニールチューブの一端を，ガーゼか紙を当ててふさぎます。
②静電気帯電防止剤を少しかけた適量の発泡スチロール球をチューブに入れ，他端にガーゼを当て輪ゴムでガーゼが外れないようにします。これで完成！です。なお，このとき発泡スチロール球は多く入れすぎないように注意しましょう。

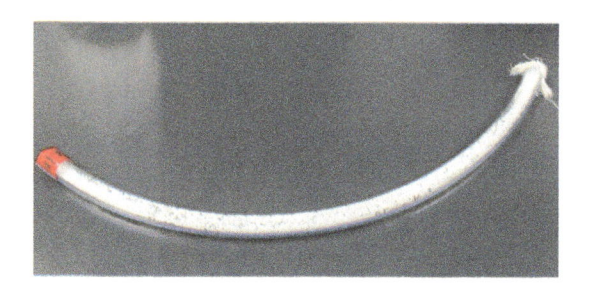

実験操作：①柔らかくよく曲がるビニールチューブを使っている理由は，固い直線状のものだと，自分の声でクント管を振動させているときにチューブの中が自分自身で観察できないからです。正確なデータではなくなりますが，チューブを曲げることで自分自身の声でのクント管の振動の様子も観察できるようになります。
②クント管にいろいろな音さ（標準音さでは，ドレミファソラシドがそろっ

ています）の音を使って定常波を作ってみましょう。Aの音さの振動数は440 Hzです。定常波がうまくできるようにチューブの長さを決めましょう。
②PCソフトウエアのデジタルオシロやシンセサイザーなどを発音体として使って，定常波の観察をしてみましょう。
③地声でクント管を振動させてみましょう。
④いろいろな楽器の音を使って，定常波の観察をしてみましょう。

解説： クント管は，空気中の音速を調べるための実験方法です。ドイツの物理学者クント August Adolph Eduard Eberhard Kundt（1838-94）が1866年に行った実験です。

定常波の実験では，**固定端は節**に，**自由端は腹**になります。隣り合う節と節の距離は半波長です。隣り合う節と腹の距離は1/4波長となります。

波長の測定は，右図のように実験装置を組んで行います。波長 λ が求まれば，管の中の気体の音速 V も求められます。最近では，スピーカーから振動数 f のわかっている音を入れて $V=f\lambda$ と求めます。

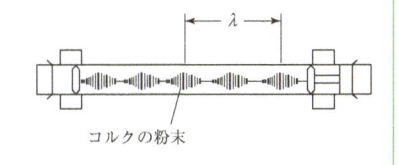

コルクの粉末

実験2：ダイナミックな演示用クント管
準備物： ①ボーリングの球を気圧差で浮かすときのアクリルパイプ，②直径数mm程度の軽い発泡スチロール球，③ガーゼ，④輪ゴム，⑤ビニールテープ，⑥静電気帯電防止剤，⑦100 W程度の大音量ベースアンプ（もちろんギターアンプでもよい）など
実験操作： ①アクリルパイプに発砲スチロール球を入れ，ガーゼで両端を包みます。
②ベースアンプに，PCソフトウエアのデジタルオシロやシンセサイザーなどを発音体として入力して，定常波の観察をしてみましょう。

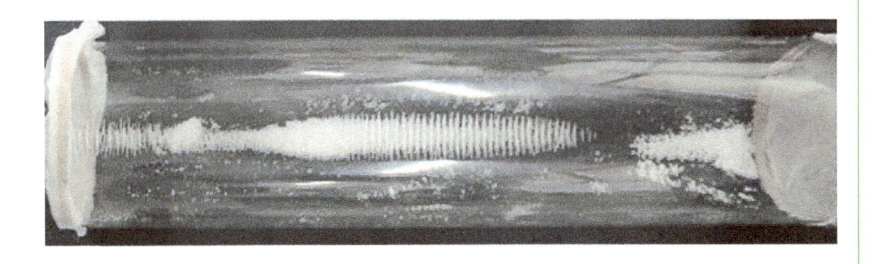

34 クインケ管を作ろう

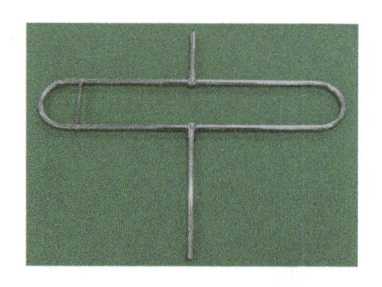

　トロンボーンは，管の一部分が取っ手になっていて抜き差しできるようになっています。これにより，管の長さを変えて音の高さを変えています。クインケ管は音の高さを変える実験ではありません。音波の波長を求める実験機です。ひとりずつ実験するには右の写真のようにホースを使うといいでしょう。実験機として市販されているのは右の写真のようなものです。大きな演示用のオシロスコープに映しながら実験するか，あるいは PC でソフトウエアのデジタルオシロを動かしてプロジェクターでスクリーンに映すと**みんなで実験を共有できます。**

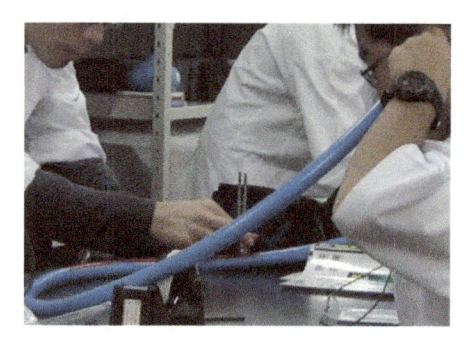

準備物：①直径 2 cm 程度のタピオカストロー（または透明塩ビ管）1 m 程度，②直径 1.8 cm 程度のタピオカストロー（または透明塩ビ管）1 m 程度，③柔らかい透明ビニールチューブ 1 m 程度，④三つ又接続管 2 個，⑤場合によってはイヤホン 1 個

工作：①タピオカストロー（または透明塩ビ管）を適切に切り分け，下図のように組み立てます。

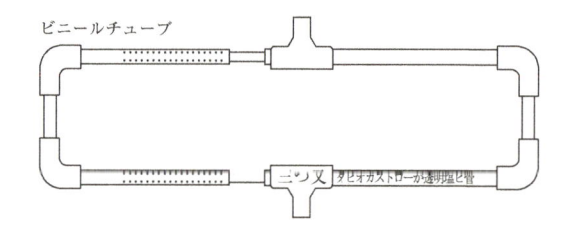

②4つのコーナーには柔らかい透明ビニールチューブを使います。音波の入口と出口には三つ又接続管を使い，音がもれないように接続します。

実験：①クインケ管の音波の入口に，音さの音などのように基本音だけの音源からの音を入れます。

②クインケ管の音波の出口には，透明なビニールチューブをつなぎ耳で直接聞きます。あるいは出口にイヤホーンをマイクロフォンの代わりにつないでアンプかPCなどに接続し，外部に音として聞こえるようにします。

③クインケ管の取っ手を抜き差しして，音の強弱と抜き差しをした距離Lとから，波長λを求めます。

④PCにつないだ場合は，演示用としてとても効果的です。プロジェクターなどで拡大して演示を行うと，音の強弱を，波形の大小と比較しながら実験することができます。**ICT教育**の効果的な方法の1つです。

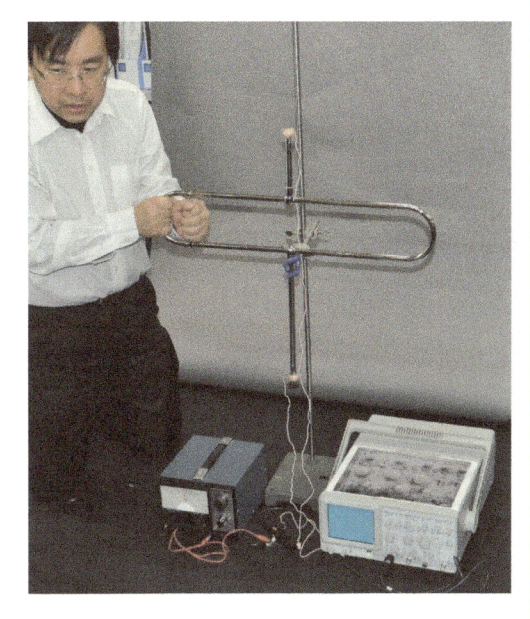

解説：クインケ管を使うと，音波の強弱を利用して，波長λを求めることができます。古い方法も紹介しましょう。

　低周波発信機から決まった値の振動数の音を出し，イヤホンからクインケ管の音波の入口に音波を入力します。出口にもイヤホンをマイクホンの代わりに用いてつなぎ，それをオシロスコープに入力します。

　クインケ管の右側通路と左側通路を通った音波が再度出会ったときに，**位相がそろっていると強め合い，逆位相だと弱め合います**。強め合ってから1波長ずれると，再び強め合いますが，取っ手を引き抜く距離Lは，波長の半分なので$\lambda=2L$です。したがって，音速Vは，$V=f\lambda=2L\lambda$となります。

物 生
35 ペットボトル顕微鏡

　小さなものを大きく見たいときに活躍するのが顕微鏡です。理科の授業で必須のアイテムですが、顕微鏡を理科室に買い揃えるとなると膨大な予算が必要ですし、メンテナンスの維持費も大変です。それでも、子供たちはミクロの世界を楽しみにしています。そこで、顕微鏡の歴史も振り返りながら、また、レンズ学習も行えるペットボトル顕微鏡を作ってみましょう。

　今回は、最初に授業の導入方法などを紹介しながら、ペットボトル顕微鏡の作り方について説明をしたいと思います。

　さて、右図のビー玉（つまり**単レンズ**です）で、どれが、一番大きく拡大できるでしょうか。

　結構、子供たちはひっかかります。多くが大きいビー玉を選びます。そこで、一度、実験をしてみて答えを出します。ときどき、やってみないとわからないのに実験前に予想を長々と飽きるほどにさせる先生がいますが、独創的な子供を育てるには NG です。目の前においしそうな料理が出されているのに、待たされている状態とまったく同じです。しつけ教育がしたいのか、教師の権威を注入したいのか、じらしにじらす授業をする先生がいますが、子供の知りたいという権利も大切に

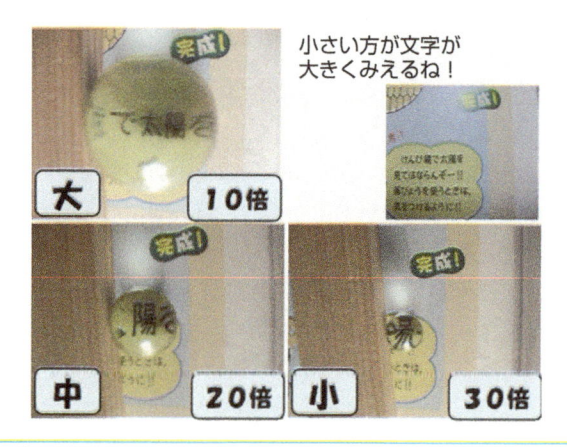

して下さいね。

　それでは答えです。なんと小さいビー玉の方が倍率が大きいのです。これだけでも子供は大喜びです。高校生でもです。彼らも大抵間違えます。

準備物：①直径 2 mm の透明ガラスビーズ（なければ，なるべく小さなガラス玉），②ペットボトル 500 mL など（キャップの裏にでっぱりが無いもの），③セロハンテープ，④千枚通しなど，⑤タマネギなど

工作：① 500 mL 程度のペットボトルの上の 1/3 のあたりを切り取ります。
②ペットボトルのキャップに，千枚通しなどで穴を開けます。
③ガラスビーズを，キャップの裏側からこの穴に押し込みます。これで完成です。約 167 倍の性能があります。

実験：①観察したい試料（タマネギなど）をセロハンテープに乗せ，ペットボトルの口に橋渡しにします。
②レンズ付きのキャップをボトルに取り付け，キャップを奥まで締めます。
③明るい方に向けて，レンズ穴をのぞきながらキャップを緩めます。これが**ピントの調整**となります。

解説：この顕微鏡は単レンズの顕微鏡で，レーベンフックが発明したものです。焦点距離を f，ガラス球の半径を r，ガラスの屈折率を 1.5 とすると，$f=1.5r$ となります。明視距離を 25 cm = 250 mm とすると，倍率 m は，$m=250/f=250/(1.5 \times 1.0) \fallingdotseq 168$ 倍となります。

　さて，2 mm の透明ガラス玉が入手しにくい場合は，比較的入手しやすいプラスチックファイバー（直径 1 mm 程度）の先をキャンプ用のガストーチなどであぶると，先がくるくると丸まって透明なプラスチック球ができますので，これを用いても構いません。

　また，100 円ショップなどにある一番小さいビー玉を使う場合は，ペットボトルの口にビー玉の大きさにあわせて切れ込みを入れ，その切れ込みにペットボトルの胴体などを利用して，試料台を作り，差し込むとうまくできます。キャップに開ける穴は，ビー玉の 1/4 程度がうまくいきます。

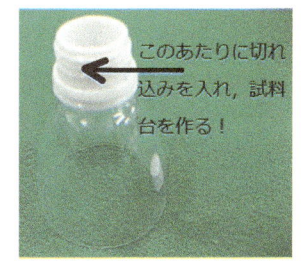

36 イカやタコの眼

イカやタコの眼を用いて眼の構造を観察してみましょう。実験には大きな動物の眼の方が適しています。かつてウシの眼が実験ではよく使われましたが，**BSE**の問題の後は使われなくなり，その代わりにブタの眼が使われるようになりました。しかし家庭で実験する場合には入手が困難です。そこで，誰でも入手しやすいイカやタコの眼を使って実験してみましょう。

イカやタコの眼球は**ピンホール型の眼**ではなく，**レンズ眼**です。外見上は脊椎動物の眼球とよく似ていますが，発生過程が異なるため構造も異なっています。視神経が網膜の背面側を通っているので盲点がなく，視界をさえぎることなく見ることができます。

なお，学習指導要領ではイカなどの解剖を授業で行うことを推奨していますので，眼にかぎらず全体の解剖を是非行ってみて下さい。

準備物：①イカやタコ，②はさみ，③カッターナイフ，④ピンセット（100円ショップ），⑤まな板（100円ショップ）（新聞紙でもよい），⑥割り箸，⑦ゴム手袋

実験：①イカやタコをまな板や新聞紙の上に置きます。
②はさみで解剖し，スケッチしましょう。
②眼の部分をから，球状の水晶体（レンズ）を取り出します。
③取り出したイカの眼で，新聞の文字など読んでみましょう。
④網膜などについて観察しましょう。

解説：イカやタコのスケッチは注意が必要です。イカの図を上下を逆に書く人もいますが，生物学的スケッチとしては正しくはありません。動物はいずれも眼と口のあるところが頭部なので，イカも頭部が上に，内臓が入ってい

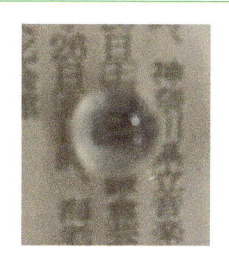

る胴体が下になるように描きます。イカやタコは頭の前に足が付いているので，**頭足類**といいます。

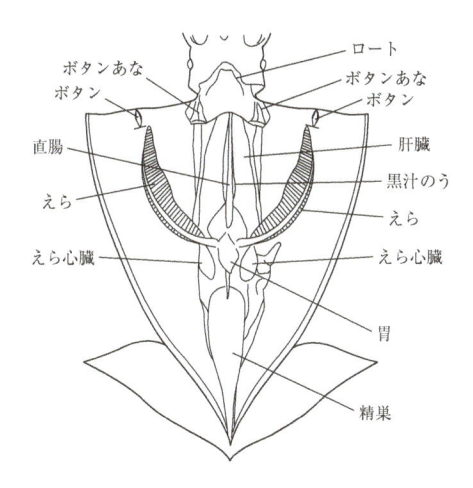

```
            ボタンあな        ロート
            ボタン          ボタンあな
                            ボタン
       直腸                   肝臓
       えら                   黒汁のう
                              えら
       えら心臓                えら心臓
                              胃
                              精巣
```

上のスケッチは，スルメイカのオスです。

　タコの足は8本，イカは10本といいますが，本当の足はタコもイカも8本すなわち4対です。イカの場合は，餌をとる道具として**触腕**というのが2本出ています。

　頭にある眼は大きく，魚の眼のような白眼と黒眼のある単眼です。イカの眼はよく発達していて，人間など脊椎動物の眼と同等の能力があるといわれています。

　口には，よく知られる**カラス・トンビ**と呼ばれる顎板(あごいた)があって，口の中には**おろし金状**のミクロな歯舌(しぜつ)があります。

　呼吸色素はヘモシアニンで，これは**銅イオン**を含んでいるため，酸素と結び付くと青い色になります。

36．イカやタコの眼

物 生

37 ピンホールカメラ・レンズカメラと眼のつくり

　ピンホールカメラ（針穴写真機）といえば，昔なつかしいレトロなイメージがしますが，いまでも高層ビルの撮影にはピンホールカメラが使われています。高層ビルのように長細いものを撮影する場合，レンズではどうしても**ひずみ**が出てしまい，修正が難しいのです。そこで，現代でもピンホールカメラの登場！となるのです。

　私たち生命の眼は初め，オウム貝の目のようにピンホール型でしたが，進化の過程でレンズ眼を持つようになりました。レンズ眼には優れたポイントがたくさんあります。生命が外界の状況を知るためにはより多くの情報を集める必要がありますが，レンズ眼はレンズで光を屈折させて集光し，より多くの光の情報を，しかも必要とする位置の光の情報を適時に集めることができます。

　ピンホールカメラにもレンズカメラにも，それぞれ特徴があります。ピンホールカメラとレンズカメラ，それぞれを順に作って違い比べてみましょう。

準備物：①ラップ類の芯2本，②A4の黒い紙，③コンビニ半透明袋1枚，④レンズ1個（100円ショップなどで），⑤黒布ガムテープ

工作（ピンホールカメラとレンズカメラに共通）：①ラップ類の芯を，半分の長さの2本に切り分けます。短い筒が4本できます。

②A4の黒い紙の短い方にラップの芯の端をあて，巻きずしのように巻き付けて固定します。これを2本作ります。

③3本目のラップの芯の片側の穴に，コンビニ半透明袋をかぶせてスクリーンを作ります。これも2本作ります。

④③で作ったスクリーン付きの筒を，②の筒に差し込みます。すると，ピストンとシリンダーのように抜き差しができます。

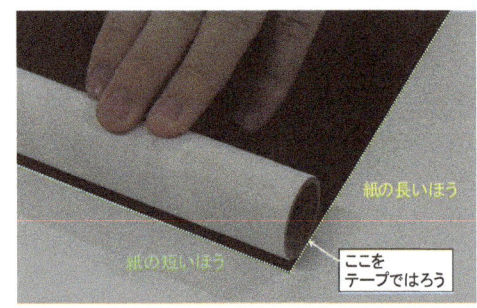

工作（ピンホールカメラ）：①ここからは，ピンホールカメラを作ります。黒布ガムテープを5cmに切って（ほぼ正方形になります），黒い紙筒の芯の入っている方の穴をふさぎます。
②ふさいだガムテープの中心に針穴を開けます。

実験（ピンホールカメラ）：①スクリーンの付いた筒を奥まで入れてから，徐々に引き抜いていきます。すると，スクリーンに外の光景が写ります。
　上下，左右が反転していることを確認して下さい。

工作（レンズカメラ）：①続いて，レンズカメラを作ります。もう1つの黒い紙筒の芯の入っている方の穴にレンズを当て取り付けます。

実験（レンズカメラ）：①スクリーンのついた筒を奥まで入れてから，徐々に引き抜いていきます。すると，同じくスクリーンの外の光景が写ります。針穴カメラと像の明るさを比べてみて下さい。

解説：ピンホールカメラ，レンズカメラともに，牛乳パックで行う実験がよく知られていますが，どうも，動物の眼のつくりをよく観察していない人が多いようです。是非，牛乳パックの白い紙の部分を，黒マジックなどで黒く塗って下さい。あと，ピストンとシリンダーのように，上手に抜き差しのできるように設計をお願いします。無理矢理突っ込んで壊している先生もいますので…。その意味で，このラップ類の芯を使う方は，このあと，**望遠鏡**，**万華鏡**，**分光つつ**と，連続して同じ仕様で作っていきますので，子供たちも鏡筒に関してよく熟知し，さらにいろいろなものを，このシステムの上に載せて**ぷち発明**をしてくる可能がありますので，独創力を育てるには，よりよいシステムだろうと考えています。

　最後に，**人間の眼のつくり**をしっかりと見ておきましょう。

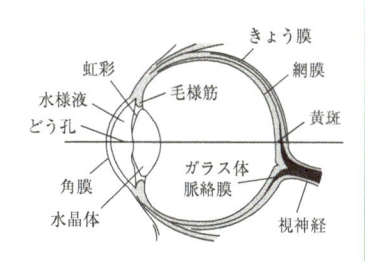

　眼は，右図の水晶体を厚くしたり薄くしたりして，網膜の上に像を結びます。近視眼では，水晶体が厚くなって屈折率が大きくなるため，網膜の前方に像を結び，老眼では，水晶体を厚くすることができなくなって屈折率が小さくなるため，網膜の後方に像を結びます。

物 地

38 望遠鏡を作って月面観測

　夜空に輝く美しい星を見ているうちに，望遠鏡を使ってもっと遠い宇宙を見てみたくなることでしょう。望遠鏡にはいろいろなタイプのものがありますが，ここでは代表的な**ガリレオ式望遠鏡**と**ケプラー式望遠鏡**を作って，夜空を観察してみましょう。

　凸レンズを手で持って，遠くの景色を見ると上下・左右が反転しています。**ケプラー式望遠鏡**ではこの反転した像を大きく拡大するので，反転したままの像が得られます。このような像を**倒立の像**といいます。しかし，**ガリレオ式望遠鏡**では接眼レンズに凹レンズを使うことで，もともと目で見たように見えます。このような像を**正立の像**といいます。ガリレオ式は視野が狭く扱いにくいため，現在の天体望遠鏡ではケプラー式が利用されています。

実験1：ケプラー式望遠鏡
準備物：①2本のラップの芯，② A4の黒い紙，③焦点距離の異なる凸レンズ2枚（虫眼鏡やルーペや老眼鏡などは100円ショップで入手できます），④セロハンテープ。レンズ付きカメラを再利用してもよいです。
工作：①2本のラップの芯をほぼ真ん中で半分に切り，これにA4の黒い紙をしっかりと筒状に巻き付けます。
②黒い紙のラップの芯のない方に，もう1本のラップの芯を挿入します。これで，ラップの芯が抜き差しできるようにします。
④筒の両側の穴に，凸レンズを1枚ずつレンズの中心を筒の中心に合わせてセロハンテープでしっかりと貼り付けます。これで完成です。
実験方法：①まず，懐中電灯の豆電球の明かりなどで望遠鏡のピントの合わせ方を練習しましょう。
②夜には月を観察してみましょう。うまくいけばデジカメで撮影してみましょう。
③昼には遠くの景色を見てみましょう。ケプラー式望遠鏡なので，上下・左右反転した景色が見えます。
解説：倍率Mは，対物レンズの焦点距離をf_0，接眼レンズの焦点距離をf_eとすると$M=f_0/f_e$となります。観察したい物体が，天体のように非常に遠方に

ある場合は，平行光線が入射すると見なせるので，左側の凸レンズの焦点 f_0 の位置に集光すると考えます。天体を PQ とすると，左側のレンズから b だけ離れたところに像 P′Q′ を作りますが，この位置は，$b=f_0$ です。この像 P′Q′ を，右側の凸レンズで拡大して見ることになります。また一般に，望遠鏡の倍率 M は，物体 PQ と像 P″Q″ の視角の比 β/α によって表します。α，β がともに小さいとして，

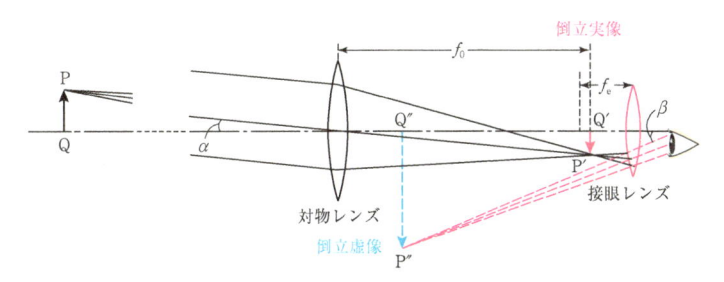

$$M = \frac{\beta}{\alpha} = \frac{\dfrac{P'Q'}{f_e}}{\dfrac{P'Q'}{f_0}} = \frac{f_0}{f_e}$$

となります。対物レンズの焦点距離が 50 cm，接眼レンズ焦点距離が 5 cm の場合，倍率は約 10 倍です。このとき，筒の長さは 50 + 5 = 55 cm です。

実験2：ガリレオ式望遠鏡 凸レンズと凹レンズを組み合わせるとできます。
解説： ガリレオ式望遠鏡も倍率 M は，物体 PQ と像 P″Q″ の視角の比 β/α によって表します。$b=f_0$ はケプラー式と変わらないとして，像 P′Q′ が凹レンズの焦点にできていたとすると，$\beta = P'Q'/f_e$ なので，

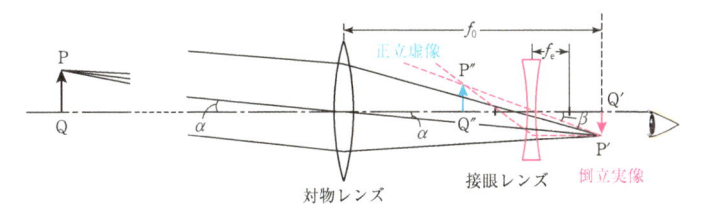

$$M = \frac{\beta}{\alpha} = \frac{\dfrac{P'Q'}{f_e}}{\dfrac{P'Q'}{f_0}} = \frac{f_0}{f_e}$$

となります。

物 数学

39 万華鏡を作ろう

　万華鏡をのぞいてみたことがあると思います。筒をくるくるとまわすと，不思議な夢の世界が広がります。日々のふさぎ込んだ気分もきっといやしてくれることでしょう。不思議の世界といっても，そこには幾何学によって導かれる決まったルールがあります。万華鏡で，理科だけでなく数学にも興味を持ってくれるよう学習者を育てることができる可能性があります。

準備物: ①プラスチック・ミラー（0.5 mm 厚程度）あるいはアルミ板（0.2 mm 厚程度，はさみで切れます。ネットで購入可），②ラップなどの芯，③ビーズや色とりどりの小さなかざり，④透明のポリ袋（やや厚め），⑤あれば直径 3 cm 程度の透明なビー玉，⑥セロハンテープ，⑦はさみ，⑧黒ガムテープ，⑨100 mL 程度の小瓶（100 円ショップなど），⑩偏光板，⑪分光シート

工作: ①ラップ類の芯の端を 5 mm 程度切り取ります。
②準備したラップ類の芯の直径を測り，半径 r を求めます。その半径から，ミラーの一辺の長さ L を求め，これを 3 枚準備します。

$$L = (\sqrt{3})r \fallingdotseq 1.73r$$

③3 枚のミラーを，正三角形になるように組み合わせ，筒の中に入れます。

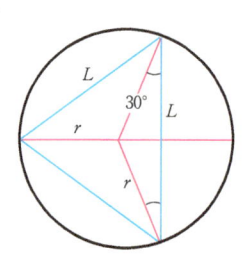

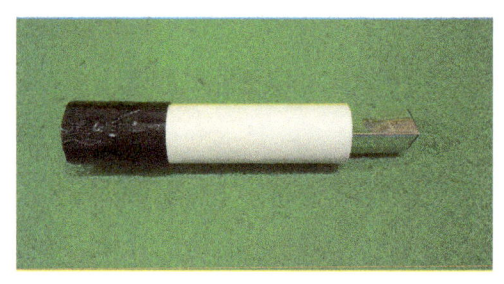

④のぞき穴を作ります。ラップ類の筒の端を黒の布ガムテープでふさぎ，そのまわりに黒の布ガムテープを巻きます。実験 41 の分光つつと同じです。
⑤とがった鉛筆などで，中心にのぞき穴を開けます。穴の大きさも，鉛筆程

度の太さにします。

⑥ののぞき穴と逆の方に透明なポリ袋を貼り，さらに，切り取ったラップ類の芯を筒の長さが長くなるようにセロハンテープで貼ってつなぎ，ビーズなどを入れる空間を作ります。

⑦⑥の空間に，ビーズや色とりどりのかざりを入れます。

⑧ビーズなどを入れた上からカバーするように，透明な丈夫なポリ袋をかぶせて貼ります。あるいは，直径3cm程度の透明なビー玉をビーズ類を入れた上から筒にはめ込んででもいいです。

⑨筒の縁にガムテープを巻けば完成です。さらに，万華鏡をデコレーションしたい場合は，色紙や包装紙などを，ラップの筒のまわりに貼ったり，マジックインキでデザインしてみましょう。

実験：完成した万華鏡をくるくると回してみましょう。不思議な世界をのぞくことができます。

解説：万華鏡はいつ発明されたのでしょうか。万華鏡の発明者は，「ブリュースターの法則」で有名な**ブリュースター**（イギリス）です。1816年に発明し，**Kaleidoscope（カレイドスコープ）**という名前で特許を申請しています。日本は，この頃江戸時代でした。

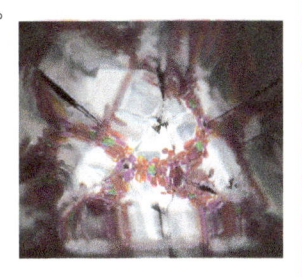

　ところで，現在ではいろいろなタイプの万華鏡が作られています。いくつか代表的なものを紹介します。

オイル万華鏡：ビー玉の代わりに，100ml程度の小びん（プラスチックの小びんでよい，100円ショップにもあります）を準備し，その中オイルとビーズなどを入れ，オイル万華鏡を作ってみましょう。

偏光板万華鏡：ビー玉の代わりに偏光板を取り付けて，偏光の美しさを見てみましょう。のぞき穴と目の間にもう1枚の偏光板が必要です。万華鏡を利き手で持って，もう一方の手で偏光板を持ってもいいですし，分光つつのように，胴体を2本で作って，お互いに回転ができるようにしてみましょう。

分光シート型万華鏡：これは分光つつのところで紹介するタイプBのことです。タイプBもくるくると回転させると，美しいスペクトルのサイエンス・ショーを楽しむことができます。

物 40 回折格子を作ろう

　光は粒子か波動か，という議論がありました。いまでは，光は**粒子と波動性の二重性**を持っていると認識されています。最初，ニュートンやその弟子たちは光は粒子であると考えました。やがて，波動現象に特有の波の干渉や回折という現象が光に見られ，真空中の光の速度と水中での光の速度を比較できるようになると，光の波動説に軍配があがります。しかしその後になって，光電効果という現象が発見され，アインシュタインによって光の粒子性が確認されました。

　ここでは，光の波動性が認識できる実験器を中心に作ってみましょう。

準備物：①プラスチックの薄い板（はさみで切れる厚さ），②かみそりの歯10枚重ね，③カード（定期券サイズがよい），④パンチカード，⑤分光シート，⑥ホロスペック眼鏡（スマイルやハートやいろいろあります），⑦赤，緑，青色レーザーポインター，⑧白色光源

工作：①まず**モノスリット**を作ります。プラスチックの薄い板に，かみそりの歯を1枚だけ使って，1度だけスッと傷を入れます。これをはさみで1cm角に切ります。これで完成です。

②次に**ダブルスリット**を作ります。プラスチックの薄い板に，かみそりの歯を2枚重ねて，1度だけスッと傷を入れ，同じく1cm角に切ります。これで完成です。

③続いて，**一方向型**の**回折格子**を3枚作ります。プラスチックの薄い板に，かみそりの歯を10枚重ねたまま，1度だけスッと傷を入れます。1枚は1cm角に切り，残りの2枚は3cm角程度に切ります。

④最後に，**2次元型**の回折格子を1枚作ります。プラスチックの薄い板に，かみそりの歯を10枚重ねたまま，1度だけスッと傷を入れます。この筋に直角に，1度だけスッと傷を入れます。これは1cm角に切ります。完成です。

⑤1cm角に切ったモノスリット，ダブルスリット，一方向型の回折格子，2次元型の回折格子と，5mm角程度に切った分光シートとホロスペック眼鏡のシートをカードに貼ります。このとき，なるべく隣のシートからは2cm程度以上離れるように貼って下さい。それぞれのシートがカードからはがれな

いようにしっかりと留めましょう。

実験および実験結果： ①モノスリットにレーザー光線を当て，スクリーンや白い壁などにできた像を観察します。RGB と順に当ててみましょう。RGB のそれぞれについて観察してみましょう。手作りのモノスリットでは中心部分だけが強く明るく，1 次の干渉縞を見るのがやっとかも知れませんが，それでも干渉縞が見られた感動は大きいものです。

②モノスリットを目に当てて，強力な白色光源を見てみましょう。虹のようなイメージの回折像を見ることができます。

③ダブルスリットでも，①と②と同様のことを試してみましょう。モノスリットに比べると，レーザーポインターの干渉縞も白色光源の回折像もよりわかりやすいものになったことがわかります。

④一方向型の回折格子でも，①と②と同様のことを試してみましょう。回折格子にすると，モノスリットやダブルスリットよりも，もっと鮮明に像ができることが観察できます。

⑤2 次元型の回折格子でも，①と②と同様のことを試してみましょう。2 次元型だと，これまでは，例えば横方向に並ぶ干渉縞や回折像だったのが，縦方向にも並ぶことが観察でき，さらに，縦軸・横軸上だけに像ができるのではなく，四角形の頂点にも像ができることがわかります。

⑥3 cm 角程度に切った 2 枚の 1 方向型の回折格子を重ねて，これにレーザー光線を当てます。このとき，回折格子の向きを揃えた場合と 90 度ずらした場合を比較してみましょう。さらに，ずらす角度を 30 度，45 度，60 度などといろいろ変えて，どのような干渉縞が現れるか観察してみましょう。

　この場合は，いろいろなレーザーの像ができます。まさにレーザーアートを感じることができると思います。

⑥分光シートでも，①と②と同様のことを試してみると，市販の分光シートの性能のよさがわかります。

⑦ホロスペックシートでは，レーザーポインターでの模様を，白い壁などに映し出してみましょう。また，点光源をホロスペックシートで見てみましょう。スマイルやハートの像が確認できます。

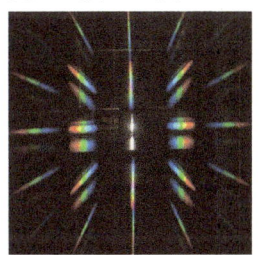

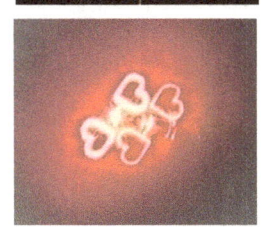

物 地
41 分光つつでさぐる省エネ電球のふしぎ

　明かりを灯す器具といえば，白熱電球から蛍光灯，さらにLED電球へと進化しました。地球環境問題への科学技術の応用として，電球の形をした省エネ電球が考案され，ポスト3.11の日本社会ではLED電球が普及してきました。

　ものを燃やすと，最初は赤黒い色から徐々にまぶしく明るい色に変化していきます。さそり座の赤い星アンタレスの表面温度は3500 Kとされ，おおいぬ座の青白く輝くシリウスの表面温度は9940 K（約1万度）とされています。太陽の表面温度は5800 K（約6000度）です。

　電気抵抗に流す電流を強くしていくと，抵抗の色はものを燃やすときと同じように，最初は赤黒い色から徐々にまぶしく明るい色に変化していきます。白熱電球はこの原理で明るく黄色く光っています。

　電球色の蛍光灯は白熱電球とほとんど同じ色に見えますが，使う電気の量は断然少ないです。どのメーカの製品でも，同じ明るさの電球色蛍光灯は白熱電球の約1/4しか電気を使いません。しかも4倍長持ちとされています。

実験1：分光筒タイプA（お勉強バージョン）

準備物：①ラップの筒を1本，②分光シート5 cm×5 cm，③ガムテープ5 cm×5 cmを2枚，黒布ガムテープ5 cm×11 cmを2枚，⑤セロハンテープ2 cm程度を8枚

工作：①まず，**対物側**を作ります。筒の片側に，穴をのぞいて半月ができるように5 cmに切ったガムテープを貼ります。

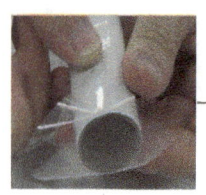

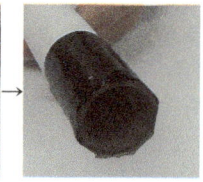

②その穴にもう1枚，半月を作るようにガムテープを貼りますが，2枚で新月になるのではなく，髪の毛1本分の隙間（**スリット**）を作るように貼ります。

③②の筒のガムテープを貼った側の側面に 11 cm 程度のガムテープを海苔巻きをするように巻きます。これで**対物側**の完成です。
④次に**接眼側**。分光シートの対角線に 2 cm 程度のセロハンテープを貼ります。

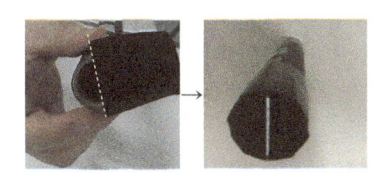

⑤対物側の反対の筒の穴に，分光シートをかぶせ，スペクトル写真のような状態になるのを確認して，筒に分光シートをセロハンテープで貼ります。このとき分光シートを，対角線状に筒に留めていきます。 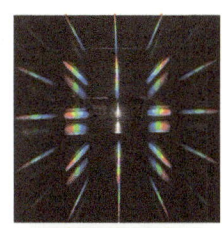 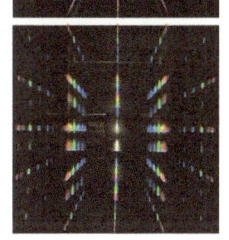
⑥⑤のまわりに 11 cm のガムテープを巻き付けます。
実験方法と結果：①白熱電球（右上写真）は，太陽光線のように 7 色すべてが連続したスペクトルになります。省エネ電球（右下写真）は蛍光灯なので，蛍光剤が発する色のみのとびとびのスペクトルになります。
② LED 電球のスペクトルも観察しよう。
実験2：分光筒タイプ B（お遊びバージョン）
準備物：①ラップの筒を 1 本，②分光シート 5 cm × 5 cm，③ガムテープ 5 cm × 5 cm を 1 枚，黒布ガムテープ 5 cm × 11 cm を 2 枚，⑤セロハンテープ 2 cm 程度を 8 枚，⑥千枚通し
実験方法：①**対物側**を作ります。筒の片側を 5 cm × 5 cm のガムテープでふさぎ，11 cm のガムテープを海苔巻きのように巻き付けます。
②筒の反対側に，実験1と同様に分光シートを貼ります。
③ふたをしたガムテープに，千枚通しなどで，きれいな幾何学的な模様になるように小さな穴をあけます。分光つつをくるくると回転させると，ファンタジーな光のショーが始まります。

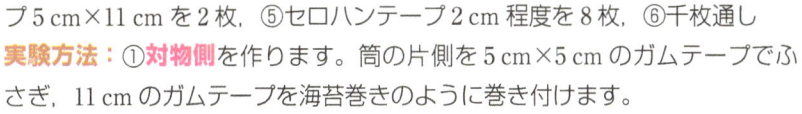

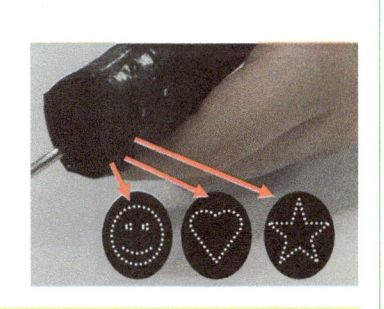

物

42 ブラックライトで輝く物質の実験

　ブラックライトの実験ってとても楽しいです!!　最近では，ブラックライトでいろいろなカラーを発色する材料もあって，ブラックライト絵画も流行っています。

　まず，ブラックライトを購入しましょう。そのとき電気スタンドも一緒に買うといいでしょう。続いて，ブラックライトで光るものを探しましょう。まずは，自分の歯が光るのがわかると思います。それ以外にも，蛍光増白剤入りの合成洗剤，ビタミンB_2（リボフラビン）入りの栄養ドリンク，お札やパスポート，クレジットカードもブラックライトで光ります。その他にも，郵便の消印もブラックライトで光ります。蛍光増白剤入りの合成洗剤を使ってメッセージを書くと，ブラックライトが当たっていないときにはメッセージは読めませんが，ブラックライトを当てると，ジャジャジャジャーン。はい，メッセージが浮かび上がってきました。まさに，現代風あぶり出しです。

準備物：①ブラックライト（最近では，蛍光灯を売っている店ならどこでも手に入ります），②栄養ドリンク各種（ビタミンB_2の入っているもの），③ジュース類など，④ガラスコップなど，⑤粉状の洗濯用合成洗剤，⑥はけ，⑦両面が無地のうちわ

実験：①いろいろな栄養ドリンクやジュースをガラスコップに移し替えて，これにブラックライトを当ててみましょう。ビタミンB_2が入っているものだけきれいに蛍光を発します。

　しかし，茶色のボトルに入ったままブラックライトを当てても蛍光が見られません。茶色の瓶が中のドリンクに光が当たらないようにしているからで

す。ビールビンや日本酒のビン，薬ビンもそうです。
②粉状の合成洗剤を水に溶いて，無地のうちわに絵を描きましょう。ブラックライトを当てると，現代風あぶり出しの成功です。
③お札や，はがき，パスポート，クレジットカードもブラックライトで光ります。

解説： ブラックライトは蛍光管の一種です。点灯する前，管の色が真っ黒なのでブラックライトといいますが，点灯すると紫色の光や紫外線を発します。

　光のエネルギー E は，プランク定数を h，振動数を v，波長を λ，真空中の光速を c とすると $E = hv = h\dfrac{c}{\lambda}$ と書けます。つまり波長が短いほど，振動数が高いほど高いエネルギーを持ちます。私たちが目で見える光を**可視光線**といい，波長の長い方から並べると**赤橙黄緑青藍紫**の **7色** です。紫外線は紫より波長の短い光なのでエネルギーも高くなり，それだけ危険だということになります。**フロンガスによるオゾン層の破壊**により地上に降り注ぐ紫外線量が増えると，白内障や皮膚がんになる可能性が高くなります。

　殺菌灯は紫外線を用いて殺菌を行っています。ブラックライトではその波長の紫外線はカットされていますので安全ですが，長時間の実験を続けない方がよいです。

　下の写真は**ふしぎの花びら**という第4回サイエンス展示・実験ショーアイデアコンテストで奨励賞（平成12年）を受賞した実験です。白色光のもとでは白色に見え，紫外線を受けると蛍光を発する蛍光発色シートがあります。このシートを用いて**星型正12面体**を作ってみました。蛍光灯の中の様子を解説できるように，**RGB**の3色をそれぞれに発するものを選びました。メーカーによって用いている蛍光剤は異なりますが，**加色混合**を行うことで白色系の蛍光灯や電球色の蛍光灯のみならず，ピンク色や水色の蛍光管など，いろいろな色の蛍光管を作ることができます。

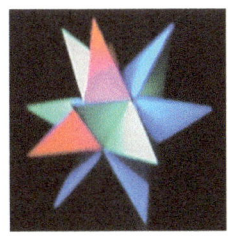

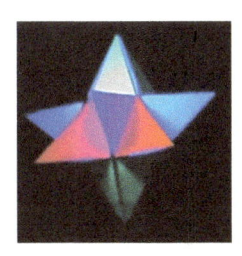

化 生

43 ペーパークロマトグラフィー

　1色に見えるインクペンの色も，植物の色素も，実はいろいろな色が混ざってできています。それぞれの色に分解してみましょう。生物の授業で用いる場合には光合成色素を展開してみたり，化学の授業で用いる場合にはペンのインクを展開してみたり，あるいは，犯人当てクイズにして，犯行声明を書いた犯人を用いたペンを当てることで探し出したりなど，いろいろな授業が工夫できます。

準備物：①水性インクペン，②コーヒーフィルター（白）（ろ紙でもよい），③消毒用アルコール，④プラカップ，⑤ほうれんそう，⑥わかめ，⑦のり

実験：①コーヒーフィルターを1/4に切り分けます。
②このフィルターの下から1cm程度のところに，展開したいものを染めます。
③プラカップに，消毒用アルコールを5mmほど入れ，フィルターの下部を浸します。5分程度以内に，展開が完了します。

実験結果の例：

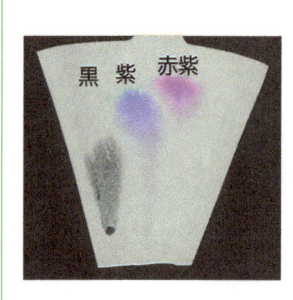

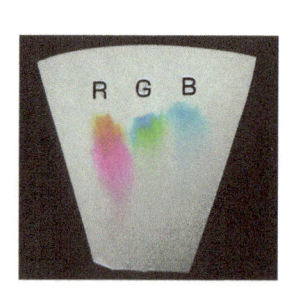

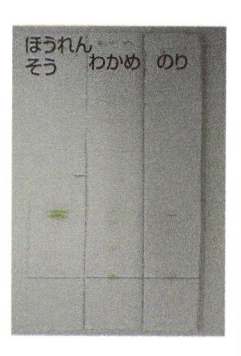

解説：一般に黒インクは，いろいろな色の合成で作られています。ただし，この実験で用いたインクは黒の単色でした。高い位置まで展開する物質は分子量が小さいため上がりやすく，逆にあまり上がらない物質は分子量が大きく重いといえます。左端の実験結果は，ほうれんそう，わかめ，のりと光合成色素について調べたものです。ほうれんそうでは光合成色素を多く持つように進化したことがわかります。

化

44 炎色反応にトライ！

　夏の風物詩といえば花火！ 夜空高くに輝く花火の色はいったい何の色でしょうか。実は花火の色は元素が蒸気になったときに発する光の色です。これを**炎色反応**といいます。「**リアカー（Li 赤）無き（Na 黄）K村（K むら），馬力（Ba 緑）借りようと（Ca 橙）努力（銅緑）するもくれない（Sr も紅）**」という呼ばれ方があります。それでは炎色反応にトライしましょう。

準備物：①炭酸リチウム，②塩化銅，③ホウ酸，④塩化バリウム，⑤塩化カリウム，⑥塩化ナトリウム（①～⑤までは，100円ショップでお化け屋敷の炎などの名称で市販されています），⑦エタノール，⑧アルミ皿，⑨ライター，⑩ステンレス線（約10cm）×6本，⑪ガストーチ，⑫スプレー

実験1：アルミ皿とエタノールで炎色反応
準備：①アルミ皿を2重にして，その中にエタノールを少量入れます。
②100円ショップなどで集めた「①炭酸リチウム，②塩化銅，③ホウ酸，④塩化バリウム，⑤塩化カリウム」の水溶液や家庭の食塩を用いて⑥塩化ナトリウムの水溶液を準備し，①の中に溶かします。
実験：アルミ皿の中の溶液に火をつけると，炎色反応を見ることができます。

実験2：ガストーチで炎色反応
①実験1のように，アルミ皿の中にそれぞれの試料の水溶液を入れます。
②ステンレス線の先の1cmほどの部分をクルクルと弦巻状にして，①の液をつけ，ガストーチの中で燃焼させます。
実験結果：左から塩化カリウム，塩化銅，塩化ナトリウムとガストーチの例

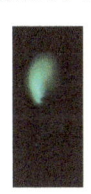

実験3：スプレーで炎色反応
実験：それぞれの試料の水溶液をスプレーに入れ，ガストーチの炎にスプレーします。決して人の方に向かってスプレーしてはいけません。

物

45 LEDで光るプレート全反射！

　波は，媒質の境界で反射と屈折の両方を同時に行います。光の実験の場合，レーザー光線を利用すると煙などで**チンダル現象**が生じるので，光路がわかりやすくなります。屈折率の大きい媒質，屈折率の小さい媒質に入射するとき，例えば水から空気に入射するとき，**全反射**が起こります。光ファイバーなどは全反射を利用しています。この全反射を利用した面白い実験として，教室の看板などを以下の方法で作ってみてはいかがでしょうか。

準備物：①LED（赤や青）2個か3個，②プラスチック板（例えばアクリル板4cm×4cm），③黒布ガムテープ（アルミテープ），④セロハンテープ，⑤乾電池2本，⑥リード線，⑦傷を付ける道具（釘でもよい）

工作：①プラスチック板に好きなデザインを描き，そのデザインの上を釘などで傷を付けます。

②LEDの足の片側にセロハンテープを巻き，並列に2個か3個つなぎます。

③①で作ったプラスチック板に，②を黒布ガムテープで付けます。
④ガムテープを折り曲げて完成です。

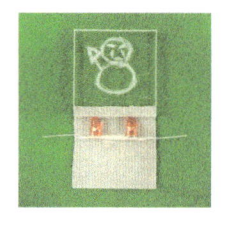

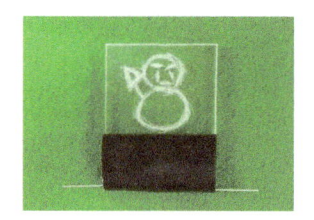

実験：①完成した光るプレートに，乾電池2個を直列につないでみましょう。プレートの表面に傷が入っていない場合，LEDから出た光はプレートの内部を全反射を繰り返しながら進行しますが，表面に傷がついている場合は，そ

の傷の部分から屈折光線が外部に出てくるので、傷になった部分が光ります。
② LED の色を変えて、実験してみましょう。

もっと簡単に実験：この実験はプラスチック定規を用いてもっと簡単にできます。プラスチック定規の端にレーザー光線を入射させると、反対の端からレーザー光が出てきます。プラスチック定規が光ファイバーの役割をして、中を光が全反射を繰り返しながら進むためです。

解説：空気から水へと光を入射すると、水の境界面で反射と屈折が生じます。入射角を i、反射角を i' とすると $i=i'$ であり、これを**反射の法則**といいます。

媒質Ⅰから媒質Ⅱに光が入射し屈折するとき、屈折角を r、相対屈折率を n_{12} とすると $n_{12}=\dfrac{\sin i}{\sin r}$ となります。これを**反射の法則**といいます。

真空中の光速を c、媒質中の法則を v とするとき、$n=\dfrac{c}{v}$ をその媒質の**絶対屈折率**といいます。これは真空に対する相対屈折率のことです。

屈折率 n_1 の物質から、屈折率 n_2 の物質に光が入る場合の入射角を θ_1、屈折角を θ_2 とすると、$n_{12}=\dfrac{\sin\theta_1}{\sin\theta_2}=\dfrac{v_1}{v_2}=\dfrac{\lambda_1}{\lambda_2}$ となります。ところで、絶対屈折率を利用して書きかえると、$n_{12}=\dfrac{\sin\theta_1}{\sin\theta_2}=\dfrac{v_1}{v_2}=\dfrac{\frac{v_2}{c}}{\frac{v_2}{c}}=\dfrac{\frac{1}{n_1}}{\frac{1}{n_2}}=\dfrac{n_2}{n_1}$ となり

$$n_1 \sin\theta_1 = n_2 \sin\theta_2$$

と変形できます。これが**スネルの法則**です。

ところで、水から空気へ光を入射すると、屈折光はより水面に近づくように屈折します。入射角を大きくしていくと、屈折光はどんどん水面に近づき、屈折角が 90° となり、さらに入射角を大きくすると、屈折光は全くなくなり、すべての光が水中に反射するのが観察できます。これを**全反射**といいます。屈折角 90° のときの入射角 i_0 を**臨界角**といいます。$n_1 \sin i_0 = n_2 \sin 90°$ より、$\sin i_0 = \dfrac{n_2}{n_1}$ となります。

化 生

46 紫キャベツde身近なドリンクの酸性・アルカリ性

　紫キャベツ（赤キャベツ）の液体を利用すると，酸性・アルカリ性を調べることができます。このとき紫キャベツはとてもきれいな色に変色します。まるで科学マジックのようです。このようなわくわくどきどきする展開で，身近な溶液の酸性・アルカリ性を調べてみましょう

　液体にはレモンや酢のように酸っぱいものや，重曹水のように少し苦いものもあります。これは液体の酸性・アルカリ性という性質によります。**リトマス試験紙**や **BTB 溶液**などの**指示薬**を用いると，酸性・アルカリ性の判定だけでなく，その強さも判断できます。紫キャベツも指示薬として利用できます。水溶液の酸性・アルカリ性の程度を表すには pH を用います。酸性が強い場合には pH が 1，アルカリ性が強い場合には pH が 14，中性の場合の真水だと pH は 7 です。

　紫キャベツは，pH が 1〜3 なら赤色，pH が 4〜6 なら赤紫色，7〜9 なら青紫色，10〜11 なら青緑色，12〜13 なら緑色と変化します。

　なお，塩基性水溶液の液性を表現するのに，アルカリ性という用語を用います。

準備物：①紫キャベツ（4 分の 1），②ポリ袋，③ペットボトル，④手作りスポイト（魚の形をした醤油さしの口にストローを付ける），⑤たまごパック，⑥酢，⑦レモン，⑧スポーツドリンク，⑨市販のミネラルウオーター，⑩石鹸水，⑪中性洗顔剤，⑫重曹

実験：①紫キャベツを刻んでポリエチレン袋に入れ，冷凍庫で凍らせます。
②凍った紫キャベツを叩いて粉々にし，出てきた紫色の汁を中性の水で少し薄めます。
③ストローを 10 cm 程度に切り，しょう油さしの口に付けます。これでスポイトの完成です。
④調べたい液を卵パックに入れます。レモンや酢，スポーツドリンクなど 10 種類ぐらいまでは 1 ケースでできます。
⑤それぞれの液の名前をマジックペンなどで卵パックに書いておきます。
⑥それぞれの液にスポイトを使って紫キャベツの液を数滴ずつ入れます。

⑦液体の色の変化を観察します。
⑧どの液体が酸性で一番強く,どの液体がアルカリ性で一番強かったかを,ノートなどに書いて,酸性・アルカリ性の強さの程度の順に並べます。

解説： 次の図表は,紫キャベツを用いて,pH＝1 から pH＝13 までを調整したものです。酸を強くするには塩酸を,アルカリ性を強くするには水酸化ナトリウムを用いています。pH＝14 は実現できませんでした。

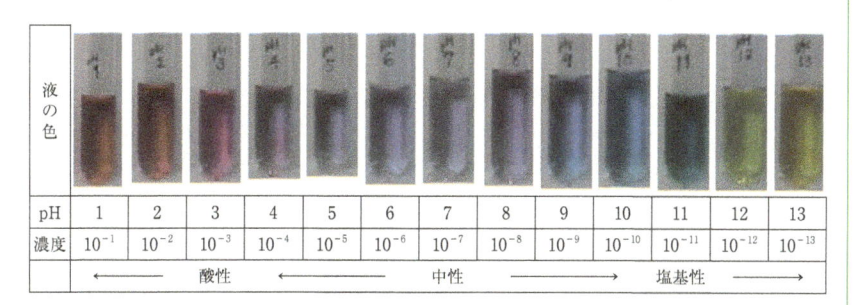

液の色													
pH	1	2	3	4	5	6	7	8	9	10	11	12	13
濃度	10^{-1}	10^{-2}	10^{-3}	10^{-4}	10^{-5}	10^{-6}	10^{-7}	10^{-8}	10^{-9}	10^{-10}	10^{-11}	10^{-12}	10^{-13}

←―――― 酸性 ――――← ―――― 中性 ――――→ 塩基性 ――――→

サラダにドレッシングをかけるとおいしそうな色に見えます。赤タマネギや紫キャベツなどの場合,ドレッシングが酸性なのでやや赤味がかかって,おいしそうに見えるわけです。

なお,紫キャベツだけでなく,**アントシアニン**が入った食材は酸性・アルカリ性のチェックに利用できます。例えば赤しそでは,写真のようになりました。その他にも,**マローブルー**などいろいろあります。

酸性（赤しそ＋食酢）　　　アルカリ性（赤しそ＋ベーキングパウダー）

PHが3以下（酸性）のときの色素の構造　　PHが7〜8（中性）のときの色素の構造　　PHが8以上（塩基性）のときの色素の構造

液性によるアントシアニン色素の構造変化

46．紫キャベツ de 身近なドリンクの酸性・アルカリ性

化 生
47 紫イモ粉de酸性・アルカリ性の実験

　紫イモ粉を使ったまんじゅうやソフトクリームを食べたことがありますか。砂糖で無理やり甘味を引き出したのではなく，天然な甘さを感じます。健康食品としても市販されています。紫イモ粉は紫キャベツと同様に，酸性・アルカリ性の実験によく使われています。特にホットケーキの実験は有名です。

　ところで，ホットケーキはなぜ膨らむのでしょうか。この理由も，化学の授業で扱っています。ホットケーキは，小麦粉にベーキングパウダーを混ぜて焼きます。ベーキングパウダーの主な成分は，炭酸水素ナトリウム(重曹)です。炭酸水素ナトリウムは熱が加わると，炭酸水素ナトリウムと水と二酸化炭素に分解されます。この二酸化炭素がホットケーキにスポンジのような隙間を作るわけです。

準備物: ①ホットケーキミックスか小麦粉に重曹を加える，②紫イモ粉，③水，④ホットプレート，⑤ボール，⑥レモン汁，⑦皿，⑧フォークなど

実験: ①ボールに，ホットケーキミックスか小麦粉に重曹を加えたものを入れ，それに紫イモ粉を加えます。紫イモは，イモの本体の部分もさつまイモの皮のような紫色をしています。

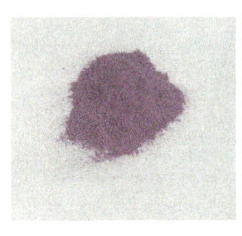

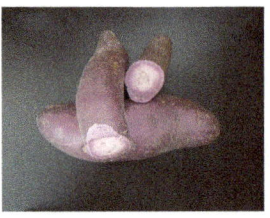

②①に水を加え（あるいは牛乳を加えてもよい），とろりとするように混ぜます。

③比較的低めの温度で，②を焼きます。焼き上がりの色を観察しましょう。

　緑色のアルカリ性を示す色に焼けます（右写真）。比較のために，紫イモ粉が入っていないものも焼いてみました。なお，強く焼きすぎると茶色くこげてしまって，緑色がわかりにくくなるので注意しましょう。

④③のものに，レモン汁をかけてみましょう。
　桃色の酸性を示す色に変色します。

解説： 重曹は**炭酸水素ナトリウム**といい，**弱塩基**です。そのため，紫イモ粉も淡い緑色に変色しています。

　重曹は化学式で表すと $NaHCO_3$ です。水溶液中では，次のように電離します。
$$NaHCO_3 \rightleftarrows Na^+ + HCO_3^-$$
　炭酸水素ナトリウムを加熱すると，次の式のような反応を行い，**炭酸ナトリウム**と水および二酸化炭素に分解します。
$$2NaHCO_3 \rightarrow Na_2CO_3 + H_2O + CO_2\uparrow$$
　ところで，炭酸ナトリウムは**強塩基**です。紫イモ粉はより濃い緑になります。炭酸ナトリウムは，次の式のように電離します。
$$Na_2CO_3 \rightarrow 2Na^+ + 2CO_3^{2-}$$
ホットケーキミックスにレモン汁をかけて，全体を酸性にすると，紫イモ粉は赤みを帯びた桃色に変色します。

物 地

48 偏光シートで色遊び

　偏光は日常のいろいろなものに活用されています。光が水面やガラス面などで反射するとき、入射面に垂直な偏光成分が多くなり、水中がよく見えなくなります。しかし、偏光サングラスを使うと、水面での反射光をカットするため水の中がよく見えるようになります。そのため、魚つりをするみなさんの間で重宝されています。

準備物：①偏光サングラスあるいは偏光板（DIYショップなどにあります）、②セロハンテープ、③液晶画面、④ポリ袋、⑤砂糖

実験および実験結果：①偏光サングラスのレンズを取りはずします。
②レンズを2枚かさねて、一方を固定し、もう一方を少しずつ回転させます。すると、向こう側が暗くて何も見えなくなったり（**クロスニコル**）、明るくて向こう側が見えたり（**オープンニコル**）します。

　　　オープンニコル　　　　　　　クロスニコル

③レンズを液晶ディスプレイや液晶テレビの画面の上にかざしてみましょう。そして②と同じように少しずつ回転させてみましょう。すると、向こう側が暗くて何も見えなくなったり、明るくて向こう側も見えたりします。

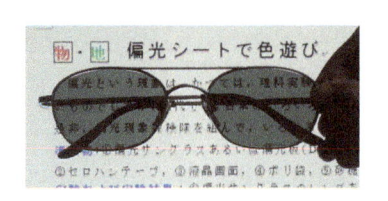

④1枚のレンズにセロハンテープをいろいろ貼って、もう1枚のレンズを重ねて透かして見てみましょう。不思議なステンドグラスのように見えます。

⑤セロハンテープを貼った偏光板を，液晶の画面の上にかざしてみましょう。
　④と同じように，不思議なステンドクラスのように見えます。 
⑥ポリ袋などを指でひっぱると伸びます。このとき，力が強くかかったところとそうでないところがあります。それをクロスニコルにした偏光板の間にはさんでみましょう。強く伸ばされたところが色付いて見えます。プラスチックケースなども色付きます。外力を受けた弾性体が複屈折を起こして**光弾性**を示すからです。
⑦2枚の偏光板間にペットボトル顕微鏡の口の部分を切り取って差し込むと，鉱物を調べる**偏光顕微鏡**になります。 
⑧あるはずない壁**ブラックウォール**が見えます。クロスニコルにした同じ形の長方形の偏光板を2枚隣同士に並べて，そのまま巻きずしを作る要領で巻き込みます。偏光板をセロハンテープなど偏光がでるもので巻くと台無しです。アクリルパイプの中に入れたり，光弾性を示さないテープで留めて下さい。

　ボールペンや箸などで黒い壁を突いてみましょう。スルリと抜けるので，科学マジックとしても面白いと思います。

　大きなものを作ると腕を通すこともできます。もっと大きなもので人が中を通り抜けできるものだと，文化祭の出し物としても面白そうですね。

48. 偏光シートで色遊び

物 地
49 方位磁石を作ろう

　私たちは 3.11 以降，これまで以上に**防災教育**に力を入れる必要が出てきました。そのとき，まず，どの方向にどれだけ移動しなければならないのかを知る必要があります。晴れている夜の場合は**北極星**が北を教えてくれるでしょう。しかし曇っていたらどうでしょうか。昼は，太陽の向きを見ただけで北を知るのは困難です。**南中時刻**であれば東西南北はわかりますが…。それでも，曇りの日や雨の日には難しいです。そのようなときに役立つのが**方位磁針（コンパス，方位磁石）**です。それでは，方位磁石を作ってみましょう。

準備物：①水，②水に浮くもの，③磁石（**ネオジム**がよい。100 円ショップで入手可能。もちろん**フェライト**も OK です），④針のように細いものなど

工作：①水に浮く発泡スチロールなどを利用して，南北がはっきりとわかるようにデザインをしたものを作ります。このようなところに**独創的な力が現れます**。
②①から，簡単に外れることがないように，磁石の N 極をデザインの北と一致するように固定します。
③より精密に北を知りたい場合には，北を指し示す針を取り付けます。

実験：①できた方位磁石・方位磁針を水に浮かばせます。すると，きちんと北を指し示してくれます。

解説：将来，売れる商品を開発できるかどうかという意味でも，デザインは重要です。iPad の成功を見れば，デザインがいかに大切かが証明されたのではないでしょうか。また，自動車を選ぶときでも，やはりかっこよさを求めるのではないでしょうか。そのような意味で，次に示す小学生の作品には，正直驚かされました。最初の 2 つがそうです。なんと頭の柔らかいことでしょうか。柔軟な発想ができています。そして 3 つ目は，それに触発された研究室の学生の世界地図のような方位磁石です。これらのように，方位磁石といってもいろいろなデザインのものが考えられるということを**指導者は想定し，学習者の自由な発想を豊かに伸ばしていきたいものです**。

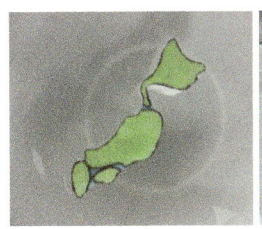

日本列島（島宗知生君作）　　やまと（斉藤光一君作）　　地球（伊藤量氏作）

　さて教科書ではといいますと，棒磁石に縫い針の先を擦り着けてN極にするという実験が知られています。確かに方位磁針になります。この縫い針を糸で吊す場合もありますが，糸で吊すと，縫い針が軽いという理由もあって，北を中心に振動が続くだけでなく，針全体が振り子のように揺れ，なかなか北を向いて静止しません。風が吹くだけでもそのようなことになります。しかしこのような場合も，縫い針を水に浮かすとかなりうまくいきます。縫い針は鉄製なので重くて水に沈むと考えがちですが，表面張力を利用するとうまく浮かせられます。ただ，いつ沈むか不安定ですので，発砲スチロールや笹の葉のようなものの上に載せてから浮かべるといいでしょう。

　またペットボトルを利用してもいいでしょう。ペットボトルにネオジム磁石を北がはっきりとわかるように取り付けます。ペットボトルに水を満タンに入れると水に沈む（実験6の野菜の浮き沈みとリサイクル7参照）ので，ペットボトルを空にして浮かせ方位磁石とします。この場合，ネオジム磁石は水中に沈みます。ネオジム磁石を水中に沈めたくない場合は，発砲スチロールの上に乗せましょう。

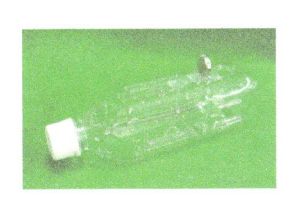

方位磁針がずれたり磁力が弱った場合は，永久磁石で方位磁針を擦って直しましょう。

50 砂鉄で磁気カードの情報を見よう

　子供たちも高度情報化社会を生きています。定期券やその他の磁気カードを持っています。これらの磁気カードにはどんな情報が記録されているのでしょうか。また，磁気記録媒体の歴史を知るのも大切なことです。最近見なくなったカセットテープやフロッピーディスクは，目で見ただけではどんな音楽が録音されているのか，どんな情報が記録されているのかわかりませんが，その情報はどのように記録されていたのでしょうか。定期券や切符は磁気カードになっていて，自動改札口を通ることができます。これらのカードの茶色部分に何か秘密が隠されていそうです。

準備物：①電車の使用済み切符や定期券，②録音されたカセットテープ，③使用済みのフロッピーディスク，④細かい鉄粉（使い捨てカイロなどを利用），⑤磁石（U字型など），⑥水，⑦ボール容器，⑧ポリ袋

実験準備：まず，最初に細かい鉄粉集めから始めましょう。磁石をポリ袋にくるんでそれに糸を付け，運動場や砂場などを引きずっていると，たくさんの**砂鉄**が採れます。この方法で**砂鉄集め**をすれば，実験もできますが，もっと簡単に多くの鉄粉がほしいときには，使い捨てカイロから鉄粉をとることにしましょう。

①使い捨てカイロの袋を開け，中身をボールに張った水の中に開けます。
②磁石をポリ袋にくるんで，この中に入れ，磁石にくっつく鉄粉を集めます。このとき，水中に浮いている部分から集めると細かい鉄粉が集まります。
③鉄粉を集めたら，ボールの中を空にし，もう一度水を張ります。
④この水に集めた鉄粉を入れ，かき混ぜます。

実験：この液の中に，磁気カードや，磁気テープ，フロッピーディスクなどを静かに入れてみましょう。みるみる，鉄粉が磁気カードなどに付いていき，磁気カードの情報が読めるようになります。

解説：どうして，磁気の模様が見えるのでしょうか。そのためにまず，磁石の大事な性質について見てみましょう。

　ゴム磁石をはさみで切り，磁石の上に薄い紙かラップを敷き，その上から砂鉄をふりかけてみましょう。すると，小さく切ったゴム磁石の両端に砂鉄

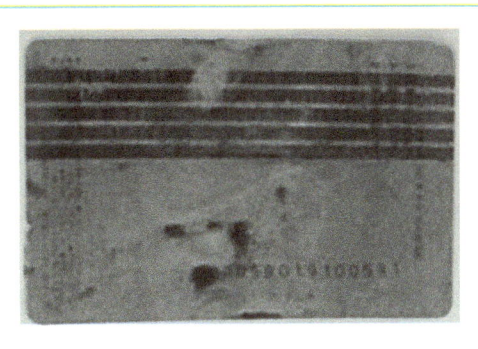

が付きます。実は磁石は小さく分けても，NS極を持った磁石なのです。逆に，小さく分けた磁石を元のようにくっつけてつなぐと，図から見てもわかるように，元の1本の磁石に戻ります。

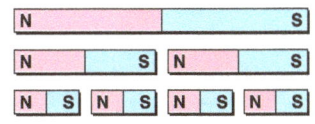

　それでは次に，磁気情報の記録方法について，見てみましょう。例えば，カセットレコーダのヘッドに，下の図のようなNS極が生じていたとします。このとき，カセットテープも同じようにNSに磁化されます。ヘッドのNSは，関東では1/100秒で，関西では1/120秒で反転するので，それまでの間にテープが移動しても「分けても分けても磁石」のように1本の棒磁石のようになります。しかしNSの反転後は，別の磁石になるので，その境界に鉄粉がくっついて黒く見えることになります。

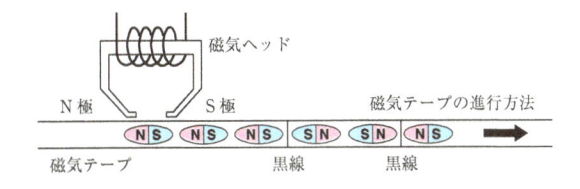

50．砂鉄で磁気カードの情報を見よう

物 51 3D磁場観察

　磁力は，磁石のまわりでどのように働くのでしょうか。それを知るには，まずは平面で磁力線がどのように広がっているのかを見てみるのがいいでしょう。そしてその平面での磁力線を空間に広げてみましょう。簡単にイメージすることが難しい場合は，**百聞は一見にしかず**です。3Dの磁場観察実験器を作って調べてみましょう。

実験1：2次元磁場観察 2D

準備物：①鉄粉，②透明な下敷き，③棒磁石・フェライト磁石・U字磁石などいろいろな磁石，④A4サイズの紙，⑤A4の紙が入る大きさのトレー，⑥スプレーのり，⑦ラミネーター，⑧スチレンボードの切れ端など

実験：①トレーに白い紙を敷き，ペットボトルのふたに千枚通しで穴を開けたもので，鉄粉をまんべんなく撒きます。

②透明な下敷きにスチレンボードの切れ端などで脚を付け，①の紙の上に置きます。

③下敷きの中央付近に，棒磁石・フェライト磁石・U字磁石などいろいろな磁石を置きます。

④トレーを細かく叩くと，敷いた紙の上に磁力線が見えてきます。

⑤磁力線がくずれないように紙を取り出し，30 cm程度以上離してスプレーのりを噴霧します。

⑥のりが乾いたらラミネートします。これで完成です。

実験結果：

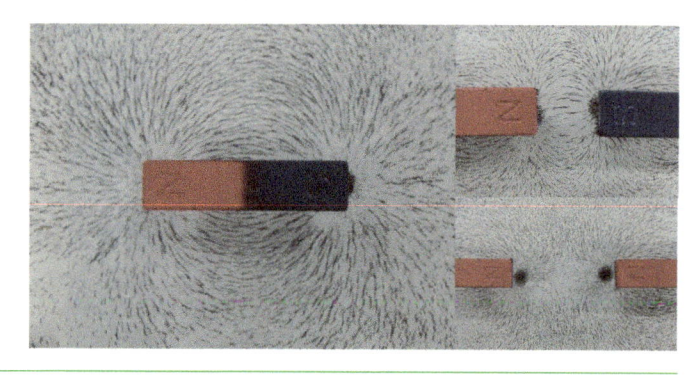

実験2：3次元磁場観察ビニタイ

ビニタイを使うと磁力線を立体的に観察することができます。トレーの下にネオジム磁石をおいて，1 cm 程に切ったビニタイをばらまき，トレーを軽く数回叩くと，3D の磁力線ぽいものが見られます。

実験3：3次元磁場観察 3D

準備物：①機械油（シリコンオイルでもよいが高価），② 100 mL 程度の透明容器（100 円ショップなど，ペットボトルでも OK），③内径 18 mm 程度の透明なアクリルパイプ（ペットボトルの胴体を巻いて筒にしてもよい），④棒磁石（アルニコ磁石など），⑤ファイバー状の鉄粉（スチールウール），⑥ O リング，⑦ボンド

実験：①ボトルの底をパイプーの外径に合わせて穴を開け，パイプを差し込みボンドで固めます。

②スチールウールを粉々にして鉄粉状に近いものにします。鉄粉よりファイバー状の方がいいです。

③パイプのボンドが固まってから，ボトルにファイバー状の鉄粉を入れます。

④さらに，ボトルの中にオイルを入れます。

⑤オイルが漏れないように，O リングをパイプの外径にはめ，ボトルのキャップを閉めて全体を封じます。

④いろいろな磁石をパイプに入れてみましょう。

実験結果：

物

52 電磁石を作ろう

　電磁石の学習は子供たちの強い関心を引き付ける内容です。コイルに電流を流すと，磁石のようにN極，S極を作り出せます。コイルの中に鉄の棒を通すと，もっと強い磁石になります。電磁石の便利なところは，電流を流したときだけ磁石になり，電流を切れば鉄の棒に戻ることです。この性質を利用して何トンもの鉄材を別の場所に移動させるクレーンもあります。

　さて，どのようにすれば電磁石を強力にすることができるでしょうか。コイルの巻き数を多くすればいいでしょうか。すでに単一形乾電池1個で体重60 kg程度の人を持ち上げられる実験機もありますが，ここでは単一形乾電池1個で単一形乾電池を持ち上げられるようにしてみましょう。

準備物：①エナメル線（ホルマル線）直径1 mm・100回巻：約6.9 m，直径1 mm・150回巻：約10.8 m，直径1 mm・200回巻：約15.1 m，直径0.4 mm・1000回巻：約72.9 m，②直径2 cm程度長さ10 cm程度のボルトとナットとワッシャ，③電子天秤，④単一形乾電池（電源として使います），⑤ゼムクリップ（多数）

工作：①直径1 mmのエナメル線を100回巻きます。このとき，両端を15 cm程度，コイルの外に取り出しておきます。あるいはリード線を15 cm取り付けてもよいです。これを電磁石Aとします。抵抗は0.2 Ω程度です。
②直径1 mmのエナメル線を150回巻き，両端を15 cm程度，コイルの外に取り出しておきます。これを電磁石Bとします。抵抗は0.3 Ω程度です。
③直径1 mmのエナメル線を200回巻き，両端を15 cm程度，コイルの外に取り出しておきます。これを電磁石Cとします。抵抗は0.4 Ω程度です。

④直径 0.4 mm のエナメル線を 1000 回巻き，両端を 15 cm 程度，コイルの外に取り出しておきます。これを電磁石 D とします。抵抗は 10.4 Ω 程度です。

実験および実験結果：①電磁石 A，B，C，D に，単一型乾電池 1 個つなぎます。
②単一形乾電池で単一形乾電池を吊り上げてみましょう。

　線の直径が 0.4 mm，1000 回巻きでは，まったく上がりません。しかし，直径が 1 mm のものでは，150 回巻きでも 200 回巻きでも単一乾電池は持ち上がりました。
③吊り上げられたゼムクリップの質量を電子天秤で測定します。

電池1本 (1.5V)	1回目〔g〕	2回目〔g〕	3回目〔g〕	4回目〔g〕	平均〔g〕
直径1mm・100回巻	66.2	65.0	66.4	66.3	66.0
直径1mm・150回巻	73.9	76.9	73.6	74.8	74.8
直径1mm・200回巻	76.4	79.7	78.9	76.8	78.0
直径0.4mm・1000回巻	8.6	10.7	10.4	9.0	9.7

考察：単一形乾電池は 1 個 120 g 程度なので，上の表のデータでは無理なはずですが，ゼムクリップの場合，持ち上げる個数が増えると吊り上げるゼムクリップの形が複雑な形になり一番下のゼムクリップと電磁石の極との距離も大きくなり，吊り上がる総質量が小さくなります。

解説：電磁石の強さを考えてみましょう。コイルに発生する磁場の強さ H は，1 m あたりのコイルの導線の巻き数を n，コイルに流れる電流を I とすると，**$H=nI$** となります。フレミングの左手の法則で出てきた $F=BLI$ の式の B（**磁束密度**といいます）は，コイルの中に入れる金属などの種類によって決まります。それぞれ固有の**比透磁率 μ_s** という値を持ち，$B=\mu_s H=\mu_s \cdot nI$ となります。

物質	比透磁率 μ_s
空気	1
アルミニウム	1.000021
銀	0.99998
水	0.999991
ケイ素鋼	7000
鉄	8000
ミューメタル	1000000
スーパーメタル	6000000

鉄心を入れると B の値は表に示したようにとても大きくなり，強い磁石となります。

物

53 クリップモーターカーでF1選手権!

　クリップモーターを作った経験がある方も多いでしょう。微小なパワーなのでクリップモーターでは模型自動車を動かすことは難しいと決め付けていませんか。本書は **独創力を養おうという実験本** です。2011，2012年度には，**科学の甲子園の全国大会で**，クリップモーターカー F1 選手権が実施され，全国各地から優れた模型自動車がエントリーし，3 m の距離を 2 秒台で走るマシンもありました。是非，みなさんもチャレンジしてみて下さい。**指導者にこそ，チャレンジ魂は大切です。**

準備物: ①プラスチック段ボール（9 cm×6 cm），②竹串 7 cm 2 本，③赤プーリー 3 cm 4 個，④ゼムクリップ 2 本，⑤ネオジム磁石 1300 ガウス 2 枚（4 枚ならより強力），⑥ 0.6 mm エナメル線 2 m，⑦単 3 形乾電池，⑧輪ゴム 2 個，⑨ビーズ 4 個（竹串にはまるサイズ），⑩発泡スチロール大 1 cm×2 cm×5 cm，⑪発泡スチロール小 1 cm×2 cm×3 cm ⑫セロハンテープ，⑬両面テープ，⑭紙やすり

工作: ①単 3 形乾電池に，ゼムクリップをセロハンテープでプラス極およびマイナス極にそれぞれ右写真のように留めます。
② 0.6mm のエナメル線を 10 周程度以上巻いてコイルを作り，コイルの両端は，左右に開くように伸ばします。**コイルが長すぎると電気抵抗が大きくなり，かつ重くなります。**
③コイルの一端は，紙やすりでエナメルをすべてはがします。逆側の端は，エナメル線の半分だけ，エナメルをはがし，半分はエナメルを残しておきます。
④コイルの両サイドをゼムクリップにひっかけて，コイルをスムーズに回すことができるように，ビーズなどを付けます。

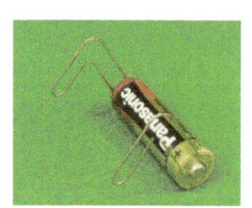

⑤発泡スチロールに，ネオジム磁石を，セロハンテープで取り付けます。このとき，お互いに引き合う向きに作りましょう。

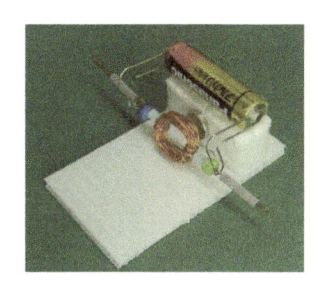

⑥模型自動車のシャーシにするプラスチック段ボールの板の上に，発泡スチールの台を写真のように取り付けます。

⑦発泡スチロール小の台を，シャーシーの上に両面テープで貼り付け，車輪を取り付け，さらに輪ゴムを付けると完成です。

実験：クリップモーターカーを走らせてみましょう。どのように工夫すると速く走るようになるでしょうか。3Dプリンターを用いて作ったクリップモーターカーを p.239 で紹介します。

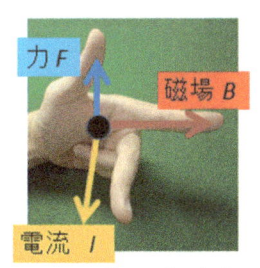

解説：モーターがどうして回るかは，フレミングの左手の法則で説明しましょう。コイルが受ける電磁力 F は，$F=BIL$ です。電磁力を大きくするためには，電流 I を大きくすることと磁場中のコイルの導線の長さ L を長くすることです。導線の断面積を大きくして電気抵抗を減らすことで，大電流が得られるようにしましょう。是非，いろいろなマシンを開発することで，エンジニア魂を感じてみて下さい。

フレミングの左手の法則

53．クリップモーターカーでF1選手権！

物

54 モーターを使った手回し発電機

3.11の東日本大震災とそれに続く福島第１原子力発電所の事故の後，自分たちで電気エネルギーの大切さがより強く認識されました。手回し発電機を作って発電の原理について学習しましょう。

実験１：段ボールとスチレンボードで作る手回し発電機

準備物：①模型のモーター（100円ショップの模型電車や電動歯ブラシ，電動ミキサーなどから取り出します。なおマブチのRF310TAがあれば6V以上出力できます），②段ボール，③スチレンボード30cm四方，厚さ7mm程度，④豆電球とソケット，⑤LED，⑥太い輪ゴム（折径140mm×切幅6mm×厚み1.1mm），⑦紙筒（トイレットペーパーやラップの芯），⑧鍋ふたや円板，⑨鉛筆，⑩両面テープ，⑪カッターナイフ，

工作：① 100円ショップのモーター付きの製品からモーターを取り外します（モーターを単品で買うと100円以上かかります）。

②段ボールを30cmより少し大きい程度の正方形に切り，手回発電機の土台とします。

②スチレンボードに，直径28cm程度の鍋のふたなどをあてて円形に下絵を描き，カッターナイフで円板に切り回転板とします。直径は段ボールより少し小さい方がいいです。また，回転板を回転させるために指をひっかける穴も開けておきましょう。

③紙筒を中心棒とするため，土台と回転板の中心をあわせて，紙筒が通る穴を両方に開けます。土台の穴は中心棒と固定するため少しきつめに，回転板の穴は中心棒のまわりを自由に回転できるようにややゆるめにします。

④土台にモーターを取り付ける穴の位置をマーキングします。

⑤土台から中心棒と回転板をいったんはずし，モーターの穴を開けモーターを差

し込みます。
⑥土台に中心棒をしっかりと差し込み固定します。
⑦回転板に太い輪ゴムをはめてから，回転板を中心棒に取り付けます。その後，輪ゴムをモーターの軸にひっかければ完成です。
⑧豆電球やLEDをつないで発電してみましょう。

実験2：取っ手付き手回し発電機
準備物：①ものさしやプラスチック定規，②モーター，③円板（直径10 cm〜20 cm程度），④豆電球とソケット，⑤太い輪ゴム，⑥ネジなど
実験工作：①定規の穴などを利用して，発電用のモーターを取り付けます。
②モーターの位置が決まったら，定規に円板を取り付ける位置を決め，穴を開けます。
③円板に太い輪ゴムを取り付け，円板の中心を定規に取り付けます。
④円板を回しやすいようにハンドルを付ければ完成です。
⑤豆電球などをつないで発電してみましょう。

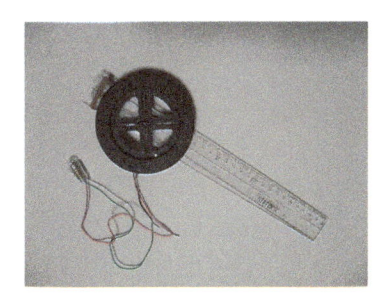

p. 205 も見て下さい。

55 ペットボトルはく検電器

　冬にセーターを脱ごうすると，バチッ！バチッ！と火花が飛び散るようなイヤな経験があると思いますが，まさに**静電気**のせいです。静電気は湿気に弱いので，湿度の高い時期には静電気の実験は向きませんが，冬のように空気が乾燥し始めると，驚くほどうまく行きます。

　とはいっても，どんなものでも静電気が貯まるわけではありません。電気が貯まりやすいものは**絶縁体**とされるものです。導体は電気を通すので静電気は貯まりません。

　静電気は，2つの絶縁体を擦り合わせると，より電子を強く引き付ける側がマイナスに，電子を手放した側がプラスに帯電します。つまり，物質同士の関係で静電気の起こりやすさも変わります。それを示したのが**帯電列**です。

（＋）（プラス）に帯電しやすい　←　毛皮　ガラス　雲母　羊毛　ナイロン　絹　木綿　木材　皮膚　水晶　プリントガラス　（ティッシュペーパー）　紙　綿　絹　エボナイト　金　ゴム　（ストロー）　ポリプロピレン　イオウ　アクリル　ポリエステル　セルロイド　ポリエチレン　セロファン　塩化ビニル（消しゴム）　→　（マイナス）に帯電しやすい（－）

物体の帯電の正負はさまざまな条件で変化するが，材料により上のような傾向がある。

準備物：①ペットボトル，②ペットボトルのふた，③食品トレー，④ゼムクリップ2個，⑤アルミ箔，⑥両面テープ，⑦千枚通し，⑧ステープラー（ホッチキスなど）

工作：①魚などが入っている食品トレーをハートや正方形など好きな形に切って，アルミ箔でくるみます。しかし，先がとがった形にするとせっかくためた電気が放電してしまうので気を付けましょう。
②ゼムクリップの1つを内側の巻を残して足を伸ばします。
③千枚通しで穴を開けたペットボトルのふたと，①の食品トレーに②で伸ばしたクリップを通した後で，ステープラーで固定しましょう。
④アルミ箔を端から8 mmの幅に切り落とします。
⑤④で切ったものを二つ折りにしてクリップにはさみましょう。また，しわ

くちゃだと開きにくいので，ピンと伸ばしてからゼムクリップのフックに取り付けましょう。これが，はく検電器のはくになります。
⑥これをキャップを締めるようにペットボトルに取り付ければ完成です。
実験の準備：最初に**検電状態**にします。
①最初，はく検電器のはくは閉じています。このときはく検電器は**電気的に中性**です。つまり，プラスの電気とマイナスの電気が同数存在しています。
②マイナスに帯電した塩ビパイプやストローを近づけると，プラスの電気は塩ビパイプに引き付けられ，マイナスの電気ははくへと退けられるので，金属板はプラスに，はくはマイナスに帯電します。結果，はくに帯電したマイナスの電荷同士が反発し合い，はくは開きます。
③塩ビパイプを近づけたままの状態で金属板に指で触れると，塩ビパイプのマイナスの電荷に引き付けられている金属板のプラスの電荷は残りますが，はくの部分のマイナスの電荷は指から逃げる（アースという）ので，はくはまた閉じます。
④先に指を離してから塩ビパイプを遠ざけると，金属板に引き寄せられていたプラスの電荷は，はく検電器の全体に広がります。そのため，はくにもプラスの電気が広がり，はくは再び開きます。**検電状態の完成です。**
実験および実験結果：検電状態になったはく検電機に，プラスに帯電した物体を近づけたり，マイナスに帯電した物体を近づけたりして，違いを調べてみましょう。
①**プラス**に帯電した物体（ストローをプラスチック消しゴムで擦る）を近づけてみましょう。マイナスの電気がストローに引き付けられます。そのため，はくには多くのプラスの電荷が貯まることになり，はくはより大きく開きます。
⑥逆に，マイナスに帯電物体を近づけてみましょう。はくの部分のプラスの電荷も引き付けられるので，はくの開きは小さくなります。しかし，マイナスに帯電した物体を近づけすぎると，多量の正電荷が引き付けられてしまい，その結果，はくに多量のマイナスの電荷が貯まり，かえってはくが大きく開くます。
　このような現象をしっかりとチェックするためには，帯電した物体はゆっくり近づけて実験しましょう。

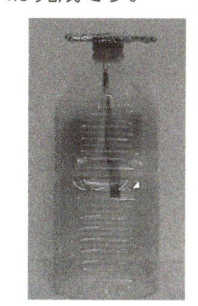

物

56 手作りバンデグラーフ・2つで電場観察

バンデグラーフに両手で触ってスイッチを入れると、髪の毛が逆立つ実験は、有名なおもしろ実験です。バンデングラーフに静電気が貯まるためこのような現象がみられます。右写真の糸のようすは、実は、帯電球のまわりの静電場を可視化したものです。さっそく、手作りしてみましょう。

準備物： ①2Lペットボトル、②ペットボトルのキャップ5個、③緑プーリー3個、④ゴムバンド（2cm×18cm程度）、⑤カラーボールなど、⑥アルミ箔、⑦アルミテープかアルミ皿、⑧マイクロファイバーダスター、⑨スポンジなど、⑩塩ビパイプ（直径2cm×5cm）、⑪竹串3本、⑫黒布ガムテープ、⑬模型自動車用車輪（6〜10cm程度）、⑭ストロー、⑮ナット、⑯シリカゲルやおやつの乾燥剤

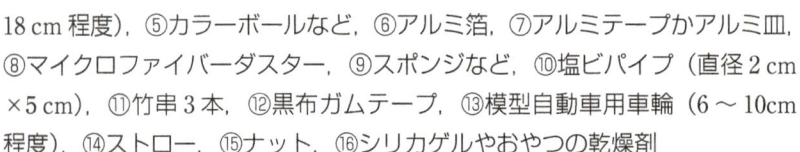

工作： ①2Lのペットボトルに切り込みを入れ、右写真のように窓を作ります。ちょうど、冷蔵庫の扉のようなイメージです。外の湿気を入れないように注意しましょう。**シリカゲル**などおやつの乾燥剤を入れておいてもいいです。

②上部ローラーと下部のローラーを作ります。貯める電気のプラス・マイナスを逆にするときは、両者を入れ替えます。上部は塩ビ管のまま用い、下部は次のように作ります。ペットボトルのキャップを4個竹串に刺し、これに黒布ガムテープを巻き、さらに中心部を太くするため幅2.5cm程度にした黒布ガムテープを巻きます。

③上部に塩ビ管と輪ゴムをかけ、下部に②で作ったローラーを付けます。上部は竹串に緑のプーリーなどを2個、左右から取り付けストッパーとします。下部は一方の竹串の端に緑プーリーを、もう一方の端には手回しハンドルを取り付けます。

④手回しハンドルは模型自動車用車輪を用いて作ります。取っ手は竹串とス

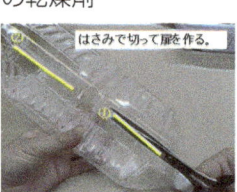

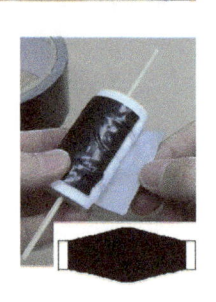

トローを使って作りました。ストローが抜けないようストッパーを取り付けます（下写真左）。

⑤工作用紙にアルミテープを貼ってアースを作り（下写真中），これを下部のローラーに接触するように取り付けます（下写真右）。

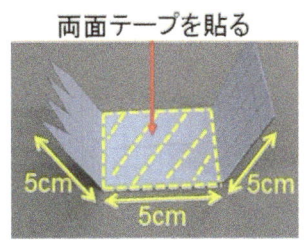

⑥上部のローラーに集電ブラシを作って取り付けます。集電ブラシは工作用紙にアルミテープを貼って作ります。

⑦帯電球を作りましょう。カラーボールをアルミ箔でくるんで，その先端を穴を開けたペットボトルのふたに差し，ペットボトルに取り付けた集電ブラシと接触するように固定します。これで完成です。

実験：①下部ローラーの取っ手を回すと，帯電球にマイナスの電気が貯まって，マイクロファイバーの糸が四方八方に均一に広がります。このことから，帯電球のまわりの電場の様子がわかります。

②上部ローラーと下部ローラーを交換すると，帯電球に貯まる電気はプラスになります。このとき，ハンドルは上部ローラーに取り付けます。

③帯電球にマイナスが貯まった場合とプラスが貯まった場合を向かい合わせた場合，どのような電場ができているでしょうか。

　糸をうまく使うと，電気力線の様子を可視化することができます（p. 205）。

物
57 フライング・バンデ

　バンデグラーフをもう少し遊び心のある面白く楽しい実験にしてみましょう。細長い風船を使って，すずらんテープで作った**電気クラゲ**を空中に浮かせて遊ぶ実験がありますが，これをバンデグラーフを軽量化したもので同じような実験ができるように改良してみましょう。

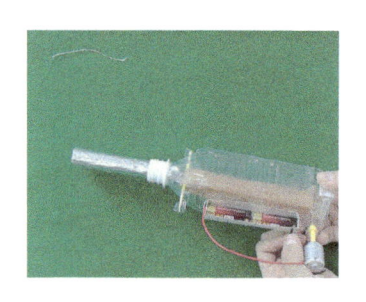

準備物： ①500 mLのペットボトル，②100円ショップの泡だて器など（モーターと回転軸の両方が入手できます），③サージカルテープ（レーヨン）3 cm程度，④竹串，⑤輪ゴム（折径160 mm×切幅21 mm×厚み1.1 mm，オーバンド#40），⑥工作用紙，⑦アルミテープ，⑧塩ビテープ，⑨マイクロファイバーやメタリッククッション，⑩単三アルカリ乾電池2本，⑪導線（赤黒それぞれ約20 cm），⑫セロハンテープ，⑬油性ペン，⑭紙

工作： ①500 mLのペットボトルの胴体を，冷蔵庫の扉を開くように切開きます。

②モーター側の回転軸を準備します。100円ショップの泡だて器など，モーターとその回転軸が両方同時に手に入るものを利用すると便利です。そうでない場合は，モーターと竹串などを自転車の車輪に使う虫ゴムでジョイントします。

③回転軸のペットボトル内の部分の中央に，マジックでマーキングをします。今回の500 mLの場合，中央は3 cmです。マーキングの両サイドに長さ1 cmに切ったサージカルテープを1枚ずつ巻き，続いて中央に長さ1 cmに切ったのをもう1枚重ねて巻きをします。

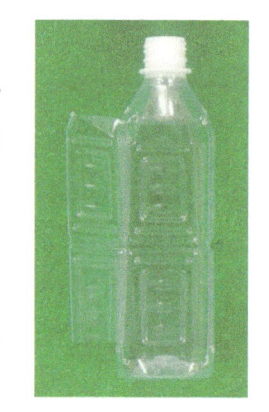

④③と同じようなイメージで，竹串のセンターの両サイドに長さ 3 cm の塩ビテープを巻き，続いて中央に長さ 3 cm に切ったのをもう 1 枚重ね巻きをします。

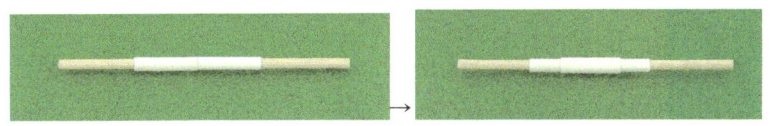

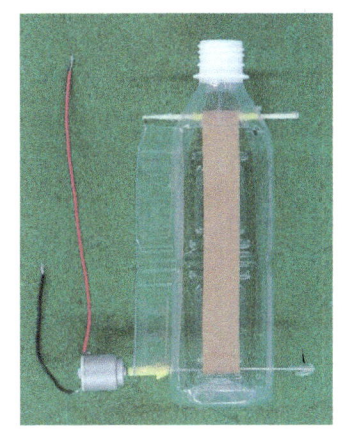

⑤ペットボトルの下から 1 cm 程度のところに穴を開け，この穴からモーターの軸からの延長となる回転軸を通し，この回転軸に輪ゴムをかけます。輪ゴムをちょうど伸ばした位置に上の穴を開け，この穴から竹串を通し，この竹串にペットボトル内で輪ゴムを通します。竹串や回転軸の先端には，軸や串がボトルから抜けないようにセロハンテープを貼ってストッパーとします。

⑥集電板を作り取り付けます。集電板は，工作用紙を幅 3 cm，長さ 10 cm に切り，その裏側にアルミテープを貼ります。片方の端をギザギザに切ります。また，赤い線の部分（3.5 cm 部分と 4.5 cm 部分）で折り曲げます。

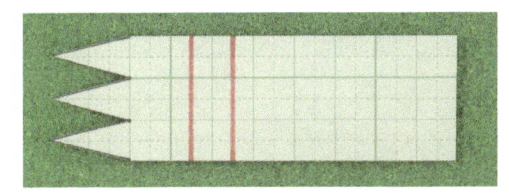

⑦集電板は，ペットボトルの底に長方形の広い部分をアルミテープで貼ります。集電板のギザギザの部分は，輪ゴムに軽く触れるように曲げます。

⑧電池ボックスを作ります。工作用紙を 13 cm×4.5 cm に切り，外側から 1.5 cm のところにすべて補助線を入れます。

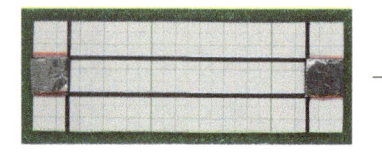

⑨13 cm×1.5 cm のアルミテープを半分に折って，工作用紙の両端のセンター部分に貼ります。裏側も同様になっています。その後，赤い線で切って，折り込みます。

⑩できた電池ボックスをペットボトルのモーター側の側面にセロハンテープでしっかり留めます（乾電池をそのままペットボトルに留めると電池ボックスは要りません）。

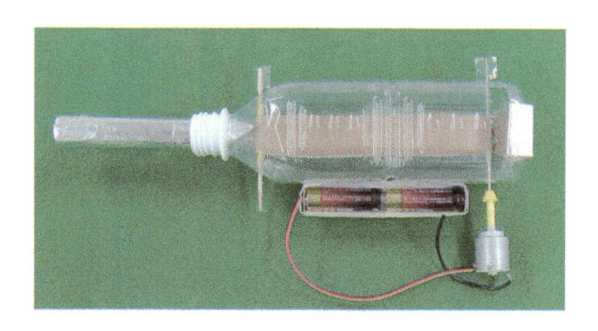

⑪帯電棒を作ります。紙にアルミテープを2列に貼って，これをペットボトルの口の穴の内側に入るように丸めます。筒の外側の先はアルミテープでふさいで下さい。内側は，ギザギザに切り，輪ゴムのそばに近づけます。

⑫電池ボックスの中に乾電池を入れます。赤い導線は電池ボックスのアルミテープとのすき間に押し込んで固定します。続いて，黒い導線をスイッチ代わりに使います。黒い導線を電池ボックスのアルミテープとのすき間に押し込むとモーターが回り，帯電棒の部分に静電気が貯まります。

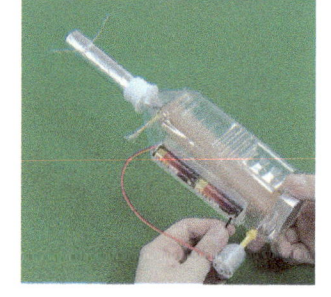

実験：マイクロファイバーを，フライング・バンデの帯電棒に乗せスイッチを入れます。やがて，帯電棒部分にマイナスの静電気が貯まります。その後，マイクロファイバーにもマイナスの静電気が貯まり，やがて互いに反発しあって浮き上がります。

発展：マイクロファイバーは比較的簡単に浮上させられます。アルミフィルムになると浮かせるには熟達する必要があります。例えば，ゴムやペットボトル内部をドライヤーで乾燥させるなど，静電気が生じやすい環境を作ることも大事です。また，形としても，いろいろなタイプのものを作ってみましょう。

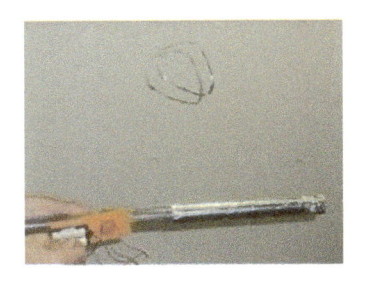

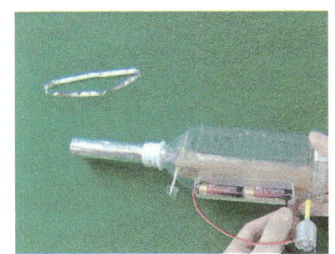

解説：今回のフライングバンデでは，帯電棒部分にはプラスとマイナスのどちらの電気が帯電するのでしょうか。

　まずモーター側では，ゴムと摩擦をするのはサージカルテープで，その材質はレーヨンです。レーヨンはプラス，ゴムはマイナスに帯電します。マイナスの電気はゴムにより上部に運ばれ，プラスの電気はアースから指や地面に逃げます。

　上部はゴムと塩化ビニールの摩擦です。塩ビのマイナス電気は集電板から帯電棒へ移動します。ゴムのプラスの電気は下部に運ばれ，アースから逃げます。帯電棒にはマイナスの電気が貯まります。

物 地

58 圧電発電・擦ると光る石

　水晶の結晶はイオン結合をしています。水晶の結晶に強い圧力を加えると，プラスイオンとマイナスイオンのバランスが崩れて，その影響で電圧が発生します。これを**圧電効果（ピエゾ効果）**といい，キュリー夫人の夫ピエール・キュリーとその兄ジャック・キュリーによって発見されました．これを応用したものが，現在，**圧電素子**として活躍しています。逆に，圧電素子に電圧を加えると，電圧を加えられた圧電素子が圧力を加えられたかのようにゆがみます。このことを**逆圧電効果**といい，圧電スピーカーに利用されています。

実験1：擦ると光る石
準備物：①水晶の原石あるいは庭園用玉石（どちらもホームセンターなどで市販されています）または氷砂糖，②プライヤー，ペンチ，金づち，③保護メガネ
実験：保護メガネをしてから，水晶の原石あるいは庭園用玉石2個を，暗い部屋で強く擦りあわせてみましょう。発光します。また，プライヤーで氷砂糖などをはさみ，金づちで叩くと同じく発光します。

実験2：圧電素子を使ったおもしろ実験
準備物：①電子式ライター，②蛍光灯（40 W 程度のもの）やブラックライト，③導線，④セロハンテープ，⑤ラジオペンチ，⑥はさみ
実験：①電子式ライターをラジオペンチで分解し圧電素子を取り出し，圧電素子から出ている導線の被膜をむきます。これを導線とつなぎます。
③圧電素子の下の金属の部分に，導線の被膜をむいて巻き付けます。その後，セロハンテープで留めます。
④圧電素子に付けた導線を蛍光灯やブラックライトの両端につなぎます。セロハンテープを利用すると簡単です。
⑤圧電素子のスイッチを入れると，蛍光管が一瞬点灯します。ブラックライトの場合は，蛍光を発するものをそばにおいておきましょう。

実験3：圧電素子で圧電スピーカー！
準備物：①圧電スピーカ（SPT08）（電子メロディーのスピーカーとして利用されているもの，古い携帯から取り外してもよい），②イヤホン，③音楽プ

レーヤーなどのイヤホンジャックがあるもの，④やすり，⑤はさみ，⑥導線
実験：圧電スピーカーにイヤホンをつなぎ，そのまま音楽プレーヤーにつなぐだけで音楽が聞けます。

実験4：圧電発電！！その1；くつで発電！
準備物：①圧電素子（SPT08），②白色LED，③ブリッジダイオード（DF06M），④ゴムシート（3 mm厚）2枚，⑤リード線，⑥ホットボンド，⑦両面テープ，⑧セロハンテープ，⑨はんだ，⑩はんだごて

実験：①圧電素子の黒いカバーを取り外し，圧電素子の中心にホットボンドを少量盛り上げてクッションとします。
②ブリッジダイオードの入力側（〜マーク側）に圧電素子を出力側（±マーク側）に導線をはんだづけします。
③ゴムシートを自分のくつのかかと部分の大きさに2枚切り，両面テープで貼り合わせ，その間に圧電素子とブリッジダイオードをセロハンテープで固定しくつの中に入れ完成です。
④歩いたり，ジャンプしたりしてみましょう。

実験5：圧電発電！！その2；発電床で発電！
準備物：①カッターマット（A4），②タイルカーペット（A4より一回り大きいとよい），③圧電素子（SPT08）16個，④白色LEDたくさん，⑤ブリッジダイオード（DF06M）16個，⑥導線，⑦ホットボンド，⑧セロハンテープ，⑨はんだ，⑩はんだごて

実験：①圧電素子16個のカバーを外して，ホットボンドのクッションを作り，ブリッジダイオードを取り付けます。
②8個を直列に接続したものを2系列作ります。これらをカッターマットに貼り付けます。
③2つの回路から出力用の導線をそれぞれ接続して，タイルカーペットをかぶせて完成です。

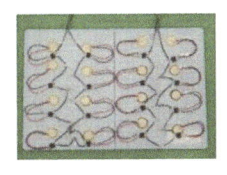

物 地
59 雷実験

　雲の中で氷晶などが擦れ合うと静電気が発生します。この静電気が貯まりすぎると放電します。これが雷です。今後，**防災教育**はより重要となってきます。実際の雷を起こすことはできませんが，ここでは，雷をシミュレーションし，避雷針のモデルやシールド効果について見てみましょう。

実験１：手元雷実験
準備物：①**雷空間**（黒い厚紙や下敷きなどプラスチック製の板やクリアファイルなど），②アルミテープ，③圧電素子，④縫い針，⑤導線
実験：①**雷空間**を好きな大きさ（はがき程度）に切ります。
②その上に，アルミテープで街並を作ります。地面には１cm程度のアルミテープを貼り，雷雲やビルを２本，自動車や樹木などを配置してみましょう。
（注）自動車はアルミテープを切り抜いて窓を作り，地面から浮かせて貼ります。これにより自動車内部のシールド効果を観察し，雷のときの安全性についても学べます。
③電子ライターなどから取り出した圧電素子に導線をつなぎ，その導線の端を地面にアルミテープで貼ります。
④ビルの１つに縫い針で避雷針を立ててみましょう。
解説：圧電素子のスイッチを**雷空間**の上で押すと，電気火花が見えます。**雷空間**のいろいろ所で実験してみましょう。避雷針を立てない場合，雷はビルや自動車，樹木など色々な場所に雷が落ちます。ところが，縫い針で避雷針を立てると，雷はほとんど避雷針の方に落ちていきます。

　また，自動車に雷が落ちても窓の中には雷が入らず，ボディーアースになっていることがわかります。実験では，タイヤを伝わって地面に放電する様子を観察できます。

　雷は，ビルや木のように高いものに落ちやすく，特に避雷針を立てると，避雷針に雷が落ちることがわかりました。尖ったところは，電気の集電や放電が起こりやすいということです。尖った先端などから電気が放電することを，**先端放電**といいます。避雷針をビルに立てたり，バンデグラフの

集電板をギザギザに作ったのは，先端放電を利用しているのです。このことから，雷の日に校庭や広場など辺りに高いものがない広いところで立っていると危険だということもわかります。

実験2：雷実験器の中に入ってみよう！
準備物：①金網（100 cm×1200 cm），②ステンレス棒（φ6 mm，180 cm），③バンデグラフ，④骨の多い傘，⑤絶縁板，⑥避雷針用の金属棒（30 cm程度），⑦導線，⑧ビニタイ

実験：①人が入れる金属ゲージを作ります。金網を用いて，直径120 cm，高さ170 cm程度の円筒を作り，適宜，ステンレス棒で補強します。その上から骨だけにした傘をかぶせ，その傘にも金網を貼ります。
②円筒の一部分に，出入口を作ります。
③傘の先端に，避雷針を立てます。
④ゲージの中に絶縁板を敷き，人が入ります。
⑤バンデグラフを起動させ，帯電球と放電球を導線でつなぎ，避雷針へ放電させます。
⑥ゲージの中と外に，はく検電器を置き，両者を比べてみましょう。ゲージのシールド効果によって，外部から電場が入ってこないことが確認できます。中に入っている人も無事です。

解説：防災教育の見地から，次の図での安全性を考えてみましょう。まず（1）は危険です。（4）は，木に落ちやすいので，そのショック注意が必要です。（2）は地面に落ちたときには地面に電流が流れるので危険です。以上から（3）や（5）比較的安全だといえますが，より安全な場所への避難が大切です。

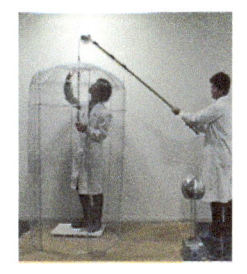

(1) 立っている　(2) 寝る　(3) 岩かげ　(4) 高い木の下　(5) 木から離れて立つ

60 竹炭を作ってエジソン電球

エジソンは白熱電球の商品化を目指し，いろいろなものをフィラメントとして試しました。そしてついに京都八幡男山付近の竹をフィラメントとして用いることで，長時間点灯する白熱電球の開発に成功しました。

準備物：①竹串，②アルミ箔，③はさみ，④カセットコンロ

実験：①竹串を 3～4 cm の長さに切ります。
②竹串をのり巻きのようにアルミ箔でくるみ，片方の端をひねって閉じます。
③アルミ箔でくるんだ竹串をカセットコンロなどで蒸し焼きにします。広がったところを手で持っていると熱くはなりません。
④焼きあがったら，アルミ箔をはがします。
⑤竹炭がカーンカーンと備長炭を打ち鳴らしたような音がすれば，焼きあがっています。そうでない場合は，もう一度アルミ箔でくるんで焼き直しましょう。抵抗は**約 100 Ω** 程度になっています。
⑥焼きあがった竹炭の両端に導線をつないで，電圧をかけてみましょう。10 V 程度かけると，竹炭が燃えて発光します。
⑦**スペシャル！**：竹串でフィラメントを作るのが大変な人は，シャープペンシルの芯でもできます。また，竹串の代わりにスパゲティやうどんでもフィラメントを作ることができます。

解説：フィラメントとして実用化するには，燃え続ける時間を長くしなければなりません。エジソンは，電球内をほぼ真空にして酸素をなくすことでこの問題を解決しました。現在は真空にする代わりに，初期には窒素を後に**アルゴン**などのガスでフィラメントを包み込んで蒸発を防ぎ，発光時間を長引かせています。

液体窒素の中にフィラメントを入れると 0℃より温度の低い液体の中なのに燃え続けります。液体窒素が蒸発してフィラメントを取り囲み酸素から守るからです。

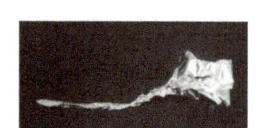

61 竹炭を作って電池

この実験はエジソン電球の実験をした瞬間に思い付きました。乾電池を分解するとプラス極が炭素棒でできていることがわかります。自分で焼いた竹串が炭素の棒になってフィラメントになるなら、電極になるはずです。あとで紹介する燃料電池の電極として利用してみたところ成功しました。つまり、**水の電気分解の電極**としても、**燃料電池の電池の電極**としても利用できるというわけです。

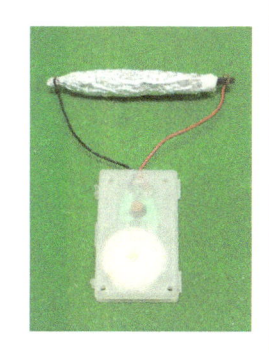

しかしそこで留まると、**独創性を磨くことはできません**。もっといろいろ使えないかと模索した結果、**備長炭電池**のように**空気電池**のプラス極として利用できないかと考えました。そして、どれだけ小さい電池まで竹炭電池として使えるかにも挑戦しました。**5 mm の長さの竹炭電池**で電子メロディーを鳴らすことに成功しました。

準備物：①竹串や竹箸、②アルミ箔、③はさみ、④カセットコンロ、⑤ティッシュペーパー、⑥食塩、⑦電子メロディーなど

実験：①竹串や竹箸を 5 cm 程度に切ります。

②これらをのり巻きのようにアルミ箔でくるみ、片方の端をひねって閉じます。竹箸の場合は 2 重にくるむ方がいいです。

③アルミ箔でくるんだ竹串をカセットコンロなどで蒸し焼きにします。広がったところを手で持っていると熱くはなりません。

④焼き上がったらアルミ箔をはがします。すると、備長炭のようになっています。抵抗は 100 Ω 程度です。

⑤焼き上がった竹串にティッシュペーパーを巻き、その外側にアルミ箔を巻きます。このとき、アルミ箔がティッシュペーパーの外にはみ出ると、炭素棒と接触してショートするので、ティッシュペーパーの外にはみ出ないように巻きます。

⑥竹炭電池に電子メロディーなどをつなぐと、音が鳴り始めます。

物 化
62 電気パン

　電気パンは終戦直後からよく行われてきた調理法です。理科実験ではしばしばステンレス板を使って行われますが，ステンレス板からクロムやニッケルなどの金属が漏出し，焼き上がった電気パンは緑色などに着色してしまいます。いろいろな実験書ではその部分を取り除いて食べるように注意書きがありますが，ここでは最初から**鉄板**で実験します。

準備物：①牛乳パックなど，②鉄板（100円ショップの魚焼きの底など），③テスター，④電気のコード，⑤ゼムクリップ，⑥ホットケーキ・ミックス，⑦紫イモ粉，⑧レモン，⑨はさみ

実験および実験結果：①牛乳パックの上半分を切り取り，下半分を残します。今回は高さを12 cmとしました。

②100円ショップなどの魚焼きをガスコンロで焼き，鉄板にコーティングされているものを焼いてしまいます。そうすると，もともと薄い鉄板ですが，さらに，はさみで切りやすくなります。

③十分に焼いた魚焼きの底の鉄板をはさみで切り取って電極とします。6.5×15 cm程度に切ります。

④③の鉄板2枚を牛乳パックの側面に向かい合うようにゼムクリップで留めます。

⑤ホットケーキ・ミックスを水で溶き，④の中に入れます（右写真図）。

⑥電気のコードをコンセントを残して切り，コードの先のビニール被膜をむいてゼムクリップに取り付けます。

⑦⑤の電気パン本体と直列になるように，テスター（電流計として使います）を入れ，⑥のコードのコンセントを家庭用の100 Vのコンセントに差し込みます。

⑧電極の間の電解液がいわばホットケー

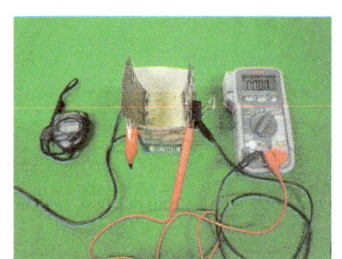

キ・ミックスです。このホットケーキ・ミックス中を電流が流れ，その抵抗のため**ジュール熱**が発生します。

⑨その結果，ホットケーキ・ミックスは沸騰し，湯気がどんどん発生します。

⑩ホットケーキ・ミックスが液体である間は通電しますが，焼けて固体になると電流が流れなくなります。ジュール熱の発生もなくなり，温度が下がっていきます。

⑪電気パンはスポンジ状に焼き上がりますが，そのときできた空洞は解説に示した反応式で二酸化炭素が発生したためです。

解説：ホットケーキ・ミックスには重曹が含まれています。重曹とは**炭酸水素ナトリウム**であり，化学式は $NaHCO_3$ です。

炭酸水素ナトリウムを加熱すると次の式のような反応が起こり，炭酸ナトリウムと水および二酸化炭素に分解します。

$$2NaHCO_3 \rightarrow Na_2CO_3 + H_2O + CO_2 \uparrow$$

このとき生成する炭酸ナトリウムは**強塩基**です。

紫イモの粉を入れておくと，草色に焼き上がります。つまり，アルカリ性であることを示しています。焼き上がった電気パンにレモンの汁をかけると，ピンク色に変色します。これは酸性となったことを示しています。

化

63 果物電池・鉛筆で電池・スプーンで電池

身近な電池ですが,その内部構造などを難しく授業をしてしまうと,…ですね。まずは,電池に興味が持てるように楽しく授業を進めましょう。

実験1：なんといっても果物電池！
準備物：①レモン（いろいろな果物などを試す。柑橘系がよい），②アルミ箔，③鉄かステンレス製のフォーク，④電子メロディー，⑤LED，⑥導線，⑦テスター

実験：①果物を,断面積が広くなるように2分の1か3分の1に切ります。
②アルミ箔を果物よりも少し大きいサイズに切り,その上に果物を切断面を下にして乗せます。
③果物にフォークをさし,このフォークに導線をつなぎます。
④アルミ箔にも,別の導線をつなぎます。
⑤この果物電池を電子メロディーにつないでみましょう。電池1つでは鳴りません。何個つなげれば鳴るでしょうか。
⑥LEDも光らせてみよう。

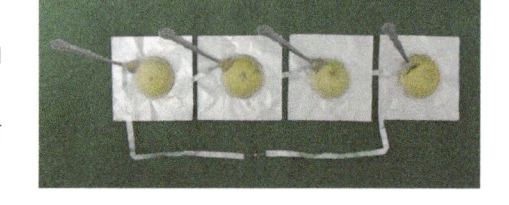

実験2：鉛筆ででも電池ができる？！
準備物：①鉛筆（芯だけでもよい），②ティッシュペーパー，③食塩水，④アルミ箔，⑤導線，⑥電子メロディーなど

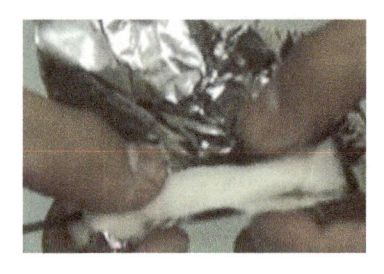

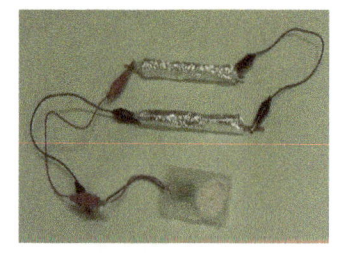

実験：①鉛筆の芯を食塩水を十分に浸したティッシュペーパーでくるんだあと，その上からアルミ箔でくるみます。このとき，アルミ箔はティッシュペーパーより小さくし，アルミ箔と鉛筆の芯が直接接触してショートすることがないように注意しましょう。

②鉛筆電池1本ではパワーが弱いので2本ほどつないでみましょう。電子メロディーは十分に鳴らせます。

実験3：シャーペンの芯でも電池ができる！

準備物：①シャーペンの芯，②ティッシュペーパー，③食塩水，④アルミ箔，⑤導線，⑥電子メロディーなど

実験：鉛筆で電池にする場合は鉛筆の木の部分を工夫しないといけませんでしたが，シャーペンの芯だと食塩水を浸したティッシュペーパーでくるみ，さらにアルミ箔でくるむだけでオーケーです。4本直列接続で電子メロディーが鳴ります。

実験4：スプーンやフォークでも電池ができる！

準備物：①ステンレス製のスプーンやフォークや食器など，②ティッシュペーパー，③食塩水，④アルミ箔，⑤導線，⑥電子メロディーなど

実験：これまで鉛筆の芯やシャーペンの芯にしてきた部分を，スプーン，フォーク，ステンレスボールなどなどいろいろな食器に変えて実験ができます。

　次の図では，スプーン電池と金網電池をつないでいます。

実験5：何でも電池に！

　このように見てきますと，イオン化傾向をしっかりと調べておけば，2種類の金属を用いれば電池ができますし，プラス極に炭素棒を用いれば空気電池になることがわかります。活性炭や炭の粉をペットボトルのキャップに入れ，竹炭をプラス極，アルミ箔をまるめたものをマイナス極にしても電池となります。

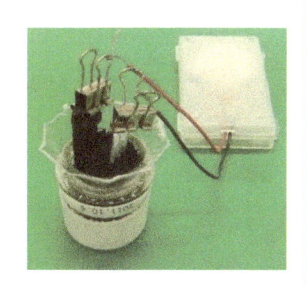

物 **化**

64 身近なドリンクde竹炭電池

21世紀は**水素エネルギー社会**といわれ，家庭で使う電気は自宅で発電できるようになるといわれています。燃料電池は冷蔵庫と同じくらいの大きさにまで小型化されし，各家庭のベランダに燃料電池が置かれるようになってきています。このようなエネルギーに関する学習を行うことは大切です。

家庭の電気は基本的に電力会社が発電所で作った電気です。火力発電所や水力発電所や原子力発電所で発電された電気が，高圧送電線によって運ばれ，家のそばの電信柱から家の中に届けられています。発電所で発電した電力のすべてを家に届けられればよいのですが，発電所から運ぶ途中で電気エネルギーがジュール熱になって，いくらか逃げてしまいます。しかし，自宅で発電すれば送電線でのエネルギーの損失は減少します。このような発電を**オンサイト発電**といいます。そこで注目されるものの1つが燃料電池です。ここでは燃料電池ではありませんが，溶液の電気分解によって酸素と水素を発生させるタイプの電気二重層コンデンサを作ってみましょう。

実験：鉛筆の芯で行う炭素電極電池
準備物：①フィルムケースなど，②手回し発電機（なければアダプターや006P型乾電池（9V），③鉛筆の芯，④身近なドリンクやコーヒーゼリーなど（**食塩やスポーツドリンクは，電気分解の際，酸素ではなく塩素が発生するので使わない下さい**），⑤電子メロディー，LED
実験：①フィルムケースのふたに穴を2つ開け，鉛筆の太い芯を1本ずつ穴にさします。このとき鉛筆の芯が接触しているとショートしてしまいますので注意が必要です。
②フィルムケースにコーヒーや紅茶やお茶など身近なドリンクを約半分入れ，ふたを閉めます。これで完成です。なお，**80℃程度の高温**の方がよいです。
③電極に外部から電源をつないで**電気分解**を約1分間行います。
④電気分解をした電極の＋と－を間違えないようにして，電子メロディーをつないでみましょう。すてきな音

楽が流れてきます。また，ソーラー電卓の太陽電池を取り出し，その代わりにこの炭素電極電池をつないで計算をしてみましょう。

説明：電子メロディーは電池1個で鳴ります。LEDは2個直列で点灯します。LEDの点灯には約2V必要です。この電池は約1.1Vの出力ですので，2個直列に接続する必要があります。モーターは，2個直列にしたものを並列につないで合計4個あれば回ります。モーターだけを搭載した模型自動車は6個を2直列3並列につなぐと走らせられます。

実験：竹炭を電極にした竹炭電池

準備物：①ペットボトルのキャップやフィルムケースなど，②手回し発電機（なければアダプターや006P型乾電池（9V）），③竹炭（4cm×1.5cm程度），④コーヒーゼリーや高分子吸収剤など，⑤コーヒーの粉，⑥水，⑦電子メロディー，LED

実験：①ペットボトルの胴体を切り取り，ペットボトルのキャップに取り付け，燃料電池のケースとします。

②竹炭や鉛筆の芯を絶縁材ではさみ，輪ゴムで固定し，ケースに入れます。

③ケースの半分くらいにコーヒーゼリーや高分子吸収剤にコーヒーの粉と水を混ぜたものを入れます。これで完成です。

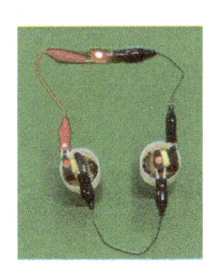

④電源をつないで**電気分解**を行えば，竹炭電池としての準備完了です。

説明：ところで，燃料電池に話を戻して説明をすると，燃料電池の出力電圧は1.1Vです。ですので，燃料電池1個で，モータを回すことができ，模型自動車も走りますが，LEDは2個直列でないと点灯しません。燃料電池1個では，電圧が不十分だからです。

なお，燃料電池とは酸素と水素を結合させて電気を取り出す装置のことをいいます。いろいろなタイプの燃料電池がありますが，

$$2H_2 + O_2 \rightarrow 2H_2O$$

という反応によって，電気を外部に取り出します。このとき水が生成されます。

物 化
65 身近なドリンクde走る竹炭電池自動車

　近年，**ハイブリット自動車**が活躍しています。これはガソリンエンジンとモーターを搭載した自動車です。また，**蓄電池**の技術の向上により**電気自動車**も普及しはじめています。しかし，ある自動車会社のエンジニアの方の話よると，究極の自動車は**燃料電池自動車**ではないかということです。

　ここでは，身近なドリンクを用いて竹炭電池搭載型の模型自動車の走行にチャレンジしてみましょう。このことは，**色素増感太陽電池搭載型模型自動車**を走らせることにもつながります。

準備物：①ペットボトルのキャップやフィルムケースなど（竹炭電池のケースとなります），②手回し発電機（なければアダプターや006P型乾電池（9V）），③竹炭（4cm×1.5cm程度），④コーヒーゼリーや高分子吸収剤など，⑤絶縁体（発砲スチロールなど）⑥コーヒーの粉と水，⑦モーター（RF-330TK），⑧プラ段ボール（2.5×10cm程度），⑨プーリー4個（車輪用），⑩輪ゴム，⑪リード線，⑫竹串，⑬セロハンテープ

実験：①模型自動車の車体を設計して，模型自動車を組み立てましょう。プラ段ボールに竹串を利用して車輪を4個付けます。なお，車軸はプラ段ボールの一番端ではなく，2番目などの穴に入れるようにしましょう。

②竹炭が金属音がするようになっているかチェックし，そうでない場合は，アルミ箔に2重にくるんで，再度，蒸し焼きにします。

③いい竹炭ができたら，これを電極とします。2枚を絶縁体で挟んで，輪ゴムでしっかりと留めます。これを竹炭電池のケースに入れ，コーヒーゼリーなどを電解液とし

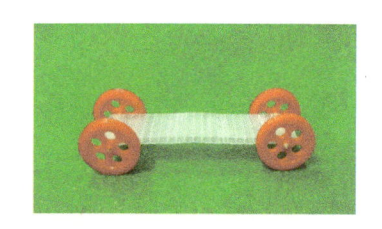

て入れます。
④竹炭電池とモーターを車体に搭載し，モーターの軸と車輪を輪ゴムでつなぎます。このとき，輪ゴムはテンションを強くかけるのではなく，たるませるぐらいゆるく張りましょう。
⑤電解液を手回し発電機やアダプターなどで電気分解します。このとき，本実験のタイプの竹炭電池であれば，水の電気分解を進めるのに約 6 V 程度以上の電圧をかけましょう。
⑥竹炭電池をモーターにつないで，模型自動車を走行させましょう。

実験のコツ①：竹炭電池について

　車全体として少しでも軽い方がいいので，電解液等はなるべく少量にし，竹炭電池自体も軽くするようにすることが大事です。ケースの1/3程度にしましょう。

　また，竹炭電池の反応は**高温**で行う方がいいので，電解液等は**80℃程度**にしておきましょう。

　さらに，**電極の表面積が大きい**ことは重要です。竹炭電池で走る模型自動車で竹炭電池を車体に搭載しない場合は，鉛筆の芯や竹串を電極に用いて，2 直列 3 並列で 6 セルの竹炭電池を使うと動かすことができましたが，竹炭電池搭載型にする場合はかなりパワーが必要なので面積の広い電極を使うことが重要です。

実験のコツ②：輪ゴムのかけ方（モーターと車輪のつなぎ方）

　この竹炭電池は強塩基や強酸などを用いず，身近なドリンクやコーヒーゼリーや高分子吸収剤を利用していますので，微力な竹炭電池となります。

　昔，自動車の免許を取るのに坂道発進という課題があり，どの受講生も苦しんだものです。エンジンをいきなりギヤの1速に入れると**エンスト**してしまいます。それを避けるために**クラッチを滑らしながら**つなぐというわけです。この竹炭電池搭載型模型自動車でも，モーターと車輪をつなぐ輪ゴムをピーンとテンション高く張るのではなく，ゴムをたるませるぐらいの方がよく駆動力が伝わります。かつて，中学校の技術家庭科の教科書に，オートバイのチェーンは指で押さえて1 cm たるむぐらいがよく，ピーンとテンション高く張るとチェーンが切れるので注意という記述がありました。何ごとも遊びが大切ですね。

66 水素エネルギー de ロケットを飛ばそう

水を電気分解すると，$2H_2O \rightarrow 2H_2 + O_2$ という反応により，水素と酸素が生じます。逆に水素と酸素を2：1の割合で混合した気体に電気火花を飛ばすと，大きな爆発音（**爆鳴気**）がして一気に反応が進み，水ができます。このときの反応式は，$2H_2 + O_2 \rightarrow 2H_2O$ です。この大きなエネルギーを利用して，ロケットを飛ばしてみましょう。

準備物：①水素ガス（ボンベ），②酸素ガス（ボンベ），③圧電素子（電気火花を飛ばすため），④内径 8 mm の肉厚塩化ビニールロングチューブ，⑤ A4 の紙（紙筒ロケット用），⑥細長いポリ袋（例えば傘袋），⑦ストロー，⑧セロハンテープ，⑨消しゴム，⑩まち針 2 本，⑪導線，⑫蛍光発光剤

実験および実験結果：①ロングチューブにガスを注入する注入袋を作ります。細長いポリ袋の口に，市販のミニガスボンベから気体を注入できるように，ストローをセロハンテープなどでしっかりと付けます。

②細長いポリ袋を3等分したところに印を入れます。これで細長い袋に気体を2目盛り対1目盛り入れると2：1の割合で気体を入れたことがわかります。

③発火器を作ります。圧電素子をガスライターやガス着火器から取り出します。あるいはリード線をつないでおきます。

④消しゴムなどにまち針を2本さし，圧電素子からの2本の導線のそれぞれをつなぎます。圧電素子を押したとき，まち針の先端で火花が飛ぶことを確認します。

⑤紙筒ロケットを作ります。A4 の紙の短い方を長さとした紙筒ロケットを作ります。内径がロングチューブの外径よりやや大きくなるように紙筒を巻きます。ロケットの先端には人や物にぶつかっても安全なようにスポンジを付けておきましょう。

⑥ロケットの姿勢が安定するように尾翼を付けます。3枚がいいでしょう。

⑦暗闇でもロケットの軌跡が見えるようにつり具などの蛍光発光剤をロケットの胴体に取り付けます。発射前に発光処理をし

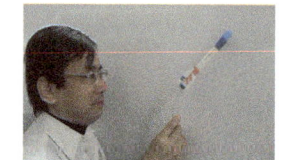

ます。
⑦20 m から 25 m のビニールロングチューブを用いると，一度に 50 人以上の人が体感できる実験になります。
⑧ロケットの発射実験です。ロングチューブを伸ばして，チューブを手のひらないしは手の甲に乗せてもらいます。
⑨注入袋に，水素が 2，酸素が 1 となるようにガスを注入します（爆鳴気）。
⑩発火器を点ける側から，注入袋内の爆鳴気をロングチューブに移します。
⑪もともとロングチューブの中にあった空気が爆鳴気が入ると押し出されるため，ロケットを打ち上げる側でチューブの開口端を頬の近くに持ってくると風を感じます。爆鳴気が元の空気と入れ替わって注入がうまく行っていることの確認になります。
⑫注入が完了したら，ロケットの打ち上げ側に大きな声で合図を送ります。この合図を受けて，ロケットをチューブにかぶせるようにセットします。このとき，注入側ではロングチューブに発火器を取り付けます。
⑬ロケットの発射側はロケットを打ち上げるような角度にロケットを向けます。そして，設置完了の合図を発火器側に送ります。
⑭打ち上げ前に，ロケットの観察と同時にロングチューブの中で何が起こるかも観察するように指導します。
⑮打ち上げ側の主導でカウントダウンを会場の学習者と大きな声で行い，発火器を押すことでロケットを発射させます。ロングチューブの中では電気火花が走ります。
⑯ロケットが飛んだあと，チューブの中を観察すると，曇っていることがわかります。水素と酸素が化学反応して水ができたためです。H_2O ができた瞬間は高温なので水蒸気で目には見えませんが，すぐに温度が下がり小さな水滴となって，チューブの内側に付きます。
⑯次の打ち上げに備えて，チューブの内部をブロアーなどで乾燥させます。

物

67 リニアモーターカー

　リニアモーターとは直線型のモーターです。移動体はフレミングの左手の法則に従います。

　フレミングの左手の法則の理解はなかなか難しいものです。机の上の学習だけでは，フレミングの左手の法則を覚えて問題を解くだけに終わってしまいます。少々法則が難しくても，何度も繰り返しできる実験機があるとトライ＆エラーを繰り返すうちに自然と学んでいくものです。リニアモーターの原理を実験を通して学び，それを踏まえてリニアモーターカーにチャレンジしましょう。

実験１：DVD ケースリニアモーター

準備物：①DVD ケース，②磁石（平面がそれぞれ N 極，S 極になっているもの，ネオジム磁石がよいです），③やや太くて曲がらない導線（100 円ショップの鉄串など），④リード線（エナメル線でもよい），⑤磁石にくっつかない金属の短い棒（ハンダや銅線），⑥両面テープ，⑦乾電池，⑧模型用モーターで作った発電機

実験機の製作：①DVD ケースの底に両面テープで磁石を 4～8 個程度貼り固定し，それらの磁石の上全体に両面テープで 2 本の太い導線を固定します。
②2 本の太い導線のそれぞれにリード線（エナメル線でもよい）をつなぎます。エナメル線の場合は紙ヤスリで磨いて金属の表面を出しておきましょう。
③これらの 2 本の導線にまたがるように，磁石にはくっつかない金属の短い棒を 1 本置きます。

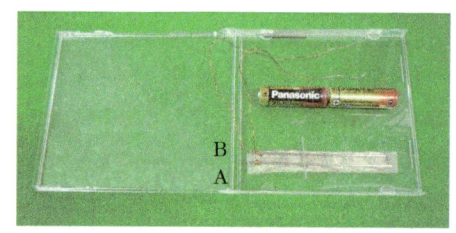

　この短い棒が動く動作がリニアモーターです。

実験および実験結果：①2 本のリード線に乾電池をつないでみましょう。ゼムクリップをくくり付けて電極にしてから電池につないでもいいです。

　橋渡しした短い 1 本の導線が 2 本の長いレール状の導線の上を走ります。

フレミングの左手の法則を利用して，磁石の上面がN極かS極かを考えてみましょう。写真のAに電池の＋極を，Bに電池の－極をつないだとき，短い導線は右に移動しました。このことから磁石の上面がN極であることがわかります。

なお，力をF，磁場をB，電流をI，導線の長さをLとすると，$F=BLI$となります。

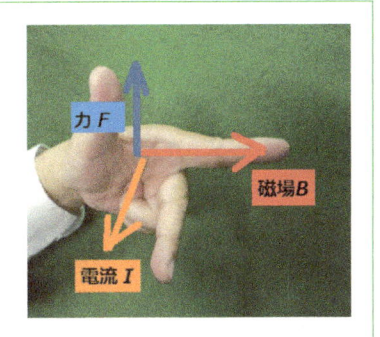

②乾電池の＋－を反対にしてみましょう。短い導線は反対向きに走ります。
③リニアモーターを模型のモーターで動かしてみましょう。

模型用のモーターに乾電池をつなぐと回転軸が回ります。逆に回転軸を回すと発電することができます。模型用のモーターで作った手回し発電機をこのリニアモーター実験機につないでみましょう。リニアモーターが動きます。発電機から流れる電流の＋－をフレミングの左手の法則を利用して考えてみましょう。手回し発電機の回転させる向きを反対にすると，リニアモーターも逆進します。

実験2：リニアモーターカー
準備物：①DVDケースリニアモーター，②ストロー（3 cm），③紙，④磁石にくっつかない金属の短い棒（ハンダや銅線）2本
実験：①ストローにハンダ線を2本刺し車輪とします。
②ストローを縦に切れ目を入れ，紙に描いた電車をさします。
③リニアモーターカーを走らせます。前進・後退をさせてみましょう。

物

68 シャカシャカ振るフルライトを作ろう

　電磁誘導というと難しく聞こえますが，生徒が強く興味を持つ学習単元でもあります。エルステッドが1820年に電流から磁気が生じることを発見してから，ファラデーは逆の現象がないかに関心を持ち，苦節10年の時を経て，1831年8月29日に電磁誘導の法則を発見しました。コイルに磁石を近づけたり遠ざけたりすると，回路に電流が流れます。この電流を**誘導電流**といい，電流を流す起電力を**誘導起電力**といいます。

　エネルギー問題の観点から自力発電を行って明かりを得ることも大切ですが，今一番身近な問題となっているのは都市災害時にどう生き延びるかです。防災グッズとしての自力発電が重要になっています。本実験では，電磁誘導の原理で白色LEDが点灯するシャカシャカ振るフルライトを作って**利用して**みましょう。

準備物：①エナメル線（0.2 mmでも0.4 mmでもよい。1000回巻き（600回巻き以上程度からできます）），②直径13 mm程度のネオジム磁石4個（100円ショップにあります），③炭酸系500 mLペットボトル1本とキャップ3個，④直径13 mm程度のナット4～6程度，⑤アルミ箔，⑥はさみ，⑦大型LED，⑧布ヤスリ，⑨フェルトやスポンジや発泡スチロールなどの緩衝材，⑩両面テープ，

工作：①ネオジム磁石2個，ナット4～6個程度，ネオジム磁石2個の順番で，極性を合わせて重ねます。

②500 mLペットボトルの胴体を幅11 cm程度に切り，これで①のナットと磁石をくっつけた棒をくるむように巻きます。

③①の磁石棒が，②の筒の中でスムーズに動くのを確認して，セロハンテープで筒が開かないように留め

ます。
④筒の中から磁石棒が抜けないように，③の筒の両端をセロハンテープで封じます。
⑤ペットボトルキャップに穴を開けて，この筒に前ページの写真のように2個通します。この2個のキャップの間は約2cmにします。
⑥両キャップの間に，エナメル線を1000回巻きます。リード線を15cm以上取り出しておきましょう。リード線の先はヤスリでエナメルをはがしておきましょう。なお，600回以上巻けばこの実験は成功しています。
⑦LEDの足に緩衝材をはめます。これで，LEDの足が折れにくくなります。
⑧ペットボトルキャップに，LEDが通るように2本の穴を開け，緩衝材をはめたLEDを両面テープでキャップに取り付けます。
⑨LEDの足にエナメルをはがしたエナメル線を巻き付け，足を折り曲げてエナメル線がはずれないようにします。
⑩ペットボトルの口の側を右写真のように切り取り，反射鏡になるようにアルミ箔を貼ります。
⑪キャップに取り付けたLEDと⑩をねじって合体させます。

実験および実験結果：①シャカシャカ振るフルライトの，コイル側を振ってみましょう。
②右下写真のようにLEDが光ります。

解説：磁石はN極とS極が対です。最初コイルの右側からN極が近づき，このときにLEDが点灯するとします。コイルの右側にN極が生じる向きに誘導起電力が生じ，誘導電流が流れLEDが点灯したと考えます。さらに磁石がコイルの中を進むと，誘導起電力はゼロになります。そしてコイルから磁石が離れるとき，逆向きの誘導起電力が生じます。このとき＋－は逆なのでLEDは点灯しません。

　コイルを通過しきったネオジム磁石が逆に戻ってくる場合を考えてみます。コイルの左側からS極が近づくように戻って来ると，コイルの左側にS極が生じるように誘導起電力が生じLEDが点灯します。その後，誘導起電力はゼロとなり，さらにコイルの中を磁石が進むと逆向きに誘導起電力が生じますが，LEDは点灯しません。

物

69 かわむらのコマで色変わりコマを作ろう

　かわむらのコマでは，地球環境にやさしくて安全な**電磁調理器**の原理を遊びながら学べます。電磁誘導という方法で鍋やフライパンなどの調理器具の底に**渦電流**を生じさせると，鍋やフライパンの底にある電気抵抗に電流が流れ**ジュール熱**が発生します。その熱を利用して調理することができます。

　みなさんはベーゴマ遊びをしたことがあると思いますが，かわむらのコマはその進化形・21世紀型のベーゴマです。渦電流でコマを回して理科実験をします。このような方法で動くコマを総じて**かわむらのコマ**と呼びます。

準備物：①モーター（100円ショップなどのミニ扇風機でOK），②ネオジム磁石2個(100円ショップで入手できます)，③長さ5cm，幅1cm程度のプラ段（木片などでOK），④アルミを含むシート（ガスレンジ用下敷きシートや缶ジュースの側面やカップ麺のふたなど），⑤CDやDVDの空ケースなど，⑥セロハンテープ，⑦コピー用紙，⑧カラーサインペン，⑨プラスチック段ボール

工作：①磁石の回転台を作るため，モーターを消しゴムなどに固定したり，ミニ扇風機の羽をはずしたりします。
②長さ5cm幅1cm程度のプラ段などの棒の両端に，ネオジム磁石を同じ極が上向きになるように取り付け，回転棒とします。
③回転棒の中心にモーターの軸をさします。これで回転台は完成です。
③コピー用紙とアルミ板を貼り，はさみで円形に切り抜きます。そして円板の中心に凸部を作り，コマのように回る円板にします。
④③で作ったコマをCDケースなどの上に置いて，回転しているネオジム磁石を近づけるとコマが回り始めます。
⑤コマの表面を自由にデザインしましょう。

実験1：ベンハムのコマやカラーゴマの混色を見よう
　かわむらのコマを，**RGB**に色分けしたり，さらにベンハムのコマや**ニュートンの7色コマ**（次ページ写真）のように着色して，回転したときに色が変わるのを体験することができます。

実験2：アニメーションを見てみよう
　アニメーションのコマ送りの体験もできます。CDケースの上の板に小窓

を付けると，ランニングをしている様子や木登りをしている様子などをアニメーションのように見ることができます。

実験3：アラゴーの実験

円板ですと渦電流が流れますが，この円板に切れ込みを入れてを羽根車のようにしてみるとどうなるでしょうか。渦電流が途切れるため，回らなくなります。

解説：かわむらコマはなぜ回る

このように渦電流で回転する円板は，アラゴーの円板として知られていました。アラゴーの円板やかわむらのコマはどうして回るのでしょうか。右の図の黒丸の前後の①の部分と②の部分を見て下さい。

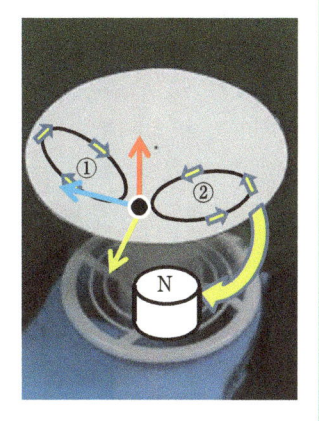

①ではN極が近づいてくるのでそれを嫌がりN極が下向きにできるように，右ねじが進む向きに電流が流れます。これが渦を巻くようなので**渦電流**と呼ばれます。

②ではN極が遠ざかるので，S極を作る向きに電流が生じます。**右ねじの法則**から反時計まわりに渦を巻くことがわかります。すると黒点のところで，①からの電流と②からの電流が合流し黄色の矢印の向きに電流が流れます。磁場は上向き（赤い矢印の向き）にできているので，**フレミングの左手の法則**から黒丸は水色の矢印の向きに力を受けます。つまり磁石が回転する向きにコマは回り始めます。積算電力計もこの原理を活用しています。このように**かわむらコマ**は，プラットフォームとして，いろいろな学習ができる理科実験教材です。図のデザイン（左；**ベンハムのコマ**，右；**ニュートンの7色コマ**をコピーして利用して下さい。

69. かわむらのコマで色変わりコマを作ろう

物 地

70 卓上型サボニウス型風車風力発電実用機

　電磁誘導によって誘導起電力が生じること，つまり発電ができるということは，本書ですでに学習しました。2011年3月11日の東日本大震災とそれに続く福島第1原子力発電所の事故以降，それまで以上にエネルギー問題は深刻化し，エネルギー教育が重要になってきました。その中でも注目を集めるのが自然エネルギーです。ここでは，筒を縦に2つに分けて作ったバケットを少しずらして利用する**サボニウス型風車風力発電機**を作ってみましょう。

準備物：①エナメル線（直径0.2～0.35mm程度で長さ18m程度，1000回巻きにします），②ネオジム磁石（強力なら2個，そうでなければ4個あるいは6個），③円形の長い鉄串（サボニウス型風車の回転軸にします。100円ショップの魚の焼串でOK），④アルミ板か，薄いアクリル段ボール（バケットにします），⑤スポンジマット（上下でバケットをはさみます），⑥タッパー（100円ショップの透明なくつ箱），⑦ナット2個，⑧ラグ板，⑨電解コンデンサー（1000μF，16V 2個，1000μF，25V 1個），⑩ダイオード2個，⑪LEDランプ（100円ショップの大きくて明るい製品），⑫ストロー，⑬軸受け用プラスチック片（プラ定規などでよい）

実験および実験結果：①エナメル線を単2形乾電池を軸にして1000回巻きコイルを作ります。両端を15cm程度伸ばしておきます。

②コイルの上下にストローを取り付けます。このストローには後に鉄串をさすことになります。

③図のように，鉄串をタッパーの底に通してからコイルのストローに通します。鉄串が滑らかに回転するように注意しましょう。

④コイルを通した鉄串に，この鉄串をサンドイッチするようにネオジム磁石を取り付けます。その順番は，最初に鉄串の片面にネオジム磁石をくっつけ，その磁石に鉄串をはさむようにナットを2個取り付けます。そして，それら全体を覆うようにもう1つのネオジム磁石を取り付けます。

⑤エナメル線をタッパーから外に出すようにして，ふたを閉じます。このとき，鉄串の尖った先は，ふたの裏に取り付けた板状のプラスチック製の軸受けにさします。また，コイルはプラスチック製の軸受け板の上に乗り，自重で固定されます。これにより回転軸が回転してもコイルは静止したままとなります。

⑥バケットを組みます。具体的には右写真のように回転軸にスポンジ板を先にさし，この上にアルミ板のバケットを2つ並べてスポンジ板に留め，さらに上からスポンジ板を乗せるように留めてつばさを固定します。

⑦**倍電圧整流回路**を組みます。具体的には，ダイオードを2個と電解コンデンサーを右写真のように配置します。あるいはブリッジダイオードを使います。

⑧倍電圧整流回路の＋－に，LEDランプの＋－をつなぎます。これで完成です。

⑨暗い場所で回転させてみましょう。文字が読めるぐらいに発電できます。

⑩リチウム水素イオンバッテリーなどを充電してみましょう。この卓上型風力発電機で充電が可能です。

解説： サボニウス型風車は，バケットを左右に少しずらして設置した抗力型の風車です。バケットのすき間を通る風を有効に利用することができるので，弱い風でも回り始めます。また，プロペラ型と違ってどの方向から吹く風でも利用して回転を始めます。整流器を使わない場合は交流のまま利用することになります。

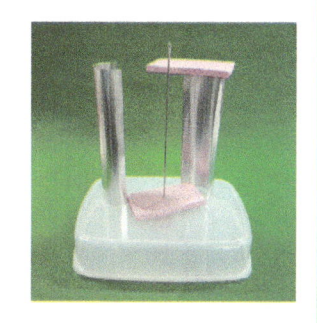

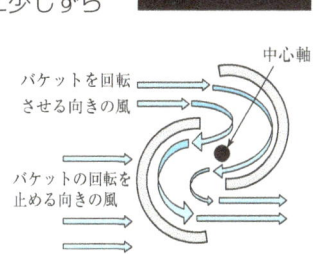

70．卓上型サボニウス型風車風力発電実用機

物 地

71 風向・風速計を作ろう

　風力発電を行うには，その土地にどんな風が吹くか（**風況**）を調べる必要があります。風速1m/sとはどんな風でしょうか。また，**風向**とは風の吹いて来る方向であり，吹いて行く方向ではありません。簡単な風向・風速計を作って，風況調査に参加してみましょう。

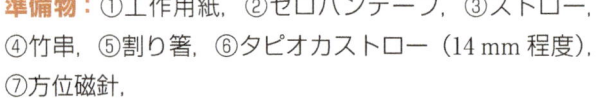

準備物：①工作用紙，②セロハンテープ，③ストロー，④竹串，⑤割り箸，⑥タピオカストロー（14mm程度），⑦方位磁針，

実験および実験結果：①工作用紙を用いて，胴体，風速板，方位台を下写真のサイズに切ります。特に風速板は，風速を決めるのにその質量が重要ですので，サイズを間違えないように切って下さい。

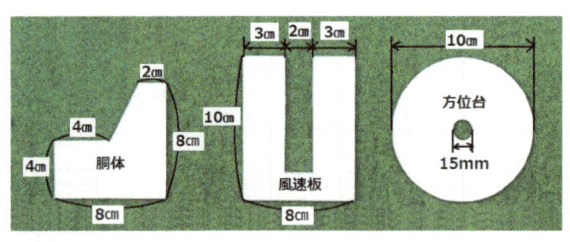

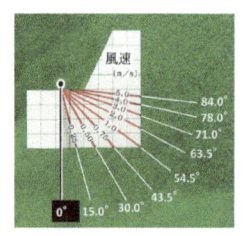

②胴体に目盛りを入れます。
③割り箸の割れた先に，竹串をセロハンテープで留めます。
④半分に切ったストローを竹串の左右の端からそれぞれ1本ずつ通します。
⑤ストローに風速板をセロハンテープで取り付け，割り箸に貼ったセロハンテープを割り箸に沿って縦に切ります。
⑥そのすき間に，胴体を差し込むように取り付けます。

⑦方位台に方位を書き込み，北の位置に方位磁針を右写真のように貼り付けます。

⑧タピオカストローの握り手1つ分のところに，方位台が下にずれて落ちないように紙などを切ったテープ類を巻きます。ここでは割り箸の袋を使いました。

⑨タピオカストローの中に，割り箸をはめるように合体させれば完成です。

解説：風の強さは**ビューフォート風力階級表**（気象庁参照；http://www.jma.go.jp/jma/kishou/know/kansoku_guide/c4.html）で，国際的に標準が決められています。暴風や台風に備え，十分な防災教育が必要とされています。

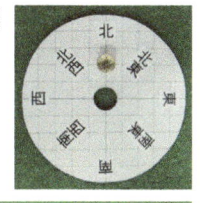

風力	名　称	風速〔m/s〕	陸 上 の 状 況
0	平穏	0.0～0.2	静穏，煙がまっすぐ上昇。
1	至軽風	0.3～1.5	煙がなびく。
2	軽風	1.6～3.3	顔に風を感じる。木の葉が動く。
3	軟風	3.4～5.4	木の葉や細い枝がたえず動く。旗がはためく。
4	和風	5.5～7.9	砂ほこりがたち，紙片が舞う。小枝が動く。
5	疾風	8.0～10.7	葉の茂った樹木がゆれ，池や沼にも波頭がたつ。
6	雄風	10.8～13.8	大枝が動き，電線が鳴る。傘はさしにくい。
7	強風	13.9～17.1	樹木全体がゆれる。風に向かっては歩きにくい。
8	疾強風	17.2～20.7	小枝が折れ，風に向かっては歩けない。
9	大強風	20.8～24.4	煙突が倒れ，瓦が落ちる。
10	全強風	24.5～28.4	樹木が根こそぎになる。人家に大損害が起こる。
11	暴風	28.5～32.6	めったに起こらないような広い範囲の大損害が起こる。
12	颶風	＞32.7	被害甚大。記録的な損害が起こる

物 地

72 門燈サボニウス型風車風力発電機

　風速計によって，いい風が吹く場所がわかったらその場所に風力発電機を設置してみましょう。3.11 以降，自然エネルギーを実際に活用してみようという教育実践が広まってきています。2012 年 11 月 23 日に岩手県久慈市の小学校で出前授業を行い，その学校に門燈用のサボニウス型風車風力発電機を設置してきました。容器のボディには子供たちがペイントしてくれました。夜に，自然に吹く風でまわりを明るく照らしています。

準備物： ① 130 L プラバケツ，②ハブダイナモ，③塩ビ板，④アングル（長さ 45 cm 4 本，長さ 90 cm～120 cm 2 本），⑤ボルト・ナット・ワッシャのセット，⑥ラグ板，⑦電解コンデンサー（1000 μF, 16 V 2 個，1000 μF, 25 V 1 個），⑧ダイオード 2 個，⑨導線，⑩自転車用 LED ランプ

工作： ①ハブダイナモに導線を取り付けます。
②風車の土台を作ります。そして，その中央にハブダイナモを取り付けます。

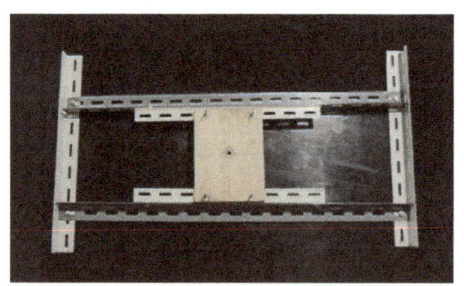

③ハブダイナモの上に円形の塩ビ板などを固定します。このとき，ハブダイナモのスポーク用の穴を利用し，円板をボルトとナットを利用して固定します。

④大型ポリ容器を2つに切って，半分になったものをバケットとします。バケットは2個できます。
⑤回転円盤の上に，2つのバケットを中心をずらして取り付けます。
⑥自転車のライトなど交流でも使えるものはそのままハブダイナモに接続すれば使えます。

⑦直流製品の場合は整流器につなぎます。**倍電圧整流回路**を組みます。具体的には，ダイオードを2個と電解コンデンサーを下写真のように配置します。「交流発電機を作ってふーふー風力発電」と同じ回路です。

⑧倍電圧整流回路の＋－に自転車のLEDランプの＋－をつなぐと，LEDランプがチカチカと点滅せず，点灯したままになります。
解説：サボニウス型風車の原理は「交流発電機を作ってふーふー風力発電」を参照して下さい。設置する場合は簡易風速計で測定をして風速4m/s程度以上の場所を選んで下さい。

72. 門燈サボニウス風車風力発電機

化

73 カイロを作ろう・過冷却カイロを作ろう

冬の寒いとき，カイロがあれば助かりますね。鉄粉を用いたカイロと酢酸ナトリウム三水和物を用いたカイロの2種類を作ってみましょう。

鉄粉を用いたカイロでは，鉄が**酸化**されてさびになるときの**発熱**を利用します。酢酸ナトリウム三水和物を用いたカイロでは，**過冷却**を利用します。

実験1：鉄粉を用いたカイロを作ろう

準備物：①鉄粉 20 g（細かいもの。例えば 100～300 メッシュ程度），②活性炭 10 g（冷蔵庫に入れる消臭剤など），③食塩 5 g，④水 100 mL，⑤お茶パック，⑥ポリ袋，⑦雑巾，⑧金槌，⑨チャック付きポリ袋，⑩金属ヤスリ（金工用丸ヤスリ），⑪電気ドリル，⑫あればバーミキュライト（園芸用品）

実験工作：①鉄粉を準備します。DIYショップなどで，鉄粉が手に入る場合はそれを購入しましょう。**もし，手に入らない場合は，電気ドリルの先に金工用丸ヤスリを付けて，釘の先に当てるようにして削ると細かい鉄粉が取れます。**もちろん金ヤスリで頑張ってもいいです。これをポリ袋に入れ，空気が入らないようにしておきましょう。

②活性炭をポリ袋に入れ，雑巾などをあてて，金槌で叩いて細かく砕きます。
③砕いた活性炭が湿る程度に食塩水をしみこませ，よく混ぜます。
④お茶袋の中に，食塩水がしみこんだ活性炭を入れ，さらに鉄粉を入れます。
⑤チャック付きポリ袋に入れて保管します。これで完成です。

実験：チャック付きポリ袋からお茶袋ごと取り出して，この中に空気が通るように約5分ほどもみます。よくもむと温かくなってきます。すぐに使わない場合は，チャック付きポリ袋に入れたまま保管します。

解説：食塩水は，鉄がさびる反応を速くするために入れます。食塩水を入れると水分で温度が上がりにくいと考えがちですが，極端に少ないと反応がなかなか始まりません。活性炭が十分湿る程度は入れて下さい。海辺で自動車

がさびやすいのは，食塩の，鉄を速くさびさせる効果のためです。反応式は，次式です。

$$Fe + 3/4O_2 + 3/2H_2O \rightarrow Fe(OH)_3 + 96 \text{ kcal/mol}$$

なお，バーミキュライトを入れる理由は，この反応で用いる食塩水はかなり多いので，これをバーミキュライトの多孔質な穴に吸着させ，カイロ内部の鉄粉をさらさらな状態に保つためです。

実験2：使い捨て無い過冷却カイロを作ろう
準備物：①酢酸ナトリウム三水和物，②水，③厚手のチャック付きポリ袋，④バインダークリップ，⑥鍋（薬品用を溶かします）
実験工作：①酢酸ナトリウム三水和物700 gに対して，水250 mLの割合で鍋に入れ70℃程度で温め完全に溶かします。
②ゆっくり室温まで冷まします。
③チャック付きポリ袋にバインダークリップを入れてから，溶けた液体をゆっくり入れて保管します。これで完成です。
実験：①バインダークリップで衝撃を与えます。
②じわじわと液体が白く結晶化してきたら成功！です。じわじわと温かくなります。
③冷えてしまっても捨てないで下さい。このカイロは，お湯で湯煎してゆっくりさますと，また元の状態に戻って何回でも使えます！
解説：酢酸ナトリウム三水和物（$CH_3COONa \cdot 3H_2O$）の融点は58℃で，融解熱は264 J/gです。チャック付きポリ袋に封入した酢酸ナトリウム三水和物を58℃以上に加熱すると溶けます。物理的な振動を与えると結晶化が始まり発熱します。数十分程度，約45℃で持続します。

　融解と結晶化は何回でも繰り返すことができます。
　酢酸ナトリウム無水物は融点が324℃なのでこのカイロには用いることはできませんが，水に溶かして酢酸ナトリウム三水和物に変化させると利用可能となります。

化 74 錬金術と呼ばれる実験

　錬金術は，大昔から多くの科学者が無謀にもチャレンジし，あのニュートンでさえ信じて頑張ったといわれています。実際には錬金術はできません。しかし，科学マジックとしては面白く，これをきっかけに化学が好きなる学習者も実際にいます。人間の本能に訴えかけるものだからでしょうか。
準備物：①水酸化ナトリウム少量，②亜鉛粉末少量，③銅板（プラモデルショップや DIY ショップで売られています），④水，⑤フライパン，⑥カセットコンロかガスコンロ，⑦スプーン，⑧ピンセット（100 円ショップ）
実験および実験結果：①フライパンで水を温めてお湯にし，これに水酸化ナトリウムを少量溶かします。
②銅板で作ったコインのようなものをフライパンに沈めます。
③銅の上から亜鉛の粉末を適量注ぎます。
④するとたちまち銅の色が銀色になります。まるで銀貨のようです。これで**銀白色の亜鉛めっき**が完成です。
⑤しかし，ここでへこたれると金貨が手に入らないので，これをコップに入れた水で洗って，炎にかけます。1 分程度でみるみるうちに金色に変わります。これは**黄金色の黄銅**の生成です。
⑥金貨（のようなもの）の完成です。
解説：銅と亜鉛の合金は**黄銅**（brass）または**真鍮**といい，黄金色をしています。
　亜鉛は**両性金属**なので強塩基にも溶けます。加熱した水酸化ナトリウムに溶かすと，テトラヒドロキソ亜鉛（Ⅱ）酸ナトリウム $Na_2[Zn(OH)_4]$ の無色の水溶液になります。この反応の化学反応式は次式です。

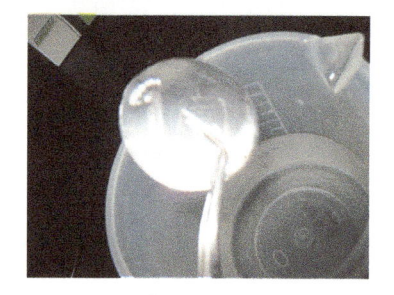

$$Zn + 2NaOH + 2H_2O \rightarrow Na_2[Zn(OH)_4] + H_2 \uparrow$$

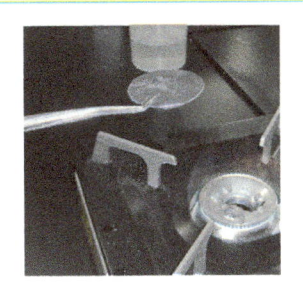

イオン反応式では，

$$Zn + 4OH^- \rightarrow [Zn(OH)_4]^{2-} + 2e^-$$

となります。

　加熱した水酸化ナトリウム水溶液中で未反応の金属亜鉛に銅板が接触すると**局部電池**を構成します。銅より亜鉛の方が**イオン化傾向**が大きいため，亜鉛が溶け，**テトラヒドロキソ亜鉛（Ⅱ）酸イオン** $[Zn(OH)_4]^{2-}$ になります。このとき放出された電子の一部が接触している銅板へ移動します。銅板へ移動してきた電子によって表面で水分子が還元され，気体の水素が発生します。つまり，亜鉛が局部電池の陽極となり酸化反応が生じ，銅板が陰極となりその表面で還元反応が生じたわけです。

　亜鉛：$Zn + 4OH^- \rightarrow [Zn(OH)_4]^{2-} + 2e^-$

　銅板：$2H_2O + 2e^- \rightarrow 2OH^- + H_2\uparrow$

　このとき銅板の表面上で，銅板へ移動してきた電子と，水溶液中のテトラヒドロキソ亜鉛（Ⅱ）酸イオンが反応し，金属亜鉛に戻り銅板が亜鉛めっきされるのです。

　亜鉛：$Zn + 4OH^- \rightarrow [Zn(OH)_4]^{2-} + 2e^-$

　銅板：$[Zn(OH)_4]^{2-} + 2e^- \rightarrow Zn + 4OH^-$

　合金にするためには，混ぜた金属が融解し液体にする必要があります。亜鉛の融点は419.5℃，銅の融点は1083℃なので電気炉などを用いないと難しいですが，亜鉛めっきした銅板は少し炎であぶるだけで合金にできます。めっきした亜鉛は少し加熱しただけ表面が融解し，銅が溶けこみ黄銅という合金になるからです。

　黄銅は，金に似た美しい黄色の光沢を放つことから金の代用品にもされます。市販されている金色の塗料の多くには，黄銅の微粉末が使われています。

化

75 時計反応－透明な液体が墨汁に変わった？消えた？

　色変わりマジックは，理科学習に興味のない学習者をもハッとさせることができます。今回は，手も触れていないのに色が変わる実験です。

実験1：時計反応－透明な液体が墨汁に変わった？

準備物：①うがい薬（ヨウ素入り），②アスコルビン酸（ビタミンC入りの清涼飲料水やお菓子類），③小麦粉（片栗粉でも可），④オキシドール（3％過酸化水素水），⑤水，⑥ペットボトル2本

実験および実験結果：①ペットボトルにビタミンC入りの清涼飲料水を少量入れておきます。ビタミンC入りのお菓子を水に溶かしてもオーケーです。
②このペットボトルにヨウ素入りのうがい薬を少し加えます。
③別のペットボトルに小麦粉をスプーン1杯入れ，スプーン1～2杯の水を加え溶かします。小麦粉が溶けたら，②のボトルに静かに入れます。
④オキシドールと水を静かに少々加え，そのまましばらく待ちます。
⑤突然，ペットボトル内の液の色が墨汁のように黒くなります。

解説：でんぷん溶液とヨウ素溶液を反応させると，**ヨウ素でんぷん反応**を起こして紫色に呈色することはよく知られています。しかし，そこに酸化防止剤のアスコルビン酸（ビタミンC）を加えていくと，酸化剤であるヨウ素は還元されてイオンになり，呈色反応を示さなくなってしまい，元の液体の色に戻ってしまいます。これに過酸化水素水（オキシドール）を加えると，過酸化水素水は酸化力が強いため，ヨウ素まで酸化してしまい，再びヨウ素でんぷん反応が生じるようになり，液が墨汁のようになります。化学反応式は次に示す通りです。

$$2C_6H_8O_6 + I_2 \rightarrow C_6H_6O_6 + 2HI$$
$$2I^- + H_2O_2 \rightarrow I_2 + 2OH^-$$

　この実験では最初何の反応も生じず，現象が止まっているように見えます。しかし実は，その裏側で化学反応は着々と進んでいたというわけです。この実験は，生徒に**反応速度**について興味・関心を持たせることができる実験です。

実験2：一瞬の反応―墨汁が消えた？

準備物：①うがい薬（ヨウ素入り），②小麦粉（片栗粉でも可），③カルキ抜

き（ホームセンターや園芸店でハイポという商品名で売られています），④アスコルビン酸（ビタミンC入りの清涼飲料水やお菓子類），⑤水，⑥ペットボトル，⑦食紅など

実験および実験結果：①ペットボトルに小麦粉をスプーン1杯入れ，スプーン1～2杯の水を加え溶かします。
②このペットボトルにヨウ素入りのうがい薬を少しずつ加えます。ヨウ素デンプン反応によって，濃い紫色というより真っ黒になります。
③ペットボトルが満タンになるように水や色水（いちご色やメロン色など）を入れます。しかし，ヨウ素でんぷん反応が強く，液は墨汁のように真っ黒です。
④ペットボトルにキャップの裏に，両面テープなどでカルキ抜きを1粒貼っておきます。ビタミンC入りのお菓子でもいいです。
⑤生徒たちに，このペットボトルに十分に注目させ，ペットボトルを思い切り一振りします（このとき，キャップの裏のカルキ抜きを液中に落としているわけです）。
⑥生徒から，えー？？という歓声が沸きます。墨汁が消えて，元のいちご色やメロン色の液の色に戻ります。

解説：今度は，前半で紹介した実験と逆の見せ方です。ヨウ素でんぷん反応を先に生じさせておいて，そこに酸化剤のカルキ抜きやビタミンC入りのお菓子を入れ，ヨウ素を還元してしまい，ヨウ素でんぷん反応が生じないようにしたわけです。

　このとき，元の液体が透明なら透明に戻りますが，オレンジ色やメロン色，イチゴ色をしていれば，それぞれその色に戻りますので，色鮮やかな科学実験ショーとしても利用できます。

　なお，市販の緑茶（紙パック，ペットボトル）の成分表示を見て下さい。なんと！ビタミンCが入っています。これは容器内の酸素によってお茶が酸化されるのを防ぐための**酸化防止剤**に使われています。つまり，ビタミンCによって酸素が還元されて消費されるので，作りたての風味が保たれるわけです。

76 色素増感太陽電池を作ろう

物 地

　太陽電池はクリーンな電源として期待されていますが，(1) クリーンルームが完備されていないと製造できない，(2) 高い技術力が必要，(3) 廃棄するときには有害物質が排出される，などの欠点もあります。そこで注目されているのが次世代太陽電池の色素増感太陽電池です。

　また，太陽電池はシリコンから作られますが，シリコンはコンピュータなどのチップとしても利用されています。今後，コンピュータがどんどん増えてくると，コンピュータとの間でシリコンの取り合いになってしまいます。そのときに，シリコンを使わない太陽電池が求められるというわけです。

準備物：①気伝導性ガラス 8 枚（2 cm×2 cm，**大きなサイズを購入しガラス切りで切り分けると安価です**），②二酸化チタン（ペーストの SP－210 や粉末の P25（アナターゼ型 1 g）など），③ポリエチレングリコール，④酢酸，⑤界面活性剤（中性洗剤でいいです），⑤植物色素（紫キャベツ，ブルベリー，緑茶，ハイビスカスなどポリフェノール系），⑥黒鉛（鉛筆の芯 6B，4B など），⑦電気伝導性バインダリークリップ 8 個，⑧非電気伝導性バインダリークリップ 8 個，⑨ヨウ素入りうがい薬，⑩コンロ，⑪フライパン，⑫アルミ箔，⑬小皿，⑭湯，⑮電子メロディー，⑯テスター，⑰乾電池，⑱電卓，⑲ドライバー，⑳LED ランプや蛍光灯

実験および実験結果：① P25 などの二酸化チタン（アナターゼ型）粉末 1 g に，ポリエチレングリコールと酢酸を加えながら，二酸化チタンを溶いていきペーストを作ります。このとき，だまにならないように注意しましょう。②テスターで電気伝導性ガラスの導電面を調べます。テスターが無い場合には，電子メロディーと乾電池を用意し，乾電池の一方を電気伝導性ガラス面に，もう一方を電子メロディーにつなぎ，電子メロディーの他方の導線をガラス面に付けると，導電性のある面の場合は電子メロディーが鳴ります。

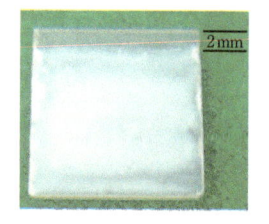

③電気伝導性ガラスを4枚取り出し，導電性のある面に，ガラスの端を2mm程度残してペースト状の二酸化チタンを塗ります。**ペーストが弾かれる場合は中性洗剤を数滴混ぜます。**
④二酸化チタンを電気伝導性ガラスの上に焼き付けます。このとき，コンロやホットプレートの温度は約500度程度とします。
⑤焼き始めは白いですが，徐々にこげて黒くなります。さらに焼き続けると白くなります。

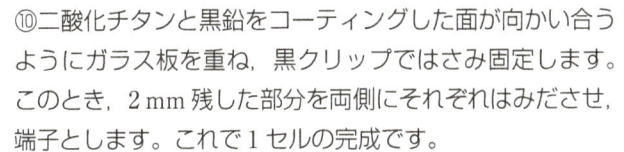

なお，焼いた電気伝導性ガラスは**急に冷やすと割れる**ので，時間をかけて冷やすようにしましょう。また，やけどに注意しましょう。
⑥電気伝導性ガラスを冷やして待っている間に染色液を作りましょう。小皿に80℃程度の湯を入れ，その湯に植物を浸して色素を抽出します。5分程度でも十分に濃い染色液ができます。
⑦この液に二酸化チタンを焼き付けた電気伝導性ガラスを浸して染色します。30分程度で赤紫色に染まります。1時間も染色を続けると十分に濃く染まります。
⑧染色液で二酸化チタン膜を染色している間に，もう1枚の電気伝導性ガラスに鉛筆の芯などで炭素をコーティングします。この場合も，一方の端を約2mm程度残しておきます。 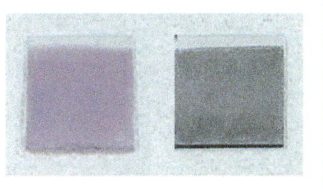
⑨鉛筆で炭素をコーティングした面にヨウ素電解液を2，3滴たらします。
⑩二酸化チタンと黒鉛をコーティングした面が向かい合うようにガラス板を重ね，黒クリップではさみ固定します。このとき，2mm残した部分を両側にそれぞれはみださせ，端子とします。これで1セルの完成です。 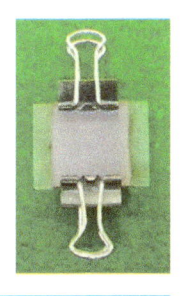
⑪2つのセルを直列接続します。同様にして4セルを直列

につなぎ，1バッテリーとします。
⑫両端のセルの2mm残した部分に銀クリップをはさみ電極とします。
⑬電子メロディーを準備します。電子メロディーを購入すると350円程度ですが，次の2つの方法のいずれかをとると安価となります。

　その1： 100円ショップのメロディーカードから電子メロディーを取りはがす。

　その2： メロディーICが60円程度，電子ブザーが20円程度ですので，それらを下写真のように合体させる。

⑭このバッテリーに電子メロディーをつなぐと電子メロディーが鳴ります。室内の天井の蛍光灯だけでも鳴ります。また，LEDランプでも鳴ります。もちろん太陽光でも鳴ります。

⑮電子メロディーの代わりに電卓をつないでみましょう。明かりを当てると電卓が利用できることが確認できます。

解説： 色素増感太陽電池の発電の原理について説明しましょう。

　マイナス極には，電気伝導性ガラスに二酸化チタンを焼結したものを使います。プラス極には，電気伝導性ガラスに黒鉛か白金をコーティングしたものを使います。この両極の間に電解液を満たします。電解液にはヨウ素/ヨウ化物の混合溶液を使います。

　太陽光からのエネルギーの多くは可視光線の領域です。しかし，二酸化

チタンは紫外線域は吸収するものの，可視光線の領域の光はあまり吸収しません。そこで太陽光をうまく吸収し，発電に活用できるようにするために，増感色素の助けが必要になります。二酸化チタンの表面を多孔質にし表面積を1000倍以上に大きくすることで，その表面に増感色素を十分に吸着させることができます。この色素の部分で，光エネルギーを持った光子が色素を励起し，電子を放出させます。放出された電子は二酸化チタンの伝導帯にすばやく入り込み，二酸化チタンを通って，マイナス電極から回路に流れ出します。電子は外部の負荷を通って，プラス極に流れ込みます。

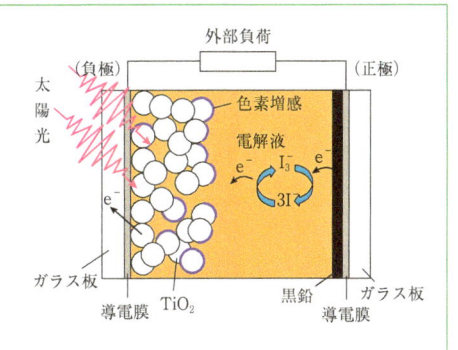

　一方，電子を放出することによって酸化された増感色素は，電解液中のヨウ化物イオンから電子を受け取り，基底状態の色素に戻ります。このときヨウ化物イオンは色素に電子を受け渡しますので，酸化されて三ヨウ化物イオンとなります。そして，三ヨウ化物イオンはプラス極から流れてきた電子を受け取り，再びヨウ化物イオンへと還元されます。この電子の流れを繰り返すことによって，全体として電池の働きをします。

　このことから，色素増感太陽電池ではマイナス極に焼結する二酸化チタンを多孔質な状態にして，少しでも多くの色素を吸着させることが重要となります。

　ところで，研究用に色素増感太陽電池に用いられる色素はルテニウム（Ru）色素などです。Ru色素は広い光吸収帯を持っています。さらに，二酸化チタンに化学的に強く結合するので，電子の移動が効率的です。しかし，**ルテニウムは猛毒なので取扱いに厳重な管理**が必要です。

　そこで，教育用にはアントシアニン系の植物色素を用いることにしました。具体的には，ハイビスカスやムラサキキャベツ，ブルーベリーなどの色素です。これらの色素は濃い紫色です。フェノール性化合物であるアントシアニンは，可視光をよく吸収するとともに，金属とは錯体を形成するため二酸化チタンと強く結び付き，増感色素として適しています。

物 地

77 色素増感太陽電池搭載型模型自動車!

　色素増感太陽電池をもっとパワーアップするにはどうしたらいいでしょうか。色素増感太陽電池を搭載した模型自動車の走行は可能でしょうか。シリコン系の太陽電池なら簡単な実験も，色素増感太陽電池ではまだ高度なテクニックが必要です。

準備物：①電気伝導性ガラス 12 枚（**3 cm×5 cm，大きなサイズを購入しガラス切りで切り分けると安価**），②二酸化チタンペースト（SP-210 など，高性能です），③植物色素（ハイビスカス），④黒鉛（鉛筆の芯 6B，4B など），⑥電気伝導性バインダリークリップ 16 個，⑦非電気伝導性バインダリークリップ 16 個，⑧ヨウ素液，⑨コンロ，⑩アルミ箔，⑪小皿，⑫模型自動車車体（プラスチック段ボール（以降，プラ段と略します）18 cm×8 cm×3 mm 程度），⑬モーター（RF-330 TK），⑭フライパン，⑮UV カットクリーム，⑯車輪（前輪の直径 20 mm 程度，後輪の直径 45 mm 程度），⑰車軸（長さ 83 mm，直径 0.35 mm 程度），⑱ギヤ（直径 33 mm で内側に小ギヤ付）

実験および実験結果：①電気伝導性ガラスの導電面に高性能の二酸化チタンペーストを塗ります。二酸化チタンは 6 枚塗って下さい。

②コンロなど（500℃程度）を利用して，ペースト状の二酸化チタンを電気伝導性ガラスの上に焼き付けます。なお，焼いた電気伝導性ガラスは急に冷やすと割れるので，時間をかけて冷やして下さい。また，やけどに注意して下さい。

③小皿に 80℃程度の湯を入れ，その湯にハイビスカスなどを浸して色素を抽出します。この液に二酸化チタンを焼き付けた電気伝導性ガラスを浸して染色します。時間が十分に無いときでも 30 分ぐらいは染色しましょう。赤紫色に染まれば染色完了です。可能な場合は 1 時間以上染色しましょう。

④対極にするもう 1 枚の**電気伝導性ガラス**には**鉛筆の芯**などで**炭素**をコーティングします。6 枚作ります。

⑤炭素を塗布した側の電気伝導性ガラスに，ヨウ素電解液を少量たらします。途中で電解液が乾かないように少し多目にします。

⑥二酸化チタンと黒鉛をコーティングした面が向かい合うようにガラス板同士を重ね，非電気伝導性クリップ2個で**強く圧着するように**はさんで固定します。このとき2枚のガラスを少しずらして，導線をつなぐ部分を端子として残しておきます。さらにこのとき，模型自動車の上に搭載するセルの重さもできるだけ軽くするため，**クリップから取っ手をはずします**。取っ手の部分を，ピンセットを使うときのようにせばめるとクリップから取っ手が外れます。取っ手をクリップに付け直すときは，逆の操作で取っ手をクリップに戻せます。

⑦炭素を塗った側が＋極，色素で染めた側が－極となります。－極側の面から光を当てると光エネルギーが電気エネルギーに変換されます。

⑧合計6セルの色素増感太陽電池を使います。2セルを直列につないだものを3並列に接続します。3並列にしたものをセロハンテープで1巻にし，6セルを1システムにします。

これで色素増感太陽電池搭載型模型自動車用の色素増感太陽電池の1システムが完成です。

⑨次に，模型自動車の車体を作ります。プラ段を右写真のサイズに切ります。プラ段の場合，車軸をプラ段の穴を活用することができ便利です。

⑩さらに，少しでも車体を軽量化するために車体の中央部をくりぬきます。

なお，雨や曇りのときに実験をする場合，自動車を走らせるのにハロゲンランプを用います。その場合，プラ段が熱で柔らかくなり，車体の下部を地面で擦り摩擦によ

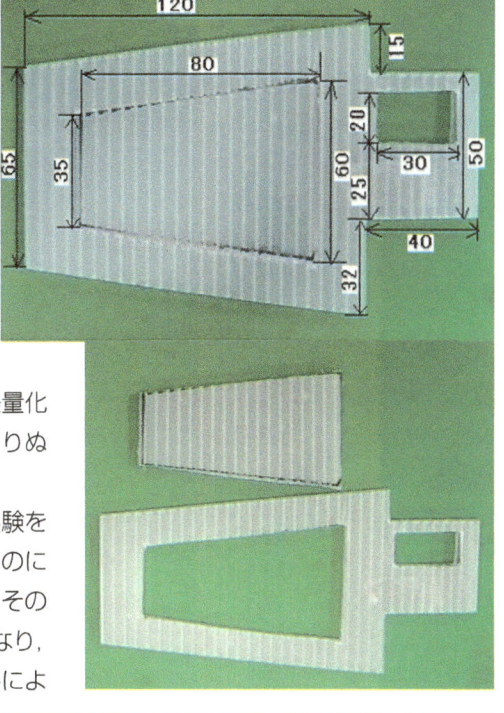

り停止することがあります。そこで，車体の下部を擦らないように，**中央部分を台車に戻して車体の強度を保ちます。**

⑪車輪を取り付ければ，模型自動車も完成です。

⑫6セルで1バッテリーとした色素増感太陽電池を車体に搭載します。このとき，車体からずれたり落ちたりしないように，太陽電池はセロハンテープで固定します。

⑬モーターは自由にその位置が変えられるように，モーターと車体の両方に両面テープを貼り，固定するのにちょうどいい位置を探します。これは次の順序で行います。色素増感太陽電池からの出力をモーターに入力し，モーターが回るかどうかをチェックします。モーターが回転していれば，車輪のギヤとモーターのギヤをつなぎます。車輪が回転すれば，モーターを車体に押し付け，車体にモーターを固定します。

⑭回転している車輪を走路板の上に静かに降ろします。**このとき，ドスンと落とすとエンストする確率が高くなるので静かにゆっくりと降ろして下さい。**

⑮太陽光のもとで走行させる場合は，紫外線のために光触媒効果が生じて，染色した色素も分解され，やがて，紫色のセルも白くなってしまいます。そこで，それを避けるため，UV カットクリームをガラスの表面に塗ります。

⑯もしも，うまく走行しない場合は，色素増感太陽電池を車体から降ろして，太陽電池からの導線をプラス，マイナスとも 80 cm ずつ程度の長さのものを用いて，車体だけにして走らせてみて下さい。

　p. 239 に 3D プリンターを利用して作った模型自動車を紹介しています。

解説：これからの色素増感太陽電池の発展を考えてみましょう。

　そのためにまず，電気伝導膜の例について紹介します。液晶テレビなどにも使われ，もっとも活躍しているものが，ITO 膜（Indium Tin Oxide；**スズドープ酸化インジウム**）です。電気伝導性，光透過率（90％）に優れますが，熱に弱く色素増感太陽電池には向きません。それに対して，FTO 膜（Fluorine

-doped tin oxide；**フッ素ドープ酸化スズ**）は，耐熱性，対薬性に優れますが，ITO に比べ伝導性，透過性が弱いのが弱点です。しかし，二酸化チタンを焼結させ色素で増感する方法の場合は，FTO 膜のものの方が効率がよくなります。

ところが最近では，ナノテクノロジーを利用した焼き付けをしなくてもよい二酸化チタンペーストが出てきました。この場合は ITO 膜付きの電気伝導性ガラスの活用だけでなく，電気伝導性フィルムや電気伝導性プラスチックの活用が考えられます。

電気伝導性 ITO フィルムに，SP210 などの二酸化チタンのナノテクペーストを塗り，ホットプレートなどを利用して約 150℃の温度で約 10 分間かけて高温乾燥をさせます。焼結まで行っていないので，二酸化チタンはフィルムから簡単にはがれます。ですので，染色液に浸して染色するのではなく，二酸化チタンを付けたフィルムに染色液を滴下するように付け，染色します。

ガラスのときと同様に，4 セル直列に接続し，LED ライトで照射すれば，電子メロディーが長時間鳴り続けるものは作れます。

ITO フィルムの場合は自由な形に切ることができます。色々な形にデザインしてみましょう。

しかし，この材料ではモーターを力強く回すところまでが難しく，まだ色素増感太陽電池を利用した模型自動車の開発までは行っていません。それでも，電子メロディーが長時間にわたって鳴るということは，利用すべき物品を考えれば，十分にシリコン系の太陽電池の代替としての利用の可能性も見えてきたということでもあります。

化
78 スライムを作る実験

　スライムは，理科実験のイベントでいつも大人気です。ぷよぷよとした不思議な感触が子供たちのハートをとらえて離さないのでしょう。しかし授業でする場合は要注意！！です。スライムの材料のホウ砂には**毒性**があります。ホウ砂は，小さい子供の場合，5～10ｇ程度で，激しく吐いたり，下痢を起こしたり，ショックなどを起こして死ぬこともあるぐらい危ないものです。絶対に口に入れないよう指導して下さい。スライムを直接手で触った場合はすぐに手洗いをするように注意して下さい。

準備物：①合成せんたくのり（PVAまたはポリビニルアルコールと書かれたもの），②ホウ砂（薬局で購入できます），③透明なプラスチックカップ2個，④割り箸，⑤ポリ袋，⑥食紅や絵の具，⑦水

実験および実験結果：①コップの1つに水を底から約1/3程度入れ，食紅や絵の具をほんの少し溶かして色水を作ります。もちろん，透明なままでもオーケーです。
②この色水に，色水と同じくらいの量のせんたくのりを入れ，割り箸でよくかき混ぜます。
③もう1つのコップに水を50ｍL程度（1/4程度）を入れ，これに小さじ1杯（3ｇ）のホウ砂を入れ，割り箸でよくかき混ぜます。
④せんたくのりと水を混ぜた液に，ホウ砂を溶かした上澄み液を少しずつ加えてかき混ぜます。
⑤液体全体が固まり始めたら，スライムのできあがりです。

　食紅の場合，3色がしっかりと混ざりました。しかし，絵の具の場合は3色を完全に混ぜるのは難しいので，色水の段階で混ぜておく必要があります。
⑥できあがったスライムをポリ袋に移して，ポリ袋の外側からスライムを触って，不思議な感触を楽しんでみましょう。
⑦透明なスライムに，**紫外線を当てると蛍光を発するドリンク**を入れ，紫外線を当ててみると蛍光を発するスライムができます。さらに楽しい実験になります。

絵の具　　　　　　食紅　　　　　　絵の具　　　食紅

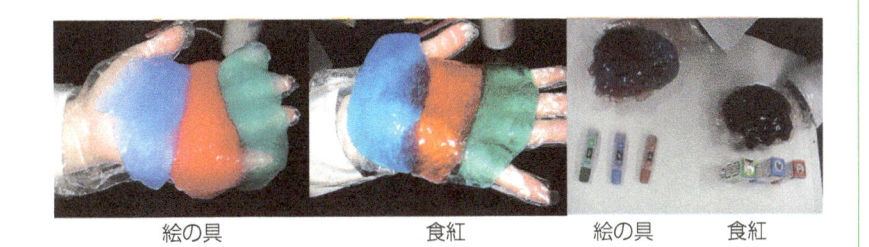

解説：PVA はポリビニルアルコールという**ポリマー**の略で，長い炭素鎖に**ヒドロキシ基**がたくさんつながった構造をしています。

$$\text{-CH(OH)-CH}_2\text{-CH(OH)-CH}_2\text{-CH(OH)-CH}_2\text{-CH(OH)-CH}_2\text{-CH(OH)-CH}_2\text{-CH(OH)-CH}_2\text{-CH(OH)-CH}_2\text{-CH(OH)-}$$

ホウ砂は，メタホウ酸ナトリウム（$Na_2B_4O_7 \cdot 10H_2O$）です。ホウ酸イオン $B(OH)_4^-$ と PVA は次式のように B-OH と R-OH とで**エステル結合**をします。

$$\begin{array}{c} \text{PVA} \\ \text{CH-OH} \\ \text{H}_2\text{C} \\ \text{CH-OH} \end{array} + \begin{array}{c} \text{HO} \quad \text{OH} \\ \text{B}^- \\ \text{HO} \quad \text{OH} \end{array} + \begin{array}{c} \text{HO-CH} \\ \text{CH}_2 \\ \text{HO-CH} \end{array} \longrightarrow \begin{array}{c} \text{PVA} \\ \text{CH-O} \quad \text{O-CH} \\ \text{H}_2\text{C} \quad\quad \text{B}^- \quad\quad \text{CH}_2 \\ \text{CH-O} \quad \text{O-CH} \end{array}$$

これらが次々と架橋し**網目構造**が形成されるため，柔らかくどろどろだったPVA が少しだけ固いスライムになります。さらに，この網目の中に高分子吸収剤のように大量の水を取り込まれるので，ひんやりとしたぷよぷよ感が生まれます。しかし，酢などの酸を加えるとエステル結合が切れて B-OH と R-OH に戻ってしまいます。

化 地

79 ダイラタンシー実験

忍者の水の上を走る術がよく紹介されますが，まさにそのような雰囲気を醸し出すような不思議実験です。ゆっくりと握るとだらりと垂れてきますが，急に指を突き立ててみると，カチンコチンの感覚で帰ってきます。コンクリートの作業をするときに使う大きなバットを準備して忍者実験を体感するのもいいでしょう。文化祭では大ウケ間違いなしです。

準備物：①片栗粉かコンスターチ，②水，③ボール
実験および実験結果：①ボールに片栗粉を入れ，水でゆっくりと溶きます。
②溶き終わった水溶液を手に取って持ち上げると，とろーりと溶けています。
③これを強く握ってみると，最初は固くなり，みるみるうちに形をなくして，とろーりとします。つまり，液面を叩いたりパンチをするような急激な変化がある場合はカチンコチンに固い状態になりますが，ユルユルにすると柔らかい状態になります。

解説：ダイラタンシー流体は粒子が小さいため，力を加えて粒子を密集させると粒子同士の隙間が小さくなり，全体として強度が増します。その結果，固体のように固くなります。しかし，締め付ける力を緩めると，再び粒子同士の隙間が広がり元の液体状に戻ります。特定の砂浜などにも見られます。

化 生

80 オレンジオイルのパワーの素リモネン

　オレンジやグレープフルーツなどの柑橘系果物の表皮のプツプツした細胞の中には**リモネン**が含まれています。オレンジオイルの主成分です。リモネンは**油よごれ**をよく落とすので台所などで利用されたり，**発砲スチロール**を溶かすので発砲スチロールの回収に利用されています。**ゴミ問題解決**に役立っています。

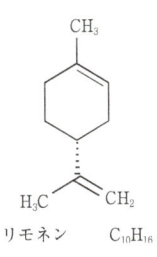

リモネン　$C_{10}H_{16}$

準備物：①油性インキペン，②オレンジやレモン，みかん，グレープフルーツの皮，④風船，⑤綿棒，⑥油性マジックペン，⑦ライターなど，⑧発砲スチロール

実験および実験結果：①オレンジなどの皮を折り曲げて皮の汁をライターの炎に向けて飛ばすと**パチパチ**と火花が散ります。リモネンが燃えたからです。②油性のマジックペンで少し落書きをしてみましょう。これにオレンジの皮の汁を付けてしばらく置いておきます。その後，そっと拭き取ってみましょう。なんと，マジックペンで書いた落書きが消えます。油よごれが取れたわけです。③風船をふくらませて，その風船にオレンジの皮からの汁を飛ばして付けてみましょう。オレンジオイルが風船のゴムを溶かすため，数秒後に**パン！**と割れます。
④オレンジの皮の汁をたっぷりと発泡スチロールにかけてみましょう。**ピチピチッ**と音を立てて溶けていきます。
⑤オレンジの皮の汁をたっぷりと手の平に付け，平らな発泡スチロールに軽く押し当ててみましょう。手形が取れます！
⑥スタンプを作ってみましょう。リモネンを綿棒に付けて，発泡スチロール板に絵を描きます。リモネンを洗い落とし乾かせば完成です。
⑦スタンプを大型にすれば看板にもなります。

解説：リモネンの名前の由来はレモンから来ています。分子式は $C_{10}H_{16}$ です。スチレンや風船のような天然ゴム（ポリイソプレン：$[(C_5H_8)_n]$）はリモネンと分子構造はよく似ているため，混ざると自然に溶け合います。

物 化

81 水の表面張力＋セッケン水の性質

　コップの縁のぎりぎりまで水を入れても，コップの中央が盛り上がるだけで，なかなかこぼれてきません。これは**水の表面張力**のためです。水は毎日見慣れているものだけに，日々目にしたことのない不思議な現象を見せると強い関心を示してくれます。大人でもアメンボはどうして浮いているの？と不思議に思うものです。

実験１：水の表面張力で浮く実験
準備物：①洗面器やボール，②水，③洗剤，④ゼムクリップや１円玉
実験および実験結果：①洗面器に水を張り，水面にゼムクリップや１円玉をそっと置いてみましょう。
②ゼムクリップも１円玉も水面に浮かべることができます。少しテクニックが必要ですので何度か練習をしてみましょう。
③浮かせることができたら，中性洗剤や石けん液を静かに数滴入れてみましょう。ゼムクリップも１円玉も沈みます。
解説：ゼムクリップや１円玉は水の表面張力によって浮きます。水は極性分子で水素結合が働くため，水分子同士は引き合います。しかし，表面の一番外側に位置する分子は引き付ける相手が外側にいないので，安定するためには水の内部に潜り込むことになります。結果，表面の水分子は小さくまとまろうと引き合い，水面にゆがみを形成します。このような表面張力によって，１円玉は水の中に沈まなかったのです。
　しかし，**界面活性剤**を含む洗剤を加えると，長い鎖状の石けん分子が，**親水基**を水の方に**疎水基**を空気の方に向けて水の表面に並びます。このため表面で水素結合により引き合っていた水分子は分断されて，表面張力が弱くなり沈んでしまいます。

実験２：水の表面張力で移動する実験
準備物：①洗面器やボール，②水，③洗剤，④アルミ箔１cm×３cm
実験および実験結果：①アルミ箔を１cm×３cmに切り，船に見立てます。

②アルミ箔船の後部に中性洗剤を少しだけ付けてから，水に浮かべてみましょう。スイスイと水の上を進んで行きます。

1回実験を終えると，中性洗剤が水面の表面全体に均一に広がるので，もう船は進みません。次に行うときは水を取り替えて下さい。

③中性洗剤の代わりにバターやマヨネーズを付けてみましょう。バター船，マーガリン船，マヨネーズ船，ワイン船。すべて水の上を進みます。

④アルミ箔を3枚羽根の形に切ったり，かとり線香のようにぐるぐると巻いた形に切ったりしてみましょう。3枚羽根では3枚の羽の同じ側にバターを少しずつ塗ります。かとり線香型では，開いたその一番先にバターを少し塗ります。どちらもコマのようにくるくると回ります。

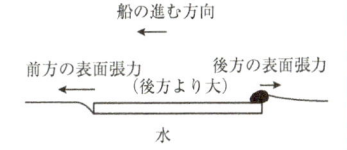

解説： 船の後部に中性洗剤を付けると，船の後ろ側の表面張力が弱くなり，水を引き付ける力が弱まります。しかし前方では，水の表面張力の大きさは変わらないので，船を前に引く力が勝って，船は前に進むことになります。バターやマーガリン，マヨネーズなどでも原理は同じで，前に引くより後ろに引く表面張力が小さいため，船は前に進みます。

実験3：界面活性剤の実験

準備物： ①ペットボトル，②水，③油，④界面活性剤（いわゆる洗剤）

実験および実験結果： ①ビーカーに水と油を入れてかき混ぜてみましょう。しばらくすると分離します。水と油のこの境目を**界面**といいます。

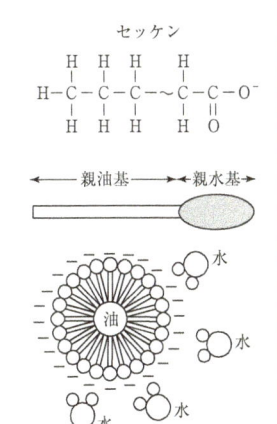

②これに界面活性剤を入れて振ると，うまく混ざり真っ白い牛乳状態になります。これを**乳化**といいます。これは油汚れを石けんで落としたことに相当します。右図は油を界面活性剤が取り囲んで乳化したときのイメージです。

解説： 界面活性剤には，**浸透作用，乳化作用，分散作用**という3つの作用があり，それらが総合的に働いて衣類や食器などの汚れを落とします。

化 生
82 人工イクラを作る実験

　この実験も生徒に大変ウケます。スライムと同じようにぷよぷよ感がいいのでしょうか。アルギン酸ナトリウム液を1滴ずつたらすと，半透明の小さな球のようなものが次々と生まれてきます。まるで生物の細胞が誕生するかのようにです。そのため，生物の細胞の授業の導入などにも使われることがあります。食紅などでうまく色合わせすると，本物のイクラのようなぷよぷよしたものができます。

準備物：①アルギン酸ナトリウム，②塩化カルシウム，③食紅，④プラカップ

実験および実験結果：①プラカップに100 mLの水を取り，ガラス棒で混ぜながら，小さじ1～2杯（1 g程度）のアルギン酸ナトリウムを少しずつ加えて溶かします。少しずつがポイントです！　全部溶けるまでに10分位かかります。次第にとろり感が出てきます。

②もう1つのプラカップに，約20 gの塩化カルシウムを溶かします。だいたい10％程度の濃度の液を作ります。濃い方がいいです。

③アルギン酸ナトリウム液をぽたぽたと塩化カルシウムの液に落とすと，半透明な球状のものができます。

④別のプラカップにガーゼをかけて輪ゴムで留め，③で作った透明イクラをこして，しっかり水で洗います。

⑤人工イクラ液を食紅で染めてイクラの色にすると，人工イクラの完成です。

解説：アルギン酸ナトリウム（$NaC_6H_7O_6$）は，塩化カルシウム水溶液（$CaCl_2$）のカルシウムイオンと反応すると，水に溶けにくくなり，表面だけが固化し半透膜ができます。半透膜はイオンのような小さな粒子は通しますが，デンプンのような大きな分子は通しません。そのため，膜の内側に液体を抱いた粒状のカプセルができるわけです。

　アルギン酸ナトリウムは昆布などの海藻から採取されます。また，塩化カルシウムは豆腐の凝固に使う**にがり**にも含まれていますので，安全性は比較的高いと食品添加物です。このような製法で作られた人工イクラが市販されていたりします。しかし，実験室で作った人工イクラは食べないようにして下さい。

化 83 プラコップで素敵なアクセサリー作り

　ゴミのリサイクル問題を考える実験は大切です。ゴミと思っていた使用済プラコップが，素敵な実験器に変身したらどうでしょう。オリジナルのアクセサリーやボタンが作れます。授業でウケること間違いなしです。

　プラコップや**プラ板**を利用したコースター作りはよく知られています。プラコップの底面や側面にマジックインキで絵を描いてから，トースターの中に入れて約1分半ほど熱を加えます。このとき，トースターの網の上には**アルミ箔を4枚重ね**にして敷いておきましょう。熱が加わると，プラコップはみるみる縮んで円盤形になります。これをトースターの外に取り出して，熱いうちにアルミ箔などにはさんで平らにします。このとき，**トースターに入らないほど背の高いプラコップの場合は，始めに底の方をトースターの中で少し熱で縮ませてから**，トースターの網の上に置くとうまくいくこともよく知られています。

準備物：①プラッコプ，②トースター，③マジックインキ（いろいろな色），④はさみ，⑤くぎ，⑥アルミ箔，⑦首かざり用の糸

実験および実験結果：①**ドーナツ型アクセサリー**を作ってみましょう。

　背の高いプラコップの場合，従来からされている方法でなく，トースターの中に入るように上部分と下部分の2つに切り分けます。

　上の部分からはドーナツ型のものができます。下の部分からは少し小さめの円盤形のものができます。ドーナツ型アクセサリーに素敵な糸を通して首かざりにしてみましょう。お友達と交換してもいいですね。

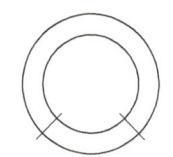

②**三日月型アクセサリー**を作ってみましょう。ドーナツ型のものを4分の1に切ります。さてこの1/4のものは，熱を加える前は側面の部分として台形のような形をしていました。ということは，側面を台形のように切り取れば，ドーナツ型の1/4と同じような形のものができるわけです。では，四隅の角を丸く切り取ったものに熱を加えたらどうなるでしょうか。ええっ？？そうです！　三日月型アクセサリーの誕生です。

ドーナツ型

イヤリングなどにしてみましょう。

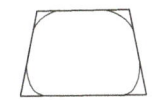

四隅を切り取ってみよう　　三日月型アクセサリーの完成

③**オリジナル・ボタン**を作ってみましょう。プラコップの底だけを利用すれば，もっと小さい円盤形のものができます。大きさに関しては，自分の好きな大きさのものができるまで何度か試して下さい。

　さて，ボタン穴はどうやって開けるとうまくいくでしょうか。電気ドリルで穴を開けるのは，子供たちに怪我の心配があるのと，技術面の問題として穴を開けるときにせっかく作ったボタンが割れないとも限りません。それではどうすればいいのでしょうか。実は，熱を加える前にボタンの穴の位置を決めて，そこに釘をさしておくとうまくいきます。

　ボタンの形を工夫すると**花ボタン**もできます。

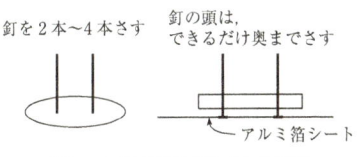

釘を2本～4本さす　　釘の頭は，できるだけ奥までさす　　　　花ボタンもできる
　　　　　　　　　　　　　　　アルミ箔シート
プラコップの底板に釘をさした状態　　　完成したオリジナル・ボタン

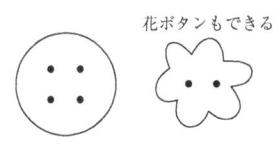

④**ネームカード**や**名刺**にもなるよ！
　プラコップの底や全体を利用して，自己紹介のネームカードや名刺も作ってみましょう。

解説：プラコップの製造上の特徴！
　100円ショップなどのプラコップは，スチロール（PS；6）あるいはペット（PET；1）でできていて，材料が高温で液体状に溶けている間に成形されます。このとき，プラコップの底は製造時も熱によってあまり変形しませんが，横の面はかなり引き伸ばされます。そのため，プラコップの底はトースターで熱を加えてもあまり変形しませんが，側面はみるみる縮みます。ですので，側面に描いたイラストがどのように変形するかを見ながら，三日月型アクセサリーなどを作って楽しむことができます。

84 高分子吸収剤

紙おむつなど吸収体に利用されている高分子吸収剤を用いた実験をしてみましょう。

現在，主に用いられているのは**ポリアクリル酸ナトリウム**です。

$$\left(\begin{array}{cc} H & H \\ | & | \\ -C-C- \\ | & | \\ H & COONa \end{array}\right)_n$$

高分子吸収剤は，**高吸水性ポリマー**（Superabsorbent Polymer：以下SAP）と呼ばれるものです。高吸水性ポリマーは架橋構造を持つ親水性のポリマーで，自重の数百倍以上の吸水力があります。高吸水性ポリマーに外部から圧力をかけても，内部の水を離しにくい性質を持っています。

しかし，ナトリウムやカリウムなどの陽イオンが存在すると吸収力が著しく低下するため，尿や血液などの体液の吸収に使用する場合には吸収力は低くなってしまいます。

ポリアクリル酸ナトリウムの官能基は，$-COONa$です。ここに水を吸収させると，$-COO^-$とNa^+に電離します。**高吸水性ポリマーは細かな立体的な網目状の構造を持っており，吸収された水はその網目状の構造の中に閉じ込められます。**閉じ込められると，この電離が生じてイオン濃度が増大していきます。しかし，イオン濃度は大きくなるとそれ以上に濃度が大きくならないように水を取り込み，**浸透圧**が生じます。

ポリアクリル酸ナトリウムを顆粒状にしたものが紙おむつや芳香剤などに多く使用されています。園芸や観葉植物に対しては，着色されたものや肥料が添加されたものなどが市販されています。

準備物：①高分子吸収剤（紙おむつなどから取り出す），②紙コップ，③透明プラコップ，④両面テープ，⑤水，⑥食塩

工作：①高分子吸収剤がこぼれ落ちないように，紙おむつを切り開きます。
②紙おむつの部分に両面テープを貼り，紙コップの裏に貼り付けます。

実験：①紙コップのなかに水を入れ，そっと逆さにします。
「あーら，不思議！　水がこぼれてきません」

②①で不思議感を十分味わってから，紙コップに食塩を入れます。このとき，食塩を見せないように入れてもマジックのようでいいです。水が出てきたら，透明コップに水を移動させますが，そのときに「あーら，不思議！　消えていた水がまた出てきました」といいながら行うと，いっそうマジックぽく見せることができます。ただし，マジックを行うことに夢中になって，学習内容の定着を図ることがおろそかにならないように注意しましょう。

安全のために目にはいらないように注意しましょう。

生

85 維管束の観察

　種子植物は葉と根と茎を持ちます。葉で光合成したでんぷんなどの栄養を体全体の成長に使います。このとき，栄養分を運ぶのが**師管**です。一方，根から吸い上げた水分は**導管**を通して運ばれます。この師管と導管が**環状**に並んだ真正中心柱を構成するのが**双子葉植物**です。**単子葉植物**では維管束は**散在**し，不斉中心柱を構成します。

　茎の維管束の観察にはトウモロコシやホウセンカがよく用いられます。これらが手に入らないときは，手軽に入手できる市販の野菜を使って維管束の観察を行うことができます。単子葉植物であるグリーンアスパラや双子葉植物であるセロリを使うと手軽に維管束の観察が可能です。この他にブロッコリーやカリフラワーでも観察ができます。

準備物：①アスパラガス（アスパラ）など単子葉植物，②双子葉類，③食紅（または赤インク），④カッターナイフ（または果物ナイフ），⑤ペットボトル

実験および実験結果：①ペットボトルに約100 mLの水を入れ，食紅を耳かき1杯程度混ぜ，色水を作ります。
②単子葉類植物の茎と双子葉植物の茎を，色水を入れたペットボトルに刺し，20分程度，そのままの状態で置いておきます。
③茎をカッターナイフで輪切りにし，維管束を観察します。顕微鏡の低倍率やルーペで観察を行うと道管のつくりが確認できます。

単子葉植物（アスパラガス）
（散在した不斉中心柱）

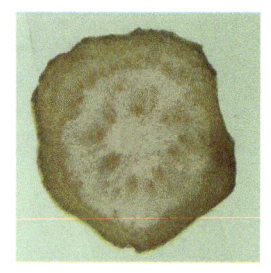

双子葉植物（ホウセンカ）
（環状に並んだ真正中心柱）

86 スンプ法で気孔をみよう

　顕微鏡で試料を観察をするには，光が試料を通る必要があります。そのため，試料を薄くスライスしてプレパラートを作ります。しかし，これには熟達が必要です。そこで誰でもが簡単に試料の表面の状態を見ることができる方法として発明されたのが**スンプ法**（**鈴木式万能顕微印画法**，Suzuki's Universal Micro Printing=SUMP）です。

準備物：①試料（植物，髪の毛，肌），②マニキュアまたはセメダインなどの透明接着剤，③セロハンテープ，④ルーペ

実験および実験結果：①スンプ法でプレパラートを作ってみましょう。
②観察したい試料の表面に透明接着剤を薄く塗ります。
③乾いたら，接着剤の上にセロハンテープを貼り，ていねいにはがします。接着剤の表面に試料の模様が写しとられます。
④これをルーペで観察します。色は付かないのですが，以上の方法で細かいところまでよく観察できます。

単子葉類植物の葉はササやイネのように**平行脈**となっています（写真左：ムラサキツユクサの葉）。写真右は葉の裏側の気孔（×150）。

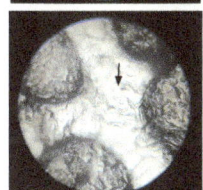

双子葉類植物の場合は**網状脈**となっています（写真左：ハイビスカスの葉）。写真右は葉の裏側の気孔（×150）。

皮膚（×150）

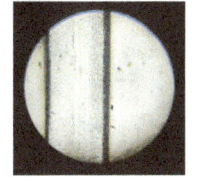

髪の毛（×150）

生 87　ブリザーブドフラワーを作る実験

　昔から，花を保存するのにドライフラワーにしたりしますが，花の色が無くなってしまい，少し寂しいものがありました。しかし，ブリザーブドフラワーだといつまでもみずみずしいままの花を飾ることができます。

準備物：①バラなどの生花，②エタノール，③グリセリン，④大きなグラス，⑤食紅，⑥アルミ箔，⑦目玉クリップ，⑧割り箸，⑨糸

実験および実験結果：①花のガクと茎の境界あたりに糸を付け，糸の他端を目玉クリップに取り付けます。

②エタノールを大きなビンに入れ，花全体をエタノールに浸します。このとき目玉クリップは花を液内に沈めるためのおもりになります。エタノールには，花から**水分を抜く，脱色する**，ことの2つの効果があります。

③天然の花の色のままの保存したいときは，あまり脱色しないように，エタノールに浸すのを半日程度にします。逆にカラフルに色付けした場合は，十分に脱色するために，まる1日以上エタノールに浸しておきます。

花の脱色の様子

④エタノールの蒸気がもれないようにビンにはふたをしましょう。また，ふたを開けるときには，部屋の換気を十分にして下さい。なお，ここで使ったエタノールは，最後にもう一度使うので残しておいて下さい。

⑤天然色として保存するときには**グリセリン**だけにし，カラフルな花を作りたい場合はグリセリンにいろいろな色の食紅を混ぜて花を染色します。

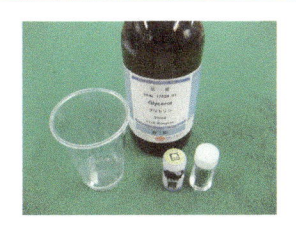

⑥まる2日以上グリセリンに浸して下さい。染色する場合もこれでキレイな色に染まります。天然色にする場合もその程度に浸して下さい。花を取り出すときは壊れやすいので大切に扱うようにしましょう。

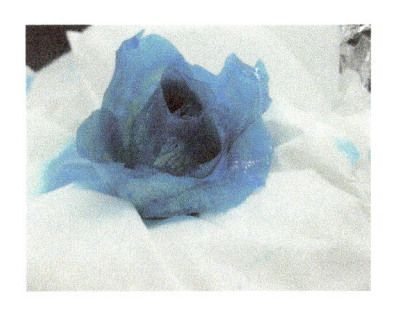

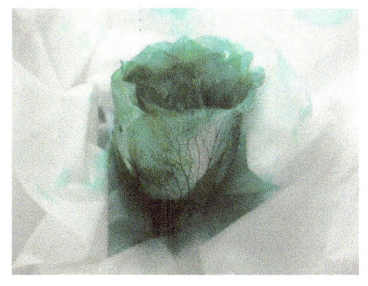

⑦クリップを割り箸にはさんで花を吊し，数分程度，液を切ります。
⑧このまま，元のエタノールの液に浸し，数分程度すすぎます。
⑨花の形を整えて乾燥させます。これで生花のようなプリザーブドフラワーの完成です。

解説：エタノール（C_2H_6O）は小学校の緑葉の光合成実験の際に葉緑体を脱色するのに利用されています。また，グリセリン（$C_3H_5(OH)_3$）は3価のアルコールで水に非常に溶けやすく，強い吸湿力を持つため，化粧品や軟膏などの**保湿成分**としても配合されています。天然グリセリンはヤシ油やパーム油などを原料とします。その他，水彩絵具や利尿薬，浣腸液，目薬などに利用されています。

生

88 イワシの解剖

　解剖は本来は出血を伴うもので，このことによって命の尊さを学ぶことが大切です。しかし，学習者の中には血を見ることで理科や生物学が嫌いになることも実際にありますので，**適切な年齢になるまでは出血の伴わない教材の利用も考える必要があります。**

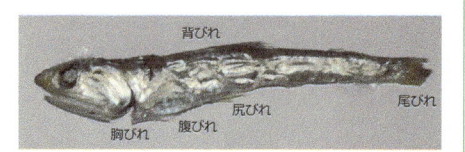

　最近では，**食育**と連携した実験教材が選ばれるようになり，煮干し（カタクチイワシ）を用いての学習が広まっています。煮干しが嫌いだった学習者が，授業後に煮干しを食べるようになることも多々あります。

準備物：①煮干し，②ピンセット2本（100円ショップ），③のりなどの接着剤，④白い紙（A4程度），⑤CDケース

実験：①最初にA4大の白い紙を敷き，この上で解剖を行います。こぼれ落ちたものも捨てないで残しておきます。次の②～④をCDケースサイズに切った白い紙（以降，台紙といいます）の上にのりで貼りましょう。

②頭と胴を分け，頭頂の平らな部分に爪を入れ，ここから頭を左右に分けます。

③続いて，**さいは**と**えら**と**心臓**を取り出します。

④胴体を背すじの方から，2つに割るように分け，内臓を取り出し，割った胴体から背骨を外します。

⑤すべてのパーツを台紙に貼ったのち，各パーツの名前を書き，CDケースに収めます。これで完成です。

解説：煮干しもヒトと同じように生きていたということを実感させ，生き物を大切にする心を育てましょう。胃袋に入っているものを水で浮遊させて顕微鏡で観察してみましょう。プランクトンなどが見られます。

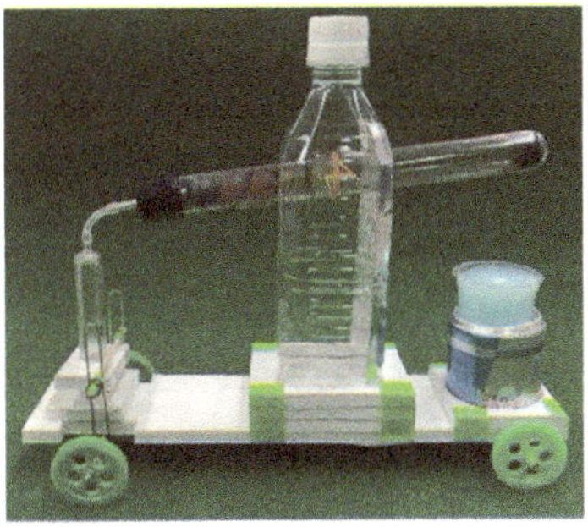

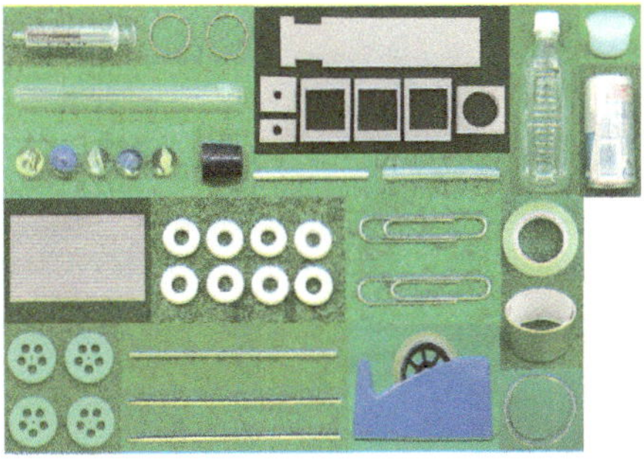

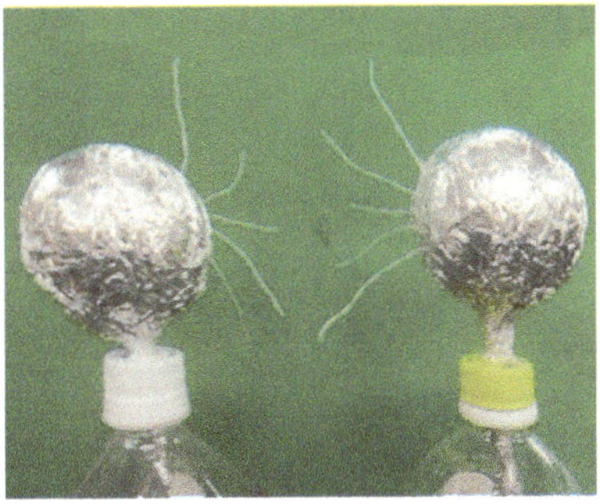

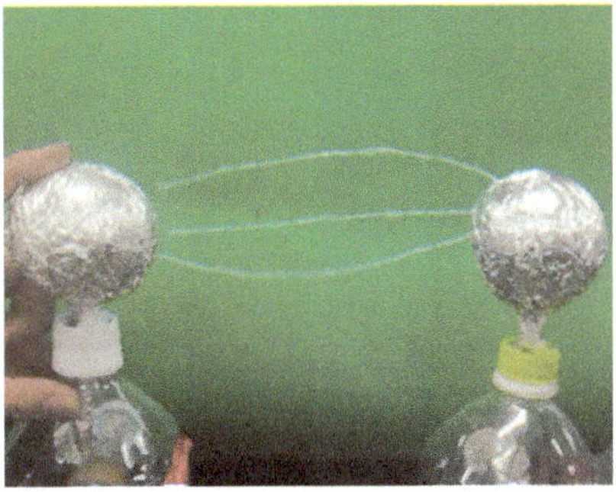

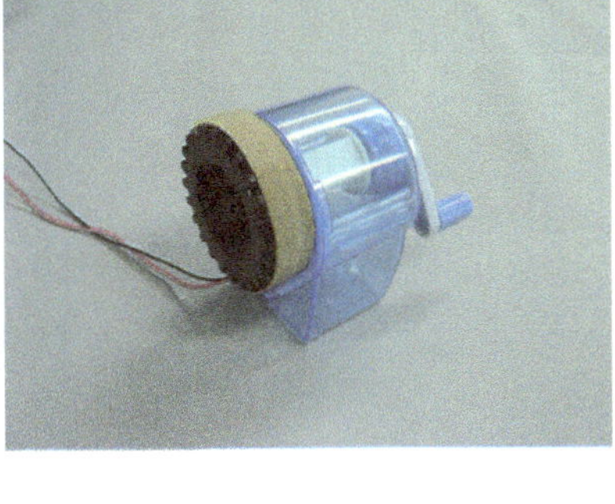

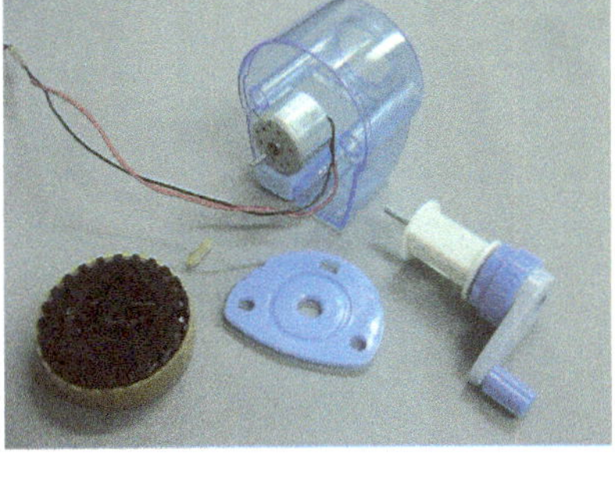

生

89 手羽先の観察

　ヒトを含めたセキツイ動物の運動は，骨格同士を連結している筋肉の収縮によって行われます。骨格に筋肉が付着した状態の材料を用意して，これを解剖し，筋肉や骨の動きを実際に観察しましょう。

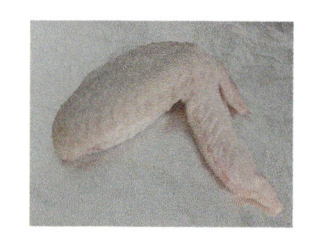

準備物：①ニワトリの手羽先，②アルミホイル，③ピンセット，④カッターナイフ，⑤よく切れるはさみ，⑥CDかDVDのケース（7 mm幅），⑦セロハンテープ

実験および実験結果：①アルミホイルを25 cm四方に切り，この上に手羽先を乗せて外観を観察します。
②手羽先の皮を切りはがします。
③皮をはいだ状態でも外観をよく観察しましょう。
④骨の両サイドの筋繊維の束を確認します。
⑤下写真のように骨のつけ根を持って，上側の筋繊維の束をピンセットで引っ張り，関節がこれに応じて動くのを観察します。

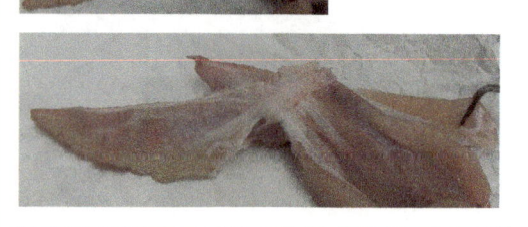

⑥骨のつけ根を持って，下側の筋繊維の束をピンセットで引っ張り，関節がこれに応じて動くのを観察します

⑦腱を観察します。関節部の余計な皮や組織を除去すると見やすいです。さらに，腱を両側から引っ張ってみて，腱の強度を確認します。

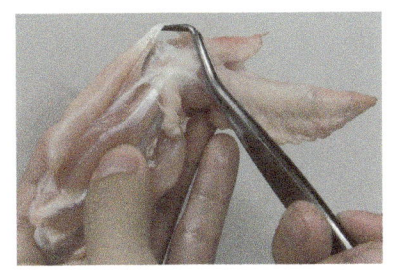

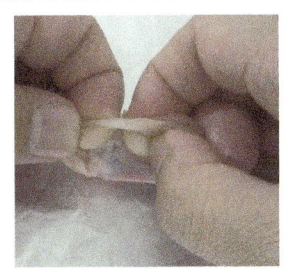

⑧骨格標本を作りましょう。解剖した手羽先を1時間程度ほど煮ます。
⑨骨に付いている肉などを，ピンセットや割り箸でできる限り取り除きます。
⑩骨を厚紙やアルミホイルにセロハンテープなどで貼って保管します。あるいは，骨をカッターなどで半分に切り，CDやDVDのケースにセロハンテープで貼って保管しましょう。骨を半分に切ると2人分の標本になります。また，骨の内側を観察することもできます。

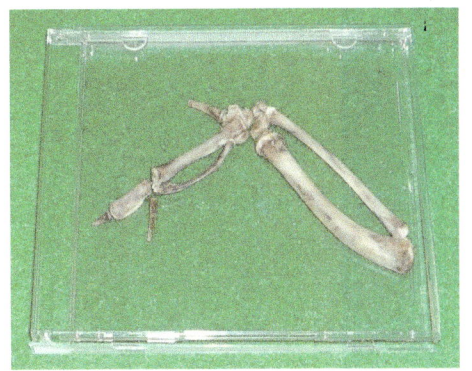

生 90 鶏の水湯煮で頭の構造を見る

　鶏頭の水煮は缶詰で売られていて，血も流れない解剖ができる季節など時期を問わない教材として扱えます。頭部における脳の位置関係や脳の構造について理解でき，その素晴らしい仕組みを知ることで生命尊重の気持ちを生徒に育成することができます。

準備物：①鶏頭の水煮缶，②割り箸，③ピンセット，④アルミ箔，⑤解剖手袋（なければ薄いゴム性の使い捨て手袋，100円ショップにもあります）

　鶏頭はよく煮込まれているため頭蓋骨が柔らかく崩れやすいので，**力を加減して**少しずつ慎重に肉片を外すように解剖して下さい。手袋をして解剖をすると，においが付くのを防げ，かつ衛生的です。

実験および実験結果：①アルミ箔を25cm四方に切り，この上に手袋を付けた手で鶏頭を丁寧に1つ取り，とさかを上にして置きます。とても柔らかいので，ピンセットで取ろうとすると肉が崩れるので要注意です。

　目，くちばし，トサカ，外鼻孔，耳孔が観察できます。人間の耳と違って耳殻が無く，耳の穴だけです。

②割り箸やピンセットでとさかや皮膚，肉片を少しずつまんで，頭骨を出します。いくつかのパーツに分かれていますが，これは人間も同じです。

③ピンセットで頭骨をはがすように少しずつ外すと脳が見えてきます。

④眼球と脳は視神経でつながっています。視神経は切れやすいので，眼球周りの肉片を外し，視神経が見えるようにします。

⑤脳を取り出し，**大脳**，**中脳**，**小脳**，**脊髄**，**視神経**を観察します。**視神経が交差**しているのが観察できます。

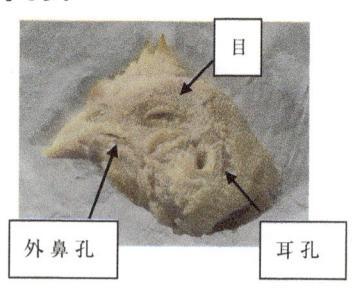

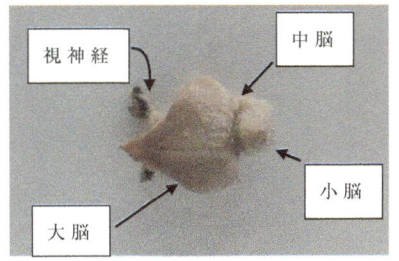

⑥原始的な**脳幹（延髄，中脳，間脳）**を土台に，進化・発達した小脳や大脳が付いていることがわかります。

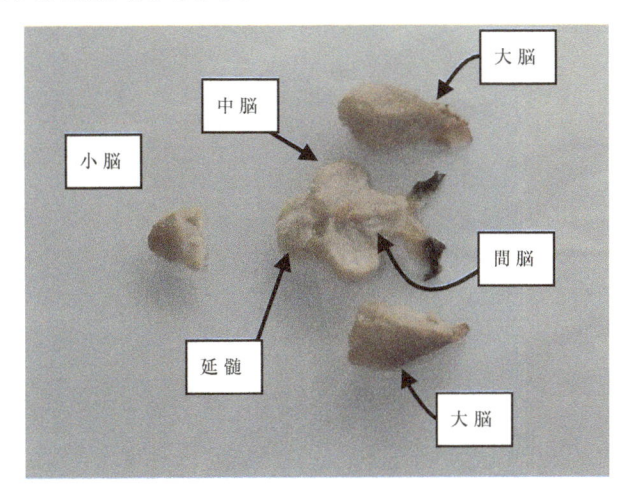

解説：同じ道を進化してきたセキツイ動物の脳は，魚類，両生類，ハ虫類，鳥類，ホ乳類（ヒトも），どれも共通の形態をしています。セキツイ動物共通の特徴とは，脊椎，脳幹（延髄，中脳＝視葉，間脳など），小脳，大脳を持っていることです。魚類，両生類，ハ虫類は中脳が発達し，鳥類は中脳や小脳が発達しています。ホ乳類は大脳が発達しています。

　鳥類の小脳や中脳が発達しているのは，空中でバランスを保ったり，広い範囲を視覚で認識したりする必要があるためです。小脳は動作や体の姿勢や平衡を保持する部分で，中脳は視覚情報の処理と統合を行うとされる部分です。ワシ・タカ類の視覚は特に発達しており，人間の約 8 倍以上といわれています。

91 肺のモデル

生

肺呼吸における横隔膜と肺の動きの関係を肺のモデル実験を行って確かめてみましょう。

準備物： ①ペットボトル（500 mL，できれば固いペットボトルの方がいいです），②ゴム風船2個，③ビニールテープ

実験および実験結果： ① 500 mLのペットボトルをほぼ半分に切り，上半分を利用します。

②ゴム風船を風船の先端からペットボトルの中に入れ，ゴム風船の口をペットボトルの口にはめて固定します。これを**肺モデル風船**と呼びます。

③もう1つのゴム風船の口をくくり，口と反対側を少しだけ切り取ります。風船の切り口はあまり大きくしない方がいいです。これを**横隔膜風船**と呼びます。

④横隔膜風船の切った部分をペットボトルの切った側に取り付け，ビニールテープなどで固定します。これで完成です。

黄色のゴム風船（下側）は**横隔膜**を，ピンク色のゴム風船（上側）は**肺**を，ペットボトルの口は**気管**を表しています。横隔膜のモデルの風船を下から摘んで引っ張ったり戻したりすることで，横隔膜の動きをシミュレーションできます。これにより，肺のモデルの風船にペットボトルの口（気管）から空気が吸い込まれ，肺が膨らんだり縮んだりする動きをシミュレーションすることができます。

92 盲点を探そう

　私たちの目は，目の前にあるすべての物が見えているのでしょうか。実は，物が見えない場所が視野の中にあります。その場所を**盲点**といいます。両目で見ているときには気づきませんが，片目で実験すると，盲点ではそれまで見えていた物が消え見えなくなります。

準備物：①図のようなカード（十字と赤丸の距離は 10 cm 程度がやりやすいです）

実験および実験結果：①左目を閉じて，図の中の十字を右目で見ながら，カードを近づけたり遠ざけたりすると，ある距離で赤丸が消えます。ここが右目の盲点です。
②右目を閉じて，図の中の十字を左目で見ながら図のカードを近づけたり遠ざけたりすると，同じく左目の盲点で赤丸が消えます。

解説：眼球の中で光を感じる視細胞が存在する所を**網膜**といいます。私たちの目は，外部からの光を目のレンズで集め，網膜に像を結ぶことによって物を見ています。しかし，網膜上の視神経が束に集まって眼球外へと出て行く部分には光を感じる細胞が存在しないので，物を見ることができません。ここが**盲点**です。

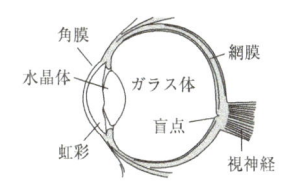

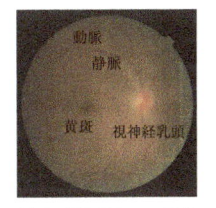

　私たちが普段，盲点の存在に気付かないのはなぜでしょうか。それは脳が左右の目の盲点の埋め合わせを行い，外部の映像を適切に処理し，正常な映像に修復しているからです。

　本実験のように，片目で見た場合には，図の赤丸は盲点の上で結像するため，知覚することができないわけです。

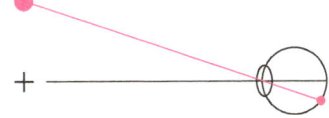

生 93 味覚の不思議(ギムネマ茶)

　味覚は，口にした物質が体に有用どうかを見分けるために発達しました。いわば人間が本能的に持つ化学物質センサーといえます。現代では快適で豊かな生活に慣れてしまっているため，このような感覚が鈍っていないかどうか心配なところです。**苦味**は植物の**アルカロイド**成分や毒物の危険信号で，**酸味**は酸性の物質や腐敗物などの危険信号です。有害物質を食べないように防衛本能が働いているわけです。

準備物：①ギムネマ茶（ネットで購入できます），②鍋またはヤカン，③角砂糖・チョコレート・スポーツドリンクなど

実験および実験結果：①お湯を沸かしてから，お茶パックなどにギムネマ茶葉を入れ，ギムネマ茶を煮出します。

②角砂糖を少しかじって甘さと食感を確かめてみましょう。その後，ギムネマ茶を口に含み，舌の上で転がすようにゆっくり飲んで下さい。

③もう一度，角砂糖をかじってみましょう。今度は甘みが無くなっていませんか！　まるで砂を食べているようなざらざらとした食感になります。

④チョコレートでも試してみましょう。やはり甘味が無くなったヌルヌルした感じになります。

⑤スポーツ飲料も確かめてみましょう。甘味が無く，塩水のような感じではないでしょうか。

⑥ポテトチップスはどうでしょうか。その他，いろいろものを食べたり飲んだりしてみましょう。

⑦**紫イモホットケーキ**も試してみましょう。

説明：ギムネマ茶の原料はギムネマ・シルベスタ（Gymnema sylvestre）というガガイモ科の植物で，インドが原産です。古くから，この葉を噛んだあとは甘さを感じないことが知られていました。この葉に含まれる**ギムネマ酸**が舌の甘さを感じる部分を刺激して，**甘み**を感じなくさせてしまうのです。糖分の吸収を防ぐ働きもあるため，ダイエット茶としても知られていて，大手メーカーからダイエット茶として市販されているドリンクの成分表示にもギムネマ酸が記載されています。

94 体の敏感度チェック

生

　私たちの体は場所によって感覚器の密度が異なるため，皮膚の敏感さが異なります。自分自身の体の敏感度を，手の甲，手のひら，指の先，腕の下の部分，腕の上の部分，すね，太もも，首，ほほ，頭，唇など，いろいろな場所でチェックして比べてみましょう。

準備物： ①つまようじ2本，②セロハンテープ，③定規

実験および実験結果： ①2人1組になり，チェックされる人（被験者）とする人（チェックマン）を決めます。交代して実験しましょう。

②1本目のつまようじは，定規の目盛りがゼロのところにセロハンテープで留めます。もう1本のつまようじを動かして，2本のつまようじの間を広げたりせばめたりします。

③被験者は目をつぶり，体に触れているつまようじが1本に感じるか2本に感じるかを答えます。

④2本と感じた場合は，2本のつまようじの間をせばめて，1本と感じるまで繰り返します。1本と感じた場合には，逆に少しずつつまようじの隔を広くして，2本と感じるまでくり返します。

⑤このようにして，体のいろいろな場所でつまようじを2本と感じ取れる最小の距離を求めます。同じ場所で3回程度繰り返して平均を取ります。

チェック部位	頭	ほほ	首	上腕部	前腕部	手の平	手の甲	指先	太もも	すね
1回目〔mm〕										
2回目〔mm〕										
3回目〔mm〕										
Av.〔mm〕										

解説： 皮膚には**痛点**，**冷点**，**温点**，**触点**があり，これらを一般に**皮膚感覚**といいます。触点は指先や唇のまわりが特に多く，微妙な手ざわりを区別することができます。足やおしりは少ないので細やかな感触はわかりません。よく使うところほど触点が多く，敏感になっています。

生 95 酵素でヨウ素でんぷん反応にせまる

　酵素パワーとよくいいますが，身近な酵素のナンバー1は唾液中に含まれる**アミラーゼ**です。アミラーゼは納豆にも含まれています。納豆といえばナットウキナーゼが注目されています。血栓の原因となるフィブリンたんぱく質を分解するため，血液をさらさらにする効果が期待されています。

実験1：基本実験
準備物：①ヨウ素入りうがい薬，②片栗粉，③ペットボトル，④納豆
実験および実験結果：①ペットボトルに片栗粉を入れ，お湯で溶かします。
②①の溶液に，ヨウ素入りうがい薬を1，2滴たらします。すると，ヨウ素でんぷん反応が起こり，**青紫色**に変化します。
③②の溶液に納豆を加えます。納豆に含まれる酵素（アミラーゼ）がでんぷんを分解して，紫色を消します。

実験2：楽しく実験
準備物：①ヨウ素入りうがい薬，②片栗粉，③画用紙，④霧吹き，⑤納豆，⑥綿棒など，⑦餃子の皮
実験：①でんぷん溶液を画用紙に塗ります。
②綿棒などに納豆の液を浸し，画用紙に好きな文字や絵を描きます。
③霧吹きにうがい薬を薄めたものを入れ，②の画用紙に吹き付けます。

④餃子の皮に納豆の汁で絵を描き，霧吹きでうがい薬を吹き付けます。
解説：酵素は生体内で働く触媒です。唾液に含まれるアミラーゼがでんぷんを麦芽糖（マルトース，$C_{12}H_{22}O_{11}$）に分解するため，ヨウ素でんぷん反応は起きません。麦芽糖の名前の由来は，発芽したオオムギ（麦芽＝モルト）に多く含まれる糖だからです。

96 アルコールパッチテスト

化 生

　お酒が飲める体質どうかは，**アセトアルデヒド CH_3CHO の分解酵素 ALDH2（2 型アルデヒド脱水素酵素）**の型で決まります。自分の体がアルコール（エタノール）に対して適応性があるのかないのかを事前に知っておくことは，飲酒事故の防止につながります。この意味でこの教材は保健体育の授業でもよく用いられます。アルコールパッチテストの考案者は国立療養所久里浜病院の樋口進先生です

　エタノールは，主に ADH（アルコール脱水素酵素）によって有毒なアセトアルデヒドに酸化されます。さらにアセトアルデヒドは，主に ALDH2 により酢酸 CH_3COOH に酸化されます。

　エタノールを皮膚に塗布すると，皮膚にあるアルコールの分解酵素により酸化されアセトアルデヒドができ，さらに皮膚にある ALDH2 によって酢酸となります。アルコールを飲んだ場合には，このことが肝臓で行われます。ALDH2 が活性でないとアセトアルデヒドが代謝されないため，毛細血管が拡張して赤くなります。

準備物：①エタノール（市販の消毒液，約 80%），脱脂綿，絆創膏
実験：①市販の消毒用アルコールを脱脂綿に数滴しみこませ，絆創膏で上腕の内側に貼ります。
②7 分後にはがし，はがした直後（5 秒以内）に脱脂綿が触れていた部分の肌の色をチェックします。
③脱脂綿を取ってから約 10 分後に，再度，肌の色をチェックします。
結果：脱脂綿を取った直後に肌が赤くなった人，しばらくしてから赤く変色する人，全然平気な人と分かれると思います。

　なんの変化もなかった人は ALDH2 活性型で，ALDH2 酵素が正常に働いているのでアルコールが飲める人といえます。直後は変色していないが，しばらくして赤くなる人は ALDH2 低活性型で，体内でアルコールを分解する力が弱いタイプです。脱脂綿を取った直後に赤くなる人は ALDH2 不活性型で，いわゆるお酒の飲めないタイプです。

化 生

97 肝臓片を用いた酵素の反応

　酵素の実験の2つ目は**カタラーゼ**です。カタラーゼは消化酵素ではありません。カタラーゼの生理的意義は，**生体内で発生する活性酸素の一種である過酸化水素を水と酸素に分解して解毒すること**です。人間が呼吸しエネルギーを作るときに活性酸素が生じます。この活性酸素は非常に強力で，多くの生物は触れただけで死んでしまいます。

準備物：①コップ，②肝臓片，③薄い過酸化水素水かオキシドール

実験および実験結果：薄い過酸化水素水を入れたコップに肝臓片を入れ，様子を観察します。

　過酸化水素が肝臓に含まれる酵素カタラーゼによって分解され酸素が発生します。

　時間に余裕があれば，二酸化マンガンの触媒作用と比較してみましょう。高温，低温，酸性などの様々な条件で比較してみましょう。

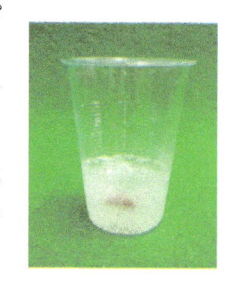

解説：3% 過酸化水素水をオキシドールといいます。市販の 30% 過酸化水素水を 10 倍に希釈して利用してもいいです。過酸化水素水に肝臓片を加えると，カタラーゼにより酸素と水に分解します。

$$2H_2O_2 \xrightarrow{\text{カタラーゼ}} (2H_2O) + (O_2\uparrow)$$

　過酸化水素のように酵素によって反応が**触媒**されるものを**基質**といいます。なお，触媒とは，反応の前後でそれ自体は変化しないが反応の速度に影響を与えるものです。また，その作用のことをいいます。過酸化水素が水と酸素に分解する反応における**二酸化マンガン**も触媒です。

$$2H_2O_2 \xrightarrow{\text{二酸化マンガン}} (2H_2O) + (O_2\uparrow)$$

　酵素の性質として，**至適 pH**（最適な pH），**至適温度**（最適な温度），**熱変性・失活**などが重要です。カタラーゼの至適 pH は約 7.0，至適温度は 37℃です。

生

98 ヨーグルトを作ろう

ヨーグルトは健康食品の代表選手であり，**乳酸菌**を利用して作られる食品です。ブルガリア菌という乳酸菌を使ってヨーグルトを作ってみましょう。

準備物：①牛乳（脱脂粉乳でも可），②ヨーグルト（ブルガリアヨーグルト），③鍋，④保温箱（100円ショップなどで売られている発泡スチロールの箱），⑤保温用のプラスチックシート，⑥ホームこたつなど

実験および実験結果：①牛乳を鍋に入れ，約10分間60℃で温めて殺菌します。
②①の牛乳を元の牛乳パックに戻すか，別の新しいパックに入れます。牛乳を入れるパックは熱湯消毒をしておきましょう。
③牛乳が40℃程度まで冷えたら，牛乳500 mLに対してヨーグルトを大さじ1杯程度入れます。
　あまりに高温だと乳酸菌も死んでしまうので注意しましょう。
④保温箱に入れて，約8時間40℃で保温します。夏ならそのまま置いておくといいでしょう。冬なら保温ができるシートにくるんで保温箱に入れてから，ホームコタツなどに入れておくといいです。
⑤できあがったヨーグルトは冷蔵庫で冷やすとおいしく食べられます。
⑥このヨーグルトをタネとして使って，2，3回はヨーグルトを作ることができます。何回か繰り返すうちにヨーグルトがうまくできなくなりますので，新しいヨーグルトを買って使って下さい。

解説：ヨーグルトは，**ラクトバチルスブルガリクス菌**と**ストレプトコッカスサーモーフィルス菌**という2つの菌を使って牛乳を発酵させたもの，と決められています。ブルガリア菌は細長い形をしていて，**桿菌**といわれます。モーフィラス菌は粒状をしていて，**球菌**といわれます。日本の厚生労働省では，ビフィズス菌を使ったものもヨーグルトと認めています。ビフィズス菌はY字やU字の形をしています。

99 イースト菌の実験・パンを作ろう

　発酵は，人類最古の**バイオテクノロジー**です。バイオテクノロジーとは，微生物を利用した技術のことです。酒，チーズ，味噌などの食品を人は昔から発酵の力で作ってきました。特に日本人は発酵食品の恩恵をたくさん受けています。味噌，醤油，酢などの調味料や，その他にもかつおぶしや納豆などです。

　パンはふっくらと膨らんでいますが，それはイースト菌（パン酵母）がパン生地をアルコール発酵させて膨らませるためです。イースト菌はパン生地に含まれる砂糖を分解してエタノールと二酸化炭素を作り，このとき発生した二酸化炭素がパン生地を膨らませます。できたエタノールは熱によってパン生地から蒸発してしまいます。

準備物：①パン酵母（ドライイースト（大さじ1/2）。スーパーで市販されています），②薄力粉（200 cc），③砂糖（大さじ1/2），④ミネラルウォーター（1/3カップ），⑤透明なプラコップなどの容器砂糖

実験1：イースト菌の発酵（パン作りでは予備発酵ともいいます）

実験および実験結果：①約40度の湯50 mLに砂糖一つまみのドライイーストを入れてかき混ぜます。

②しばらくそのまま放置しておきましょう。

　アルコール発酵が生じ，10分ほどするとブクブクと二酸化炭素が発生し泡立ってきます。30分ほどで予備発酵完了です。ほのかなアルコールの香りがします。

実験2：パンを作ろう

準備物：①強力粉（200 g），②ドライイースト（4 g），③塩（3 g），④バター（20 g），④砂糖（30 g），⑥水または牛乳（人肌よりやや温かく，40℃くらい）（140cc～150cc），

実験：①強力粉にドライイーストを加え，水または牛乳をゆっくりと加えて，しっかりとこねます。
②まとまってきたら，塩を加えます。
③パン生地を引き伸ばすようにこねて伸ばし，これを半分に折り返して，また引き伸ばすようにこねます。
④こね終わったら，ラップをかけて約30℃に保って30分以上寝かせます（**一次発酵**）。
⑤一次発酵の完了は，フィンガーテストという，パン生地を指先で軽く突く方法で点検します。パン生地を指で押してすぐに元に戻るようなら，一次発酵は完了していないので30℃に保ちながらもう少し発酵を続けます。
⑥一次発酵が終わっていたらガス抜きをします。その後，1個分に切り分けます。
⑦1個分を手でこねて丸めます。そして，作りたいパンの形に成形し，その後**二次発酵**に入ります。30分以上待ちましょう。
⑧二次発酵が終われば，いよいよオーブンなどで焼いて完成です。

解説：アルコール発酵

　ほとんどのアルコール飲料は，酵母菌によるアルコール発酵で作ります。**ワイン**と**ブランデー**は**ブドウに含まれる糖**の発酵で作られますが，**ビール**，**ウィスキー**，**日本酒**などは**穀物**から作られます。最初にデンプンを糖にする必要がありますが，**ビール**は麦芽に含まれる酵素（アミラーゼ）を利用して糖化します。**日本酒**は，米を精米するときにアミラーゼを含む胚芽は除去されるため，**コウジカビ**を利用して糖化します。その後，酵母でアルコール発酵を行います。

解説：バイオエタノール

　トウモロコシやサトウキビをアルコール発酵させるとエタノールができますが，このときできたエタノールをバイオエタノールといい，再生可能な自然エネルギーとして期待されています。バイオエタノールを燃焼させたとしても，穀物の生長段階で大気から吸収した二酸化炭素を排出するだけなので，大気中の二酸化炭素は増えないとされています。しかし，そのために家畜飼料や人の食糧が不足したりと，本当に地球をいい方向に導いてくれることになるかどうかは，私たち人間の使い方次第ともいえます。

100 スイートコーンの種子の色の遺伝

　とうもろこしの中でも甘みの強い**スイートコーン**は次のようにして作られています。種子の色が**優性の純系（黄色）**と**劣性の純系（白色）**から**雑種第1代 F_1（黄色）**を作り，その個体の**自家受粉**によって F_2 が作られます。そして，その中の優れた個体の苗を**クローン技術**で育成しています。

　被子植物の胚乳は重複受精の結果できるので，受精の効果がすぐさま形質として現れます。重複受精とは，花粉からの2個の精核（精細胞）のうち1つが卵核（卵細胞）と受精し，もう1つが2つの極核（中央細胞）と合体する現象です。前者は新個体となり，後者は胚乳となります。

　ここでは，**メンデルの遺伝の法則**を被子植物の重複受精による形質発現により調べます。

準備物：①スイートコーン（黄と白の種子が混じったトウモロコシ），②透明なラップ，③2色の油性ペン

実験方法および結果：
①スイートコーンを透明のラップで包みます。このとき，ラップはできるだけ重ならないようにします。
②黄色と白色の種子を油性ペンで記録します。黄色の種子を黒に，白色の種子を赤ペンでマーキングします。

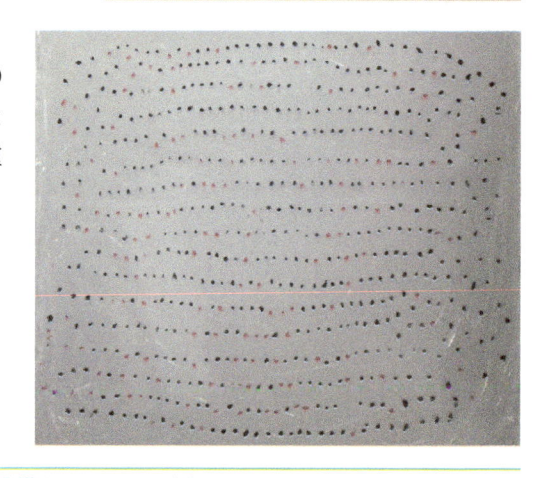

③白色と黄色の種子の数を調べます。ラップを広げたときに油性ペンで付けた印が数えやすいように，ラップの始めと終わりに印を付けておくとよいでしょう。
④実験の結果はどうなりましたか。理論値は，黄：白＝3：1です。
⑤食べ物は大切にしましょう。清潔に実験を行い，実験が終わったあとはおいしく調理して食べましょう。

解説：胚乳形質の遺伝（キセニア）

　スイートコーンの種子の色は，種皮がほぼ透明なので，その内側の胚乳の色によって決まります。被子植物の胚乳は重複受精によってできていますので，受精の効果がすぐさま種子の形質（ここでは色）として現れます。
　Pを純系の親世代，F_1を子世代とすると遺伝子型は次のようになります。

　　　　　P：　　　YY（黄色種子）×　yy（白色種子）
　　　　　F_1：　　　　　　Yy（黄色種子）

　さらに子世代であるF_1を自家受粉してF_2を作ります。
　F_1の精核1つとF_1の卵核1つが受精して，F_2の胚ができるのでその遺伝子型は次のようになります。

	精核 Y	精核 y
卵核 Y	YY	Yy
卵核 y	Yy	yy

　一方，F_1の精核とF_1の胚のう中の極核が受精して，F_2の胚乳になります。精核の遺伝子型はYまたはy，F_1の極核の遺伝子型はYYまたはyyです。よって，F_2の胚乳の遺伝子型は次のようになります。

	精核 Y	精核 y
極核 YY	YYY	YYy
極核 yy	Yyy	yyy

　この中でYYY，YYy，Yyyは黄色の胚乳となり，yyyでは白色の胚乳となります。したがって，F_1（Yy）からできるスイートコーンの種子の色の比は，黄：白＝3：1となります。

生

101 生物のDNAを見よう

　どの生物も自らの遺伝情報を **DNA** によって子孫に伝えています。DNAは肉眼では見えないほど小さなものですが，この実験でDNAを可視化します。学習者に**生物の多様性と共通性**を学んでもらうには必須の実験といえます。試料には，細胞に対して核の割合が大きい**ブロッコリーの花芽**や**タマネギの内側**，**バナナ**などの植物，動物ではニワトリの**レバー**なども使用できます。もちろん，**人でもできますが，個人情報については十分な配慮が必要です。**

準備物：①ブロッコリー，②10％食塩水10 mL，③エタノール（今回は消毒用エタノール）15 mL，④中性洗剤，⑤すり鉢（100円ショップにあります），⑥茶こし，⑦ストロー，⑧プラカップ

実験および実験結果：①プラカップに食塩を小さじ2杯（約7.5 g），中性洗剤を小さじ2杯（約10 mL）を入れて，水を加えて攪拌します。
②ブロッコリーをすり鉢に入れ，すりこぎなどで押しつぶすようにすりつぶします。あるいは冷凍しておいたものを粉々に割ってもいいです。
③①の液（DNA抽出液）50〜100 mLを，②のすり鉢に加え軽くかき混ぜます。
④5〜10分間放置した後，プラカップに静かに中身を茶こしでろ過します。
⑤冷凍庫で冷やしたエタノールを④のろ液の2〜3倍程度準備します。
⑥液面近くのプラカップの壁にストローの先を付け，エタノールをストローを伝わらせて静かに加えます。液の上方がエタノールの透明な層になり，プラカップの中が2層になるようにします。

⑦しばらく置いておくと，DNA はエタノールより比重が軽いので下の液からエタノールの層へと移動し，**白い沈殿**として浮き上がってきます。
⑧白い沈殿の塊をストローで静かに巻き取ると，ねばねばした半透明の DNA を取り出すことができます。

　これで実験の基本は完了です。
⑨⑧で取り出したものが，DNA かどうかをチェックするには，**核**の染色液である**酢酸オルセイン**や**メチレンブルー**で染めてみましょう。

　DNA は核と同様に，**酢酸オルセインでは赤に，メチレンブルーでは青に染まります**。しかし，食用色素液ではほとんど染まりません。核の染色液で染まったことで，採取したものが DNA であることが確認できます。

解説： DNA は核の中に折りたたまれて入っており，核は核膜によって細胞質と仕切られています。またその核を含む細胞は，細胞膜で外界と仕切られています。洗剤中の界面活性剤は，細胞膜や核膜を破壊し，DNA が細胞の外に出てきます。DNA はリン酸を含む酸性物質なので，水中では負の電荷を帯びています。食塩を加えると，Na^+ と Cl^- に電離し静電気的な反発が低下するため DNA が集合しやすくなります。またエタノール中では，DNA の溶解度が低いため，Na 塩となった DNA 分子が集まり沈殿します。この沈殿は比重が小さくエタノール中で糸状に浮き上がります。とても長い分子なので巻き取ることができます。

　DNA の存在を確認することができる実験は，次の2つの方法があります。1つは，**DNA の染色液による染色**です。酢酸オルセインやメチレンブルーは塩基性色素で，DNA のリン酸基に結合し染色します。しかし食用色素では染まりません。食用色素は酸性色素なのでリン酸基と反発し結合できないためです。この実験の前にタマネギなどの核の染色体が赤く染まることを確認しておくとよいでしょう。もう1つは，**DNA の紫外線吸収の確認**です。DNA の塩基部分は，二重結合を含む環状構造をしていて **260 nm 付近の紫外線を吸収します**。**紫外線分光光度計**で測定しましょう。

　ところで，DNA は紫外線を吸収すると破壊が起こります。DNA は二重構造をしていて，1本が切れても直ちに修復されますが，細胞分裂の最中では1本に分かれているため，このとき DNA が破損すると，後々影響が出てくることになります。

化 生

102 豆腐を作ろう

　大豆は，古くから日本の伝統文化の中で食べられてきました。特に京都では，京豆腐，京ゆばなどの伝統的加工食品が京料理とともに発展してきました。豆腐の命は「水」です。昔から豆腐がおいしいと評判の京都の水は軟水で，軟水は豆腐作りに最適な水です。豆腐は，京都に限らず今なお日本の食卓を潤し続けています。

　その他にも大豆は，日本人の食卓に必要不可欠な**醤油**，**みそ**，**納豆**や**おから**といった食品の原材料となっています。

　節分の豆まきにも用いられ，数え年に1を足した個数の豆を食べることにより1年間の無病息災を祈念するという風習があります。

　最近では，遺伝子組み換えをした大豆も売られています。大豆の本来の自然の姿はどうなのでしょうか。**大豆は，7月頃に豆をまき，10月末から11月頃に収穫がされます。**

準備物：①大豆，②にがり，③ミキサー，④牛乳パック，⑤もめんの布，⑥鍋，⑦コンロ（カセットコンロ），⑧おもり（牛乳パックに水を入れたものでもよい），⑨しゃもじ

実験：①大豆を水で十分に洗い，鍋で水につけおきます。
②柔らかくなった大豆をミキサーですりつぶします。
③つぶした大豆に水を加え，強火で20分程度煮ます。
④十分に冷やしてから，もめんの袋でこします。
⑤もめん袋の中に残ったものに，熱湯を加えてもう一度こします。これを何度か繰り返します。
⑥もめん袋に残ったかすが**おから**です。また，こして出てきた液体が**豆乳**です。
⑦豆乳を70℃ぐらいに保ちながら**にがり**を少しずつ入れてはかき混ぜ，さらに入れてはかき混ぜます。
⑧固まり始めれば，もめんの布を敷いた箱形（牛乳パックの側面に穴を開けたもの）にしゃもじで入れ，もめんの布を上からかぶせてから，おもりを乗

せます。
⑨固まるのを待って箱形から取り出し，水で十分にさらします。これで完成です。

解説：豆腐からさらに加工して作られるもの
油揚げ：豆腐の水を切ったものを大豆油などであげたものです。
ゆば：豆乳を加熱しながら表面にできる皮膜を巻き上げて乾燥したものです。京都と日光が有名な産地です。
高野豆腐（凍豆腐）：豆腐を凍らせてからしばらくして解凍し，水を切って乾燥させたものです。

大豆を利用したその他の加工食品
①みその作り方と歴史
作り方：みそは，おおまかに2通りに分かれます。1つは米みそ・麦みそで，もう1つは豆みそです。年間の生産比率はおよそ米みそ70％，麦みそ20％，豆みそ10％ほどです。米みそ・麦みそでは，米または麦をこうじにし，食塩を加えて醸造します。
歴史：日本に伝来したのは奈良時代以前で，中国から朝鮮半島を経て伝えられました。みそ汁として常用されるようになったのは1460年代で，それ以降，庶民的な食品となりました。
②醤油の作り方と歴史
作り方：小麦と大豆で作った**醤油こうじ**に食塩水を加え，約1年間発酵熟成させて作ります。
歴史：室町時代に醤油として完成し，商品として普及し始めたのは**和歌山県の湯浅**からとされています。
③納豆の作り方と歴史
作り方：蒸した大豆を稲わらで包んで発酵させて作ります。糸引納豆と呼んでいます。
歴史：動物性たんぱく質を食べることが許されなかった僧が，たんぱく質が豊富な大豆をおいしく消化よく食べるための研究を僧坊の納所（なっしょ）で行い作り出したことに由来します。京都では大徳寺納豆（糸引納豆とは別のもの）が有名です。

化 生

103 タマネギの皮で身近なものの染色

　人生を楽しく豊かなものにする上でファッションは重要な要素です。昔ながらの伝統的な染色方法に**草木染め**があります。自然な色合いのが出せることから人気があります。また、偶然のデザインを楽しむのに**しぼり染め**という手法があります。タマネギの皮からオリジナルTシャツを作ってみましょう。

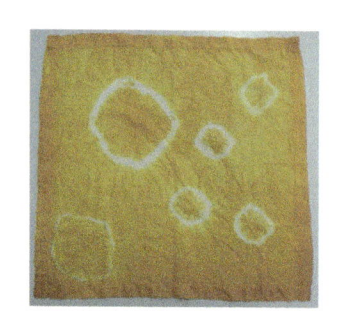

準備物：①タマネギの皮（外側の茶色い部分，数個～10個くらい），②ミョウバン $AlK(SO_4)_2 \cdot 12H_2O$ 少々，③鍋，④洗剤，⑤輪ゴム，⑥ザル，⑦染めるもの（Tシャツや手ぬぐいなど）

実験：①**染色液**を作ります。タマネギの皮を15～30分ほど煮出し，ザルでタマネギの皮を取り除きます。

②Tシャツや手ぬぐいなど染めたいものを**温かい**染色液に入れ，15～30分程漬けます。

③**媒染液**を作ります。水を入れた別の鍋に，**ミョウバン**を耳かき1～2杯程度入れかき混ぜます（わずかで十分に効果があるので，**入れすぎに注意！**）。

④染色液に漬けておいたものを軽く水洗いし，③のミョウバン液に15分間くらい漬けます。

⑤水洗いの後，洗剤で軽く洗い，干して乾かしたら完成です。

解説：ミョウバンは，漬物の発色剤や麺の**かんすい**として広く使われている食品添加物です。スーパーや薬局で安価に売られています。

　染色液にはタマネギの皮から抽出された黄色い色素のケルセチンがあり，これにより繊維が染まります。しかし，このままでは洗濯を繰り返すと色素が抜けてしまいます。そのため，媒染液を利用します。この場合は，ミョウバンが接着剤の役割を果たし**キレート化合物**ができます。キレート化合物は水に溶けにくく，さらに繊維などに固着しやすいので色素を繊維に定着させることができるのです。

104 液状化の実験

　日本列島においては，地震はいつどこで生じて不思議ではありません。地震に伴っていろいろな現象が生じます。**津波**や**土砂崩れ・斜面崩壊**の他にも，**液状化**という現象があります。

準備物：①ペットボトル，②砂，③水，④割り箸，⑤マーカー，⑥（あれば）バイブレーター

実験および実験結果：①ペットボトルに準備した砂の1/3を入れます。
②これらが完全に水に浸るように水をペットボトルの中に入れます。
③その上から残りの砂をすべてペットボトルの中に入れます。
④地盤の高さのところに，ペットボトルの外側からペンで印を付けます。
⑥割り箸を高層ビルと見なして，1 cm ごとにマーカーで印を入れ，それぞれを1階だと考えます。
⑦割り箸を持ち手側が下になるようにペットボトルの口から入れ，地盤を強く押します。
　地面が固くて，割り箸はなかなか地面の中に入っていきません。
⑧割り箸を押したままの状態で，ペットボトルに振動を与えます。バイブレーターがあればそれを用いて，なければ机を叩いて振動を与え，観察します。
　高層ビルと見なした割り箸が，ずるずると沈みながら，地面から水が湧き出してくるのが観察できます。

解説：地盤は一般的に，砂や土，水，空気で構成されています。砂の角と角で支えるような接し方をしている場合，水や空気がその空間を埋めて地盤を支えています。特に**干拓地**や**低湿地**などでは顕著です。

　地震が発生すると，地盤は激しく振られて，その振動により砂の粒同士がバラバラに離れてしまい，それぞれが水の中に浮いた状態になります。比重の大きい建造物や電柱などは地面に埋もれてしまい，逆に比重の小さい地面に埋まっているもの（下水管や配水管など）は**地表に浮き上がってきます**。このような現象を**液状化現象**といいます。**地盤沈下**の原因の1つです。

105 地震の3D震源分布モデルを作ろう

　日本付近の地震の震源分布を立体的に調べ，地下の構造を考えてみましょう。

　地下で地震の起こる場所を**震源**といいます。震源の深さは，地下600 kmまでに及びます。ところで，震源はどの深さに多いのでしょうか。深さごとに震源を描いた立体震源分布モデルを作って調べてみましょう。

準備物：①ストロー，②透明シート10 cm×10 cm程度5枚，③マジックインキ（いろいろなカラーで6種類），④セロハンテープ，⑤はさみ

実験および実験結果：①図6をコピーし，一番下の図とします。
②透明シート10 cm×10 cm程度を5枚準備し，深さごとの震源図を写し取ります。このとき，日本列島は写さないで地震の震源だけを写します。
③それぞれの透明シートがあげ底になるように，ストローを4辺に入れます。
④これらを深さの順番に積み上げます。これで完成です。
⑤④がずれないように，セロハンテープなどで留めます。

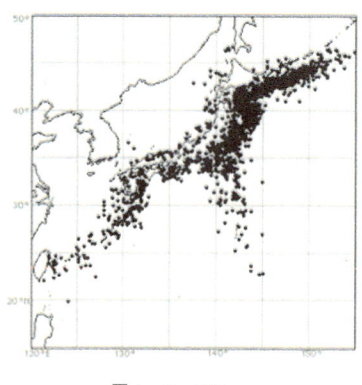

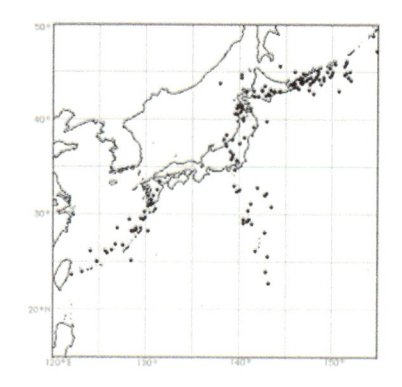

図1　0～100 km　　　　　図2　100～200 km

図3　200〜300 km

図4　300〜400 km

図5　400〜500 km

図6　500〜600 km

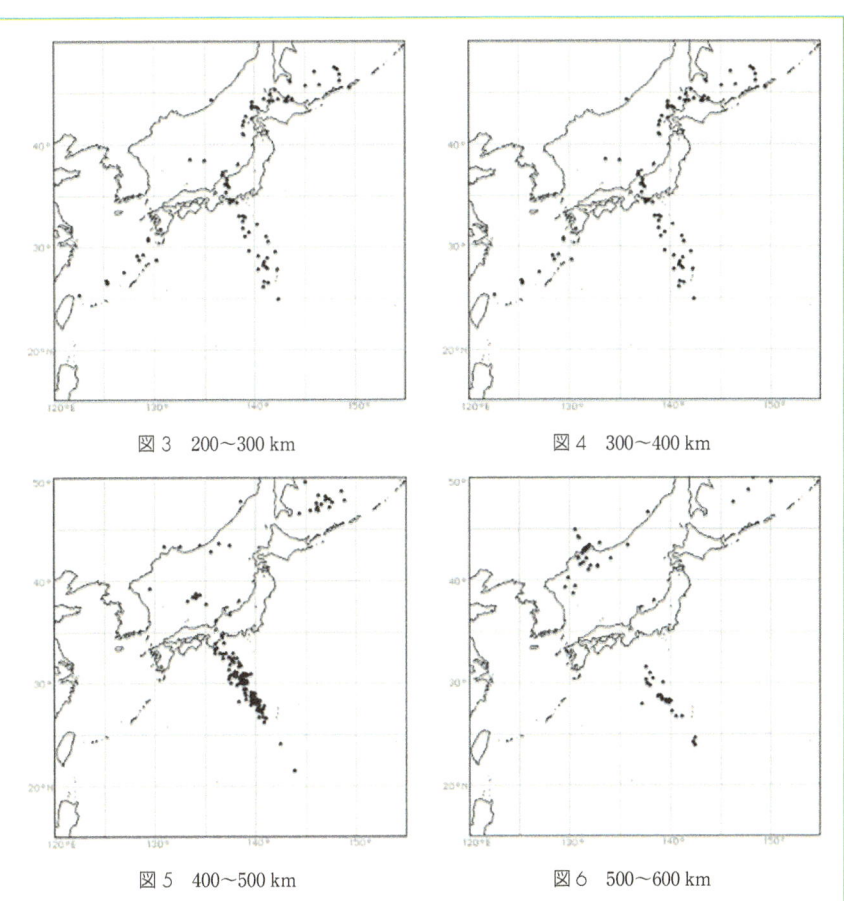

解説： 日本列島は，①**太平洋プレート**②**フィリピン海プレート**③**北米プレート**④**ユーラシアプレート**などの複数のプレートが接している境界に位置しています。南側からはフィリピン海プレートが北西方向に年間3〜5 cm程度の速度で沈みこみ，東側からは太平洋プレートが西北西方向に年間8 cm程度の速度で沈み込んでいます。関東地方の下では，南から沈み込むフィリピン海プレートの下に太平洋プレートが沈み込むというように非常に複雑になっています。

105.　地震の3D震源分布モデルを作ろう　　229

106 断層のモデル実験

　日本は地震国です。防災教育の面から，地震について学んでおくことは重要です。地層の**褶曲**や**断層**について身近な材料で実験を行い，**造山運動**などのメカニズムについて学んでみましょう。

準備物：①小麦粉などの白い粉（薄力粉，1人分100g程度），②色粉（少量，紫イモ粉や純ココア，粒が荒いものは不可），③透明あるいは半透明の容器（高さ10cm程度。小麦粉や色粉が多く必要になるといけないので，奥行きが広い容器の場合，つい立てを立てて奥行を狭くします），④押し板（粉を押すための板。定規などでも可），⑤ティッシュ

実験：①正面から容器を見て，容器の右側1/3あたりに押し板を立てます。
②容器に白い粉を押し板の底あたりまで入れ，軽くふわっと粉を押し固めます（あまり強く押さないように注意！）。
③容器の側面に付いた粉をティッシュで掃除します。容器の側面に白い粉が残ると色粉の中に白い粉が混じってしまうので要注意です。
④続いて，色粉を約3〜5mm程度の厚さになるように入れます。
⑤これらの作業を繰り返し，白い粉を3層，色粉を2層ぐらいにします。何層にするかは自由でいいです。これで地層モデルの完成です。
⑥押し板でこの地層モデルを水平方向（この実験では左側方向）に圧縮します。地層モデルはどう変化するでしょうかしましょう。
⑦逆に，押し板を地層モデルから水平引きはがす方向にずらします。地層モデルがどう変化するか観察しましょう。

実験結果：地層モデルを水平方向に圧縮すると，元の地層の上に圧縮された側が乗りかかるように**褶曲**し，さらに押し込むと**逆断層**ができます。

　逆に，地層モデルを水平方向に引くと，低い土地に向かって断層が崩れるように落ちるので**正断層**となります。このとき，地層モデルが柔らかいと，**崖崩れ**の現象になってしまいますので，地層モデルは少々固い方がうまく実験できます。

107 地層のボーリング

　家やビルを建てるとき，その土地の地層がどのようになっているかを知ることが大事です。精密な建物の場合は下に断層が走っていると建てられません。そこでボーリングを行って，地層の調査を行います。

準備物：①ゼリーの粉，②食用の色粉，ココア，紫イモ粉など，③ストロー，④なべ，⑤プラカップ（透明，大）や食品保存容器など

実験準備：①適量のゼリーの粉を 500 cc の水に溶かします。

②①に食用の色粉，ココア，紫イモ粉などで色を付け，一度沸騰させてから火を止めます。衛生上の注意からです。

③これらの色付きゼリーをプラカップに移して固めます。このとき容器を傾けておくと，斜めの地層ができます。

④ゼリーが固まったら，その上に別の色のゼリーを流し込みます。このとき，流し込むゼリーの温度が高すぎると，先に固まっているゼリーが溶けることがあるので注意しましょう。

⑤この作業を数回繰り返して，何層かの地層を作ります。

⑥透明容器の場合，容器と接しているあたりの地層モデルは外から観察できますが，容器の中心付近などではどうなっているのでしょうか。アルミ箔などでカップのまわりを覆っておきましょう。

実験結果：①それでは，**ボーリング調査**を始めましょう。透明な清潔なストローを寒天地層の上から真っ直ぐに下まで差し込みます。

②差し込んだストローを静かに抜き取ります。作業が荒いとストローの中味が抜け落ちてしまうので注意しましょう。

③取り出したストローを並べて，見えない部分の地層はどのように広がっているか推測してみましょう。

物 地

108 耐震・免震・制震構造

　日本は地震大国なので対策も進み，最近では震度4程度で倒壊する建物はほとんどありません。建築基準法における耐震基準が定められているからです。耐震基準は，過去に大きな地震が起きるたびに改正されてきました。関東大震災の次の年の1924年（大正13年）に世界に先駆けて日本で施行されました。

　1981年（昭和56年）に耐震基準が大きく改正され，新耐震基準が誕生しました。新基準では，地震による建物の倒壊を防ぐだけではなく，建物内の人間の安全を確保することに主眼が置かれました。旧基準では震度5程度の地震に耐えうる住宅とされていましたが，新基準では震度6強以上の地震で倒れない住宅と変わっています。うーん，では，震度7以上の場合は？？？

準備物：①工作用紙，②セロハンテープ，③ペットボトルのキャップ3個，④直径3cm程度のビー玉3個

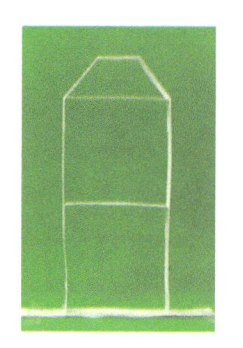

実験および実験結果：①**建物モデル**を作ります。工作用紙で長辺（3cm×22cm）を4枚，短辺（3cm×11cm）を2枚用意します。長辺，短辺の両端から1cmはセロハンテープでの固定に使います。
②右図のように組み立てます。長辺を地面とし，2本の長辺を立て，短辺で1階と2階の天井とします。最後に残りの長辺を折り曲げて屋根とします。
③**耐震構造モデル**を作ります。建物モデルに**筋交い**を入れてみましょう。3cm×16cmに切り分けた工作用紙4枚を使って1階部分にも，2階部分にも，筋交いを入れます。両端から1cmをセロハンテープでの固定に使います。筋交いの中心に半分切れ込みを入れて2枚を重ね合わせ，Xの形にして取り付けます。
④**免震構造モデル**を作ります。建物モデルの土台の下に長方形（22cm×10cm）の工作用紙を貼り付け，新たな土台を作り浮かせます。新たな土台の裏にペットボトルのキャップを3個を三角形の形に貼り付けます。ペットボトルキャップの下にビー玉を置き，その上に建物モデルが乗るようにします。

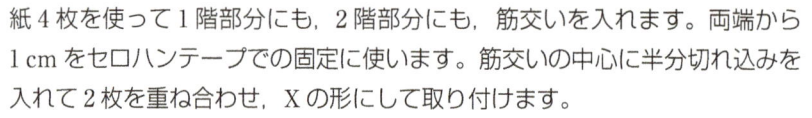

⑤**制震構造モデル**を作ります。おもりを2階の天井の中心から2階の床に触れないようにひもで吊るします。

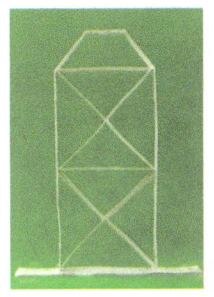

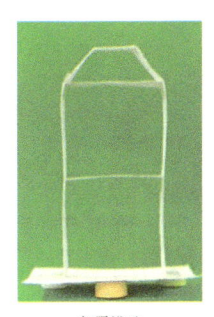

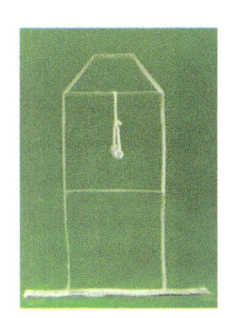

耐震構造　　　　免震構造　　　　制震構造

実験：①通常構造の模型，耐震，免震，制震補強を施したそれぞれ4つの模型を用いて，揺れ方の違いを確認して耐震の性能を調べてみましょう。
②自分ならどのような地震対策を施した家を建てるかを考えてみましょう。

解説：①**耐震構造**は，柱や**筋交い**を取り付けることで建物自体の強度を高める構造です。地震の揺れに建物が耐えることを目的とした構造です。揺れ自体を軽減するものではないので，建物は大きく揺れます。共振も防ぐことはできません。学校の窓際などにある筋交いがこれにあたります。

②**免震構造**は，建物と地盤との間に地面水平方向に可動性の機構を入れることで，建物が地盤の揺れの影響を直接受けないようにした構造です。地震の揺れを免れることを目的としています。

　免震構造は大きな地震にはとても大きな効果があります。しかし長周期地震動にはあまり効果がなく，コストも大きくかかるという欠点もあります。そのため，取り入れることができるのは大型のマンションやオフィスビルなどに限られています。

③**制振構造**は，振動のエネルギーを吸収して振動を小さし，揺れを吸収して減衰させる構造です。**油圧式のダンパー**で揺れのエネルギーを吸収したり，コンピュータ制御のおもりを動かしたりする方法もあります。大きな建物の屋上にある貯水槽や学校の屋上にあるプールも，実は制振の役割を果たしています。

　高さ1m〜2mぐらいの塔を作ってみよう。五重の塔やスカイツリーでは制震構造が利用されているが，それが実感できる（p.248）。

109 火山のでき方実験

　日本は火山国です。火山噴火は，火口から高温のマグマや岩石の破片，気体の火山ガスが噴出する現象です。火山噴火はとても危険です。噴火の危険から身を守るためにも，火山についてよく知っておくことが大切です。

実験1：炭酸飲料噴火モデル実験

準備物：①ペットボトル入り炭酸飲料（500 mL や 1.5 L など），②ラムネなどお菓子（10 粒以上），③糸，④セロハンテープ，⑤キリやドリル，⑥はさみ

実験および実験結果：①炭酸飲料を少し飲みます。8分目ぐらいは残しておきます。
②キャップに直径5 mm 程度の穴を開けます。キリで穴を開けてから，はさみなどで穴を広げるといいです。
③炭酸飲料の入ったボトルを流し台などに置きます（写真はシャワールームです）。
④ラムネやメントスなどのおやつに，セロハンテープで糸を付け，糸の先をペットボトルのキャップの穴から外に出し，ペットボトルの内側に吊り下げます。
⑤糸を離すと，おやつなどが炭酸飲料の中に落下し，それと同時に炭酸飲料が噴き出てきます。
④マグマが非常に緩い場合の火山爆発のモデル実験となります。

解説：マグマが地下深くにあるとき，水は，高温高圧のためマグマ中に溶け込んでいます。しかし，マグマが地下深くから地表に上昇してくると，圧力が低下するため，マグマ中で気泡になり爆発的に地表に噴き出します。軽石はこのようにしてできます。

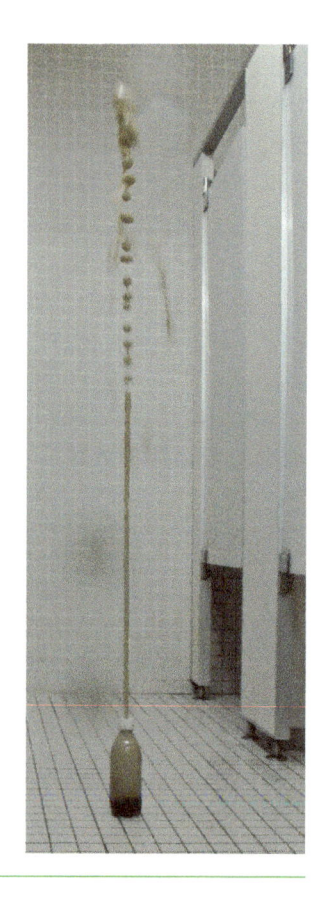

実験2：火山形成のモデル実験
準備物：①スチレンボード（A4サイズ，5mm厚程度），②マヨネーズ，③とんかつソース
実験および実験結果：①スチレンボードに，マヨネーズやとんかつソースの口と同じ穴を左右に2つ開けます。ちょうど鉛筆の太さ程度です。
②それぞれの穴に，マグマの粘性が大きい例としてマヨネーズを，マグマの粘性の小さい例としてとんかつソースをセットします。
③マヨネーズととんかつソースの両方の容器をにぎって，中味を噴火するように押し出します。

⑨粘性が大きい場合には盛り上がった形の**鐘状火山**になりますが，粘性が小さい場合は熔岩が流れるように広がった平たい**盾状火山**となります。
解説：実際の火山では，マグマ中の二酸化ケイ素（SiO_2）の含有量とマグマの温度により火山の形は決まります。マグマ中の二酸化ケイ素が多いと粘性は大きくなり，少ないと粘性は小さくなります。

　粘性が大きくなると，マグマは流れにくくなり，傾斜の急な**鐘状火山**ができますが，粘性が小さくなると，マグマは流れやすくなり，傾斜の緩やかな**盾状火山**ができます。中間の場合**成層火山**ができます。

　鐘状火山には昭和新山（北海道），大有珠（北海道）があります。中間の**成層火山**には富士山（静岡/山梨），浅間山（群馬/長野）があります。**盾状火山**にはマウナロア山（ハワイ），キラウエア山（ハワイ）があります。

物 地

110 霧箱を作ろう

　放射線は，日々，我々のまわりに満ち溢れていますが，目に見えないのでその存在に気づきません。そのため，必要以上に怖がってしまうという傾向があります。また，3.11を経験した私たちは原子力発電所事故による放射線被ばくの恐さも体験しました。しかし現代では，放射線は日常のいろいろなところに利用されていて，放射線を利用しないと日常生活に支障をきたすほどの状況になっているのも事実です。

準備物：①放射線源（モズナ石やマントル，岩石標本ボックス内のウラン鉱など），②ふた付きの透明なプラスチックケース（ある程度深い方がいいです。ペットボトルも使えます），③すき間テープ，④黒紙，⑤エタノール（純度の高いもの。消毒用アルコールとして市販されているものは純度が低くなっています），⑥ドライアイス，⑦ペンライト，⑧発砲スチロールの角材（5 mm四方×1 cm），⑨両面テープ，⑩カッターマット

実験および実験結果：①プラスチックケースの内側の底に黒紙を敷きます。
②プラスチックケースの内側の上から5 mm程度のところに，すき間テープを貼ります。
③プラスチックケースのふたの裏側の中央に，発砲スチロールの角材を両面テープで留め，その先に放射線源を留めます。つまり，**線源を天井から吊すことで，エタノールにぬれるのを防ぐことができます。**
④カッターマットなどの上にドライアイスを置き，その上にプラスチックケースを置きます。
⑤すき間テープにエタノールを十分かけます。**ケースの底に貯まるぐらいでいいです。**
⑥プラスチックケースのふたをします。これで霧箱の完成です。
⑦数分たてば，霧箱の中に飛跡が見えはじめます。ペンライトで照らすとなおよく見えます。

飛跡

解説：霧箱の中では，エタノールの蒸気が

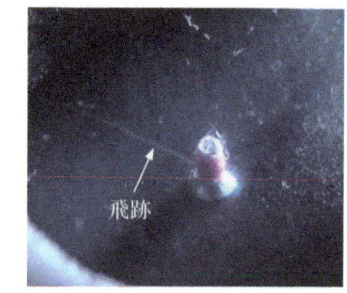

過飽和の状態になっています。放射線が空気中を移動すると放射線の**電離作用**により，空気中の窒素分子や酸素分子の中にある電子を叩き出しイオンを作り出します。このイオンがアルコールの分子を引き付けて集め凝結核となるので，放射線が通った道筋に沿って飛行機雲のように見えるわけです。

線源には，かつてはマントルをよく利用しました。**トリウム**から放射される**α線**を観察できます。放射線源として使用可能なマントル製品の例は，CaptainStag（パール金属）や EPIGAS（ユニバーサルトレーディング）などです。アウトドア用品店やホームセンターで購入できます。しかし最近では，マントルの代わりに**モズナ石**がよく用いられます。

ところで，放射線には，α線以外にも，**β線**，**γ線**の他にも**X線**，**中性子線**なども存在します。下記の図は，身のまわりの放射線被ばくを示しています。また，私たちが日々食べている食物にも放射性物質は含まれています。体重が 60 kg の成人では体内に，約 7000 ベクレルの放射性物質を持っています。

現在，放射線は，**トレーサー**，**ラジオグラフィー**（**非破壊検査**に利用），**ガンマーフィールド**（植物の**品種改良**），**放射線治療**，**年代測定**，**厚さ計**，**殺菌**や**滅菌**など幅広く利用され，私たちの生活に役立っています。

身のまわりの放射線

人工放射線		自然放射線
	100Gy（グレイ）	
がん治療（治療部位）	10Gy	
心臓カテーテル（皮膚線量）	1Gy　1000mSv（ミリシーベルト）	
	0.1Gy　100mSv	イラン / ラムサール（年間）
放射線業務従事者の年間線量限度	がん死亡が増えるという明確な証拠がないライン	
CTスキャン	10mSv	ブラジル / ポコスデカルダス（年間）
PET 検査	1mSv	1 人あたりの年間自然放射線
一般公衆の年間線量限度		宇宙から 0.4mSv 大地から 0.5mSv 空気中のラドンから 1.2mSv 食物から 0.3mSv
胃の X 線検査	0.1mSv	東京 - ニューヨーク（往復）
胸の X 線検診		
歯科撮影	0.01mSv	

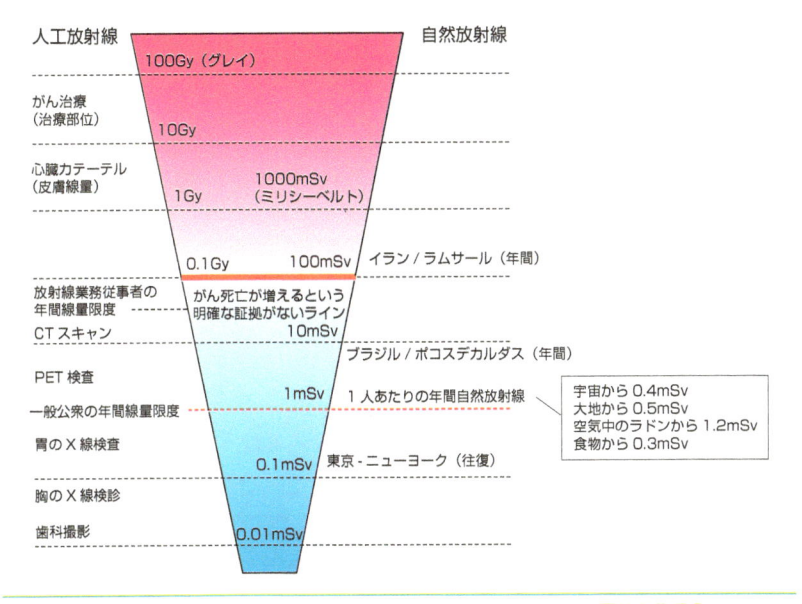

地

111 化石のレプリカ作り

　化石は，地球の歴史を教えてくれるとても貴重なものです。特に**示準化石**は，限られた年代に繁栄した生物の化石で，その地層の年代がわかります。また貴重な化石の場合には，オリジナルの標本を壊さないためにもレプリカ標本を作製して観察することが大切です。

準備物：①油粘土，②石膏 80 g，③カップ麺などのケース 2 個，④ナイフなど，⑤水彩絵の具と筆，⑥ラッカースプレー，⑦化石，⑧油（サラダ油やマシン油）

実験および実験結果：①化石の表面に付いている汚れをできるだけていねいに取り除きます。

②油粘土をひとつかみちぎり取ってこねます。

③化石に油を塗り，油粘土を押し付けて型を取ります。油を塗ると油粘土がうまくはがれます。

④カップに石膏を約 80 g に水を加えてこねます。こねた石膏と同量の水を入れて，さらに 1〜2 分かき混ぜます。

⑤油粘土の型に石膏を流し込みます。このとき，型のところだけでなく，そのまわりに 1 cm 程度の台ができるように作っておきましょう。

⑥十分に乾くまで 1 時間くらい待ち，油粘土をそっとはがします。

⑦石膏の表面に水性絵の具などで色を付けましょう。乾いたらラッカースプレーをかけて完成です。

解説：三葉虫（Trilobita）は，**古生代カンブリア紀**（5 億 7000 万〜4 億 6500 万年前）に栄えた節足動物の甲殻類です。海に魚たちが繁栄し，カエルなどの両生類やトカゲなどのハ虫類が陸上に進出するようになった時代（約 5 億 9000 万〜2 億 5000 万年前で古生代といいます）の化石です。

　また，**アンモナイト（Ammonite）**は，**中生代白亜紀**（1 億 3500 万〜6500 万年前）に栄えた軟体動物の頭足類です。恐竜が生きていた時代（約 2 億 5000 万〜6500 万年前で中生代といいます）の化石です。

クリップモーターカー

色素増感太陽電池カー

物 地
112 温室効果実験

　地球は温暖化しているのか否か。種々の資料にあたってみたところ，温暖化しているという考えが主流です。しかし，それを疑う研究者も多いのも事実です。このようなテーマはまさに **STS 的**なテーマで，専門家にのみ結論を委ねるのではなく，それぞれの個人が正しいと思う方法で正しいと思うことを学び，議論に参加していく必要があります。議論に参加すると，正しいと思っていた学び方が科学的に妥当な方法であったのかどうか，学び取ったと考えた内容が科学的に妥当な内容であったのかどうかが，徐々にではありますが見えてきます。これから研究データを積み重ねながら答えを求めていくものについては一度間違った答えを出しても，その後，考えを改めてもいいし，さらに熟考した結果，再度元の答えに戻ってよいのです。そのときどき，熟考した結果出した結論であれば，自分なりに科学的根拠を示せばいいのです。地球環境問題の場合には，あるときはそうだといわれながら，あるときにはまったく正反対の考え方が示されたり，同じ1つのデータを解釈するのに，研究者によって正反対の結論を得るような事例がこれまでに多々あります。

　理科の**教授・学習過程**では，理科は正しい答えを覚えるだけの教科に終わらせないで下さい。その答えが正しいのかどうかを批判的に考察できる人を養成することを忘れないで下さい。

　それでは，二酸化炭素の温室効果について実験をしてみましょう。

　最初に厳密な実験を行います。その後，簡易な実験を行います。

実験1：温室効果を精密に測定する実験

準備物：①回転台，②透明半球（あるいは乾燥した2L以上のペットボトル）2組，③温度計（できれば1/100℃まで測定できるもの）2組，④赤外線ランプないしは白熱電球（いずれも長い波長の赤外線まで出しています）4個，⑤二酸化炭素（乾燥ボンベ。濃度はほぼ100%なので本文中では100% CO_2 と記述します），⑥乾燥空気

実験および実験結果：①回転台を作製します。回転数の調整できる電気ドリルに，70 cm 程度の横棒を固定し，回転棒とするだけでもいいです。ここでは，

超精密な回転台を組んでみました。
②回転棒の両端に，地球モデルをそれぞれ1個ずつ取り付けます。一方には乾燥空気（二酸化炭素濃度約 400 ppm），もう一方には 100% CO_2 を封入します。
③2つの地球モデルにデジタル温度計を取り付けます。センサーの中心が地球モデルの中心にくるようにセットしましょう。
④熱源を製作し，地球モデルの中心にセットします。熱源は電球4個を90°ずつずらしたものとします。
⑤熱源を点灯するのと同時に，地球モデルを熱源のまわりに回転させます。
　JIS 規格の電球でも明るさおよび熱さにバラつきがあります。2つの地球モデルが熱源のまわりを周回することで，それぞれの地球モデルが1周あたりに熱源から受け取る熱量を等しくします。
⑥得られたデータをグラフにしてみましょう。6分程度以上の長さ計測して下さい。

時間〔秒〕	0	30	60	90	120	150	180	210	240	270	300	330	360
二酸化炭素	26.6	27.3	28.0	28.6	29.2	29.7	30.1	30.5	30.9	31.3	31.5	31.8	31.9
空　気	26.6	27.3	27.9	28.5	29.1	29.5	29.9	30.3	30.6	30.8	31.1	31.3	31.4

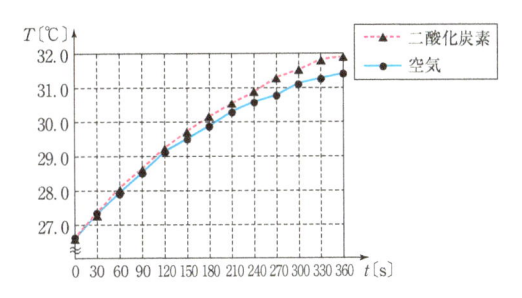

解説：この実験では，二酸化炭素の比熱を測定しているのではないかという初歩的な質問を受けることが多いですが，二酸化炭素の方が定積モル比熱，

定圧モル比熱とも大きく、二酸化炭素の方が温度が上がりにくいことを最初に確認しておきます。

この実験で用いている地球モデルの容器は、ポリスチレンの容器です。次のグラフは、1つのポリスチレン容器に、最初、乾燥空気を入れて、次にほぼ100% CO_2 を入れて、赤外放射強度計で放射強度分布を測定しました。グレーのラインは、赤外線ランプが放射している可視光線から赤外線までの放射強度です。赤色のラインは、ポリスチレン容器に乾燥空気を入れた場合の放射強度です。そして青色のラインは、ポリスチレン容器に100% CO_2 を入れた場合です。赤色のラインと青色のラインは重なっていて、その差が明確ではありませんでした。

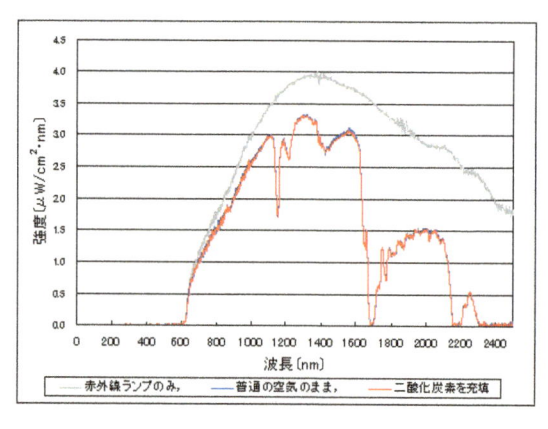

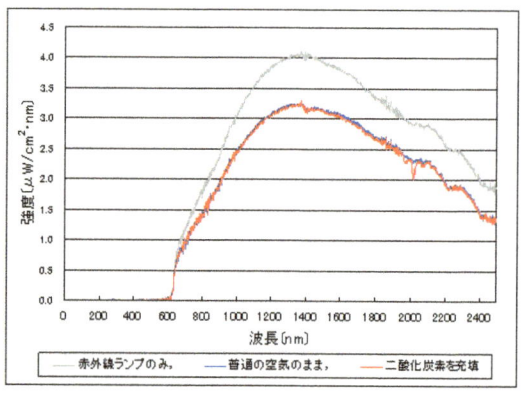

そこで、10 L ガラスフラスコを用いて、同様の実験を行ってみました。波長 2000 nm のあたりに、二酸化炭素による赤外線の吸収が見られます。ここで再度、ポリスチレン容器のデータに戻ってみますと、同じく 2000 nm のあたりに、二酸化炭素による赤外線の吸収が見られました。ポリスチレン容器の地球モデルのうち100% CO_2 を封入したモデルは、2000 nm 付近で赤外線を吸収しており、このことにより、乾燥空気の地球モデルよりも温度が高くなることが確認できました。

実験2：簡単な温室効果の測定実験
準備物：①乾燥した2L以上のペットボトル2組，②アルコール温度計2組，③二酸化炭素，④シリカゲル，⑤段ボールなど日よけになるもの
実験および実験結果：①**最初に温度計の選択実験を行います。**20本以上程度のアルコール温度計を準備し，室温において温度の値がそろっているものを選び取ります。次に水温で温度の値がそろっているものを選び取ります。最後に40℃程度の湯に入れ，温度の値がそろっているものを選び2組のペアにします。つまり，選び取ったペアは，どの温度においてもほぼ同じ値を示します。一般に温度計では2℃も数値が異なることがあるので注意しましょう。
②**同じ熱量を受けるペットボトルの選択実験を行います。**同じロットで販売されているペットボトルは品質がほぼ同じであると期待できますが，それでも，実際に空気を入れて太陽光などに当ててみると，温度の上がり方が異なるペットボトルがありますので注意してペアを選びましょう。
③**二酸化炭素を準備しましょう。**アイスクリームを販売する店などで分けてもらうなどの工夫が必要です。炭酸ドリンクや二酸化炭素を発生させた場合は，水蒸気の影響が出てきますので，その影響を除くためにシリカゲルなどで乾燥させましょう。空気も同様に乾燥させます。方法としては，ポリ袋にシリカゲルやお菓子の乾燥剤を入れ，空気の場合は袋を膨らませてそのまま，二酸化炭素の場合は発生源から袋の中に導入します。十分に時間がたって乾燥したと見なせたら，ポリ袋の口にストローを輪ゴムで留め，中の気体をそれぞれ実験用のペットボトル（地球モデル）に移し替えます。
④2つの地球モデルを段ボールなどの日よけに入れたまま日なたまで運び，覆いを取り外して，温室効果の測定実験を開始します。

途中で曇ったりなど，日光の強さが弱くなったときもありましたが，温室効果の確認はできました。

その他の温室効果ガス，例えば**炭化水素**でも実験をしてみましょう。メタンよりブタンの方が温室効果が大きいのは，炭素-水素結合が多いために赤外線の吸収波長域が広いからです。

時間 [秒]	気温 18.7℃	
	二酸化炭素[℃]	空気[℃]
0	20.3	20.3
30	22.0	22.0
60	22.7	22.5
90	23.2	22.8
120	23.5	23.0
150	23.7	23.1
180	23.9	23.2
210	24.2	23.4
240	24.4	23.5
270	24.4	23.5
300	24.3	23.4
330	24.3	23.4
360	24.4	23.5

地 113 酸性雨実験

　酸性雨の問題は，一時期，我が国においては解決の方向に向かいました。しかし近年では，周辺国での酸性雨原因物質の排出により，再び切実な問題となっています。環境問題は，このように一国の問題にとどまらず，越境被害が生じます。どのようにすれば酸性雨対策になるか考えてみましょう。

準備物：①水槽，②アルミトレー（水槽にふたができるサイズ。100円ショップなど），③お湯（水槽に60〜80℃，2cm程度の深さになるように），④塩化ビニルの製品，⑤空き缶など，⑥紫イモ粉（シソもオーケー），⑦水に浮くトレー，⑧簡易ライター，⑨くぎ10本程度，⑩ガラスの曇り止め，⑪ガムテープかビニールテープ

実験および実験結果：①アルミのトレーの底に，つららのようにくぎを10本程度突き刺し，ガムテープやビニールテープで封じます。これにより，アルミトレー内部の水が底から漏れるのを防ぎます。
②水槽の内側に曇り止めを塗り，60℃以上のお湯を入れ，アルミトレーでふたをします。
③トレーの中に氷かドライアイスを入れます。
④食品トレーなどに紫イモ粉を入れ，トレーをお湯に浮かします。
⑤数分すると水槽の中に雲ができ，くぎの先端から雨のように水滴が落ちます。この水滴では，紫色の食品粉の色は変色しないので，中性だとわかります。pH試験紙やリトマス紙で実験してもいいです。
⑥塩化ビニルを少量，空き缶の中で燃やし，水槽のなかに置きます。
⑦水槽の中に煙が充満し，やがて水槽の中で雨が降ります。この雨では紫イモ粉は赤く変色し，酸性の

雨になっていることがわかります。

　硫酸や硝酸の雨ではありませんが，塩酸による酸性の雨が降ったわけです。空き缶から出る煙は，煙突の煙や自動車の排気ガスのモデルです。

解説：酸性雨は，最初のころは原因もわからず，奇妙な現象として恐れられていました．しかしその後，スウェーデンの土壌学者オーデンなどの研究により，徐々に解明されてきました．

　ところで，雨は上空で降り始めたときに pH＝7 の中性であっても，地面に落ちてくるまでに**空気中の二酸化炭素が溶け込み pH が 5.6 程度の酸性**になります．ですので，pH が 5.6 よりも小さな雨の場合に酸性雨と呼びます．

　二酸化炭素は，20℃，1 気圧では水 1 L に 870 mL 溶けます．密度は 0.0018 g/cm^3 なので，水 1 L には約 1.6 g の二酸化炭素が溶けます．二酸化炭素濃度を 340 ppm，すなわち体積で 0.034% とすると，分圧は 0.00034 atm です．大気中の二酸化炭素は水 1 L には 0.00054 g 溶け，水溶液の濃度は約 0.000012 mol/L＝$1.2×10^{-5}$ mol/L となります．炭酸は 2 段階で電離しますが，近似的には第 1 段階の電離だけと考えてもいいので，水素イオン濃度は次のようになります．

$$H_2CO_3 \rightarrow H^+ + HCO_3^- \quad (電離定数：4.4×10^{-7})$$

水素イオン濃度 $[H^+]=c\alpha=\sqrt{cK\alpha}=\sqrt{1.2×10^{-5}×4.4×10^{-7}}$
$=\sqrt{5.28×10^{-12}}≒2.3×10^{-6}$ mol/L

pH$=-\log(2.3×10^{-6})=-\log 2.3+6=-0.36+6≒5.6$　∴ pH≒5.6

　さて，工場，火力発電所，自動車などから排出された**窒素酸化物（NOx；ノックス）**や**硫黄酸化物（SOx；ソックス）**は大気中を上昇し，上空で太陽光を受け，水蒸気，酸素と化学反応を起こして硝酸や硫酸になります．それが雨に溶け込み酸性雨となって降ってきます．

　この問題の解決のために，私たちはどんなことができるでしょうか．酸性雨原因物質の窒素酸化物や硫黄酸化物を空気中に出さないように，工場の煙突や自動車排気管などに除去装置を付けることが考えられます．これにより，脱硫の方はかなり進みましたが，窒素酸化物の除去は未だに困難な状況です．なぜなら，窒素は空気の成分の約 80% もあり，各家庭でガスファンヒーターを使うだけでも出てしまいます．ガソリンエンジンやディーゼルエンジンの自動車は，CO_2 だけでなく，NOx も放出します．世界中の各個人が生活者として環境意識を高めることが必要です．

理科

114 はんだづけをやってみよう

　はんだづけができない理系大学生が問題となっていますが，はんだづけができるようになると工作の幅が広がりとても楽しくなります。練習すれば電子工作は小学生でも1人で十分やれます。はんだはスズと鉛の合金です。スズの融点は232℃，鉛の融点は328℃ですが，合金にすると融点を180℃前後に下げることができます。少し難しいですが，金属のはんだづけにもチャレンジしてみましょう。

準備物：①電子工作用はんだごて（20 W），②はんだごて（60 W），③はんだ，④こて台，⑤フラックス入りはんだ（やに入りはんだ）

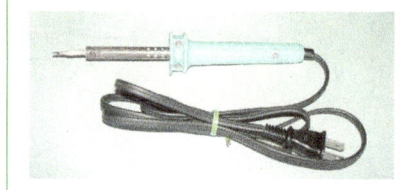

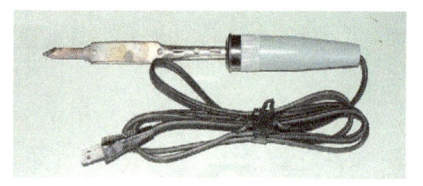

20 Wタイプ（電子工作に向きます）　60 Wタイプ（金属加工にも向きます）

　こて台のスポンジには水をしみこませておきます。こて先が過熱しすぎた場合，少し冷やして使います。

手順1：電子工作のときのはんだづけ：①電子部品にはトランジスタなど熱に弱い部品が多いので，熱しすぎることがないように，はんだごては20 W

タイプの物を用います。

②まず，はんだづけをしたい箇所をよく磨き，油やさびを除去します。

③はんだづけをしたい箇所をよく温めます。接合する材料を両方ともしっかりと温めます。

④はんだづけをしたい箇所のそれぞれに，はんだを盛り付けます。

⑤はんだづけをしたい箇所同士を同時に温め，はんだを溶かしてくっつけ，その後はんだが冷えるまでは，動かさないでしっかりと固定します。

⑦電子部品は熱に弱い部品が多いので，手短かにはんだづけを完了するようにしましょう。

手順２：金属工作のときのはんだづけ：①はんだごては 60 W タイプ以上の物を用います。**いわゆる熱容量の大きなタイプ**を選びます。

②まず，はんだづけをしたい箇所をよく磨き，油やさびを除去します。

③はんだごての先を十分に熱してから，はんだづけをしたい箇所を，接合する材料の両方とも完全に熱します。

④はんだづけをしたい箇所のそれぞれに，はんだを盛り付けたり広げたりしておきます。

⑤はんだづけをした箇所同士を同時に温め，はんだを溶かしてくっつけ，その後はんだが冷えるまでは，動かさないでしっかりと固定します。

⑥慣れてきたら，例えばサボニウス型風車の回転軸とそれをささえる金属板をはんだづけできるようになります。

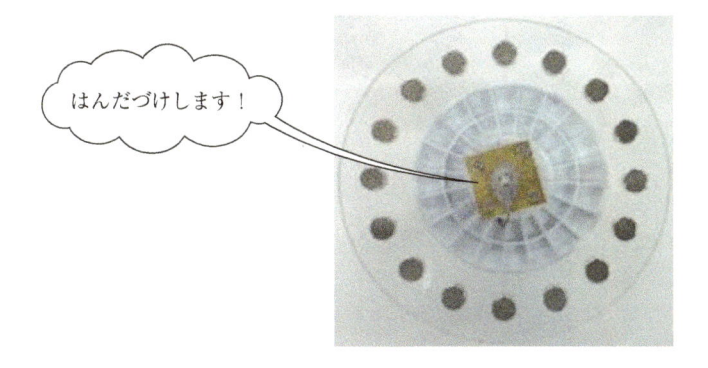

注意：①やけどには十分に気を付けましょう。

②換気にも十分に注意しましょう。

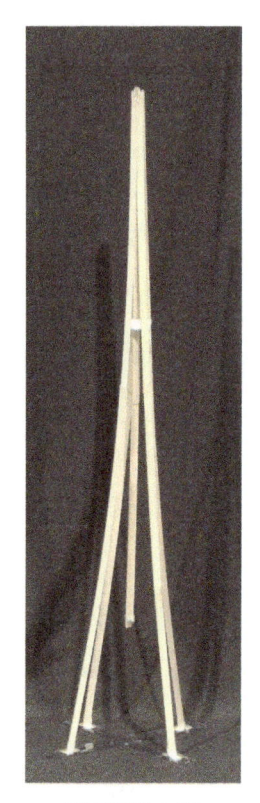

制振構造の塔

第3部

理科授業の評価のための教育統計

1. 共分散分析

1.1 理科授業をきちんと評価しましょう

　理科授業において優れた新しい試みはこれまで数多く行われてきています。しかしその多くは評価が定まらないまま，生まれては消えていくということを繰り返しています。優れた実践や教材はきちんと蓄積してこそ次世代のための財産となります。

　評価が定まらないことの1つに，新しい実践や新しい教材を用いての授業実践を行っても，その評価を行わないまま終わらせてしまっていることがあげられます。現場では，時間的に忙しくて授業の評価までは難しいという声もあるかと思います。その場合は，**教育の研究者らと協力しながら**，試行した授業の評価を実施してほしいと願っています。

　教育の実践や教材の評価の難しさのもう1つは，実はこちらの方がより困難な課題なのですが，新しい試みが現実に実施されている優れた実践や教材と比べて学習効果が高いことを示す必要があることです。生徒が退屈するいわゆるつまらない授業と，新しい試みを比較して，新しい試みのほうが学習効果が高いとしても，それはあたりまえのことです。これでは研究にはなりません。ですから**優れた授業を，統制群としてどうやって見つけるかが重要**なわけです。

　そのための一番いい方法は，教師自身がいつでもいい授業を学習者に提供し続けることです。自分自身が行うパフォーマンスの高い授業に新しい試行を取り入れ，さらに高い学習効果が認められた場合には，広く情報発信する価値があるものとなるでしょう。

　さて，授業をきちんと評価するためには，いくつかの教育統計に習熟しておく必要があります。

　1つは，**共分散分析**です。授業の評価を行う場合，一般に授業の事前・事後の2回において，実験群（特別な授業を行う群）と統制群（通常の授業を行う群）

の群間比較がよく行われます。ところが，実際に実在するクラスを用いて研究を行う場合，実験群と統制群との間で，事前に有意な学力差が存在する場合があります。このような場合には，**分散分析**を活用することができません（分散分析が活用できる場合には，**繰り返しのある分散分析**を利用します）。ところが，分散分析が利用できない場合でも，共分散分析という手法を用いれば解析できます。ただし，両群の事前学力に有意差が認められ，分散分析もできないような実験条件の場合には，そもそも研究の対象としないほうがよいという考えもあります。それでも，どうしても決まった時期までに研究報告を提出しないといけない場合もあることでしょう。このようなときには，共分散分析が役に立ちます。共分散分析については，後の節で具体例を交えて解説します。

　もう1つは，**因子分析**です。アンケート調査の項目を決める場合によく行われるのが，次のような方法です。ある観点での評価項目として3項目設定し，別の観点での評価項目として3項目設定して…と，アンケートの作成者が勝手に評価の観点を定めてアンケート調査表を作成するというものです。はたして，調査対象者は調査者と同じ評価観点を共有して応答しているでしょうか。調査者の勝手な思い込みでアンケート項目を作っていたのでは，調査者と調査対象者とのあいだに応答のずれが生じ，せっかくのアンケート調査も無駄骨に終わってしまいます。そうならないように，因子分析を活用して調査票を作成します。

　具体的には，調査者がまわりの教育研究者や教育実践者と共同して調査表の項目を原案として準備します。これをアット・ランダムに並び替え，調査対象者と同じような属性の100名程度以上の被験者に，調査項目を1～5の5段階評価などで答えてもらい，そのデータを因子分析します。最初，調査者の側では，6つの観点があると準備していたとしても，因子分析の結果5因子しか検出されないということがあります。この場合は，授業の事前・事後で学習効果の調査を行ったり，統制群法で調査するときには，この5つの因子の得点で比較することになります。そのようにすることで，思い込みによる調査票ではなく，より客観的な調査票にブラッシュアップしたもので評価を実施することができます。具体的な事例を用いて，次章で解説を行います。

1.2　共分散分析

　新しく開発した授業メソッドや教材について，高い学習効果が得られるかどうかを明らかにしたいとします。このような場合に，統制群と実験群を準備し，授業の事前と事後でどちらのクラスがより学力が向上したかを比較するとよいで

しょう。そのための手法として，**2要因の繰り返しのある分散分析**や**共分散分析**があげられますが，それを説明していきます。

　授業後における学習効果を見るためにポストテスト（事後テスト）を行うだけでなく，その授業によって学習効果が長期に渡って持続しているのかを見るために，ポスト・ポストテストを行うこともあります。

　授業のプレテスト（事前テスト）の成績を X，授業の直後のポストテストの成績を Y_1，1カ月後に行ったポスト・ポストテストの成績を Y_2 として3回に分けて**同一テスト**をくり返し調査します。プレテストの成績 X を統制変量，ポストテストやポスト・ポストテストの成績 Y を従属変量とします。

　このとき対象の2つの学級の統制変量が同等（学力が同じ）とは限りません。この場合，次の2つの方法で対応することが考えられます。

(1) それぞれの学級をプレテストの成績の高・中・低の3群に分け，計6群で比較する。ただし，この方法では**要因が増加**し分析の労力も増えてしまいます。

(2) 2つの学級で同等と見なせる生徒のペアをつくる**ペア・マッチング**行うことによって，両群を比較することもできます。ただし，この方法には，ペア・マッチできた生徒のデータのみしか分析の対象とならないため，データの損失を起こすという問題があります。

　以上に対して，共分散分析法は統計的なコントロールまたは間接的なコントロール法といえ，すべてのデータを利用することができます。いわば共分散分析は分散分析を発展させた分析法で，分散分析で使われるデータから，共変量を利用して系統誤差を除去することで，誤差の散らばりを減少させ，分散分析の検定力を高めたものということができます。つまり，共分散分析法は，統制変量（プレテスト）に群差があっても利用できる実験計画法と考えてもよいということです。しかし，共分散分析法の効率は群間の統制変量の差が小さいほどよいので，できるだけ統制変量の群差が生じないようにする必要があります。

　次の1.3節では，分散分析を学んだことがある方に向けて，数式を用いて説明します。統計ソフトを用いた具体的な手順を知りたい方は1.4節へ飛んで頂いても結構です。

【補足1】事前の群差について

　統制変量が1個のときの共分散分析モデルでの調整後の i 群での平均値は回帰係数を b_B として $\bar{Y}'_{i.} = \bar{Y}_{i.} \ b_B(\bar{X}_{i.} - \bar{X}_{..})$ となり，i 群と i' 群との調整後の平均値間の差は $\bar{Y}'_{i.} - \bar{Y}'_{i'.} = (\bar{Y}_{i.} - \bar{Y}_{i'.}) - b_B(\bar{X}_{i.} - \bar{X}_{i'.})$ となります。調整後の平均値間の差は，

一般に回帰係数 b_B が正なので，統制変量において i 群と i' 群間の差 $(\bar{X}_L - \bar{X}_{i'})$ が 0 に近づくほど，目的の実験処理間の効果 $(\bar{Y}'_L - \bar{Y}'_{i'})$ が大きくなります。ですので，2 群の統制変量間の差が小さいほど，共分散分析の検定効率が増大することがわかります。

【補足2】 分散分析や共分散分析でよく用いる用語

偏差平方和（sum of squares；**SS** と略す。変動ともいう）とは，個々の測定値から平均値を引いた偏差の 2 乗 **(個々のデータ (X_i) －平均 $(\bar{X}))^2$ の総和**です。

分散は，偏差平方和をデータ数 (n) で割って平均したもので，$\dfrac{\text{偏差平方和}}{\text{データの個数}}$ で表されます。**標準偏差 SD** は，$\sqrt{\text{分散}}$ です。

平均平方（mean square；*MS* と略す。不偏分散ともいう）は，偏差平方和をデータ数 (n) ではなく，自由度 $(n-1)$ で割ったもので，***MS = SS/df*** と表されます（*df* は自由度）。

分散分析表は次のようになります。

表1. 分散分析表

変動源	平方和 SS	自由度 df	平均平方和 MS	F
被験者間 A	SS_A	$(p-1)$	MS_A	$F = MS_A/MS_{WC}$
誤差 WC	SS_{WC}	$(N-p)-1$	MS_{WC}	
全体 T	SS_T	N		

添え字として用いている記号 WC は，within cell の略です。たとえば，MS_{WC} は各セル内の不偏分散を，すべてのセルについて平均したものであることを表しています。p はグループの数，N は全被験者数。

共変量とは，共分散分析を行う場合に，分散分析で使われるデータの誤差の成分のうち，回帰分析を利用して系統誤差を除去するための量です。誤差から共変量を除去することで，誤差の散らばりを減少させることができます。

1.3 実例を用いて計算をしてみましょう

それでは具体的に，共分散分析を行ってみましょう。

例えば，高等学校物理の学習単元「慣性力」の学習において，伝統的な授業を行った統制群と，構成主義的な授業を行った実験群との 2 群において，実験群のほうが学習効果が高いことを検証することを実際に行います。

調査対象者は，高校 2 年生の 2 クラスの生徒 80 名（実験群 40 名，統制群 40 名）

表2. 実験群と統制群のテスト結果

生徒No.	統制群			実験群		
	pre	post	p. post	pre	post	p. post
1	1	3	3	2	4	4
2	2	4	3	1	4	3
3	1	3	3	1	3	3
4	2	4	3	1	4	4
5	2	6	5	2	4	4
6	1	4	4	3	6	6
7	1	3	3	2	4	3
8	2	5	5	1	3	3
9	2	6	5	1	3	3
10	1	4	4	1	3	3
11	2	4	4	2	5	4
12	1	3	4	1	4	4
13	0	2	2	2	5	5
14	1	2	2	1	4	3
15	2	3	3	1	4	3
16	2	3	2	1	4	3
17	0	3	3	2	5	5
18	2	6	5	2	6	6
19	1	3	3	1	4	4
20	1	3	3	2	6	5
21	1	4	3	1	4	4
22	1	4	4	0	3	3
23	2	3	3	1	4	3
24	2	4	3	2	6	6
25	2	4	3	2	5	5
26	1	4	4	0	4	3
27	1	4	3	2	6	6
28	2	4	4	1	4	4
29	2	6	6	1	5	5
30	0	3	3	1	3	3
31	0	3	3	1	4	4
32	2	4	4	2	6	5
33	1	3	3	2	4	4
34	1	6	5	2	5	5
35	1	5	5	1	4	4
36	2	3	4	1	4	4
37	3	6	6	2	6	5
38	2	4	4	2	6	6
39	1	3	3	1	4	4
40	1	4	4	0	3	3
計	55	155	146	55	175	164
Av	1.38	3.68	3.65	1.38	4.38	4.10

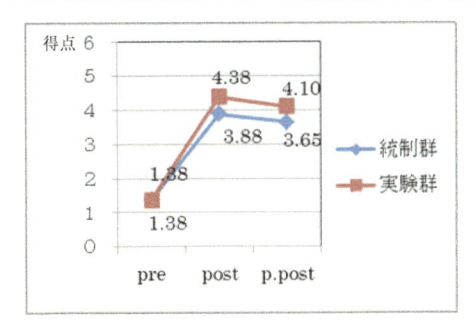

図1. 調査結果のグラフ

表3. 変量の表

	pre-post		計	
	X	Y_1	ASx	ASy
統制群	ABx_{11} 55	ABy_{11} 155	Ax_1 55	Ay_1 155
実験群	ABx_{21} 55	ABy_{21} 175	Ax_2 55	Ay_2 175
計	Bx_1 110	By_1 330	Gx 110	Gy 330

とします。

　実験群と統制群のそれぞれに，高等学校物理の学習単元「慣性力」の授業を実施し，実験群において高い学習効果が得られることを示すために，**授業の事前にプレテスト**を，**授業の直後に同じ内容のテストをポストテスト**として実施することで検証します。また，学習効果が短期的なものなのか，それとも学力の定着が見られるのかをも検証するため同じ内容のテストをポスト・ポストテストとして実施しました。なお，テストは6点満点としました。また，ポスト・ポストテストの場合には，追加で2問程度加えて実施することもあります。

　表2に調査の結果を示します。得られた結果をグラフにしてみましょう。図1のようになります。

　まず，簡単のため，事前・事後だけでの検定を行ってみます。この場合，被験者間の要因をA(実験群と統制群)，被験者内の要因をB(プレとポスト)とします。それぞれの水準をa_i, b_jで表します。a_1は統制群，a_2は実験群，b_1はプレテスト，b_2はポストテストです。統制群の人数をn_1，実験群の人数をn_2とします。この

表4. 変量の平均値

	pre-post		計	
	X	Y_1	ASx	ASy
統制群	$\overline{AB}x_{11}$ 1.38	$\overline{AB}y_{11}$ 3.88	$\bar{A}x_1$ 1.38	$\bar{A}y_1$ 3.88
実験群	$\overline{AB}x_{21}$ 1.38	$\overline{AB}y_{21}$ 4.38	$\bar{A}x_2$ 1.38	$\bar{A}y_2$ 4.38
計	$\bar{B}x_1$ 1.38	$\bar{B}y_1$ 4.13	$\bar{G}x$ 1.38	$\bar{G}y$ 4.13

表5. 変量の自乗和

自乗和	pre-post		計	
	X	Y_1		
統制群	95	649	95	649
実験群	93	805	93	805
計	183	1454	$[X]$ 188	$[Y]$ 1454

ことを踏まえて,各被験者それぞれの統制変量を $ABSx$ とします。同様に,各被験者のそれぞれの従属変量を $ABSy$ とします。

共分散分析に必要な手続きを進めてみましょう。

必要な変量を計算したものが表3です。ABx と ABy は,要因 B の水準ごとに,つまりプレテスト,ポストテストのそれぞれごとに,統制群・実験群各群の被験者の得点合計を表します。Ax と Ay は,各群ごと,要因 B の各水準ごとの合計得点です。Bx と By は,群わけを無視した要因 B の水準ごとの被験者の得点合計です。Gx と Gy は,$ABSx$ および $ABSy$ のそれぞれの合計得点です。

続いて,各セルを該当する人数で割って,各セルごとの平均点を算出したのが表4です。バーがついているのは平均値という意味です。さらに,それぞれの自乗和を求めて表にしたのが表5です。

最終的に,共分散分析として必要なものは,表6となります。すべて,電卓や計算ソフトで算出できます。

上記の $A'yy$,すなわち被験者間の偏差平方和(変動)は,

$$A'yy = (Ayy + Syy - S'yy) - (Axy + Sxy)^2 / (Axx + Sxx)$$

です。また誤差の偏差平方和 $S'yy$ は,

表6. 2要因共分散分析表

変動源	平方和 SS'	自由度 df	平均平方和 MS'	F
被験者間 A	$A'yy$	$(p-1)$	$M_1 = A'yy/(p-1)$	$F = M_1/M_2$
誤差 a	$S'yy$	$(N-p)-1$	$M_2 = S'yy/\{(N-p)-1\}$	

$$S'yy = Sxy^2 - Syy/Sxx$$

です。これらを求めるために,Axx, Ayy, Axy や Sxx, Syy, Sxy を求めてみましょう。

$$Axx = [Ax] - [Gx], \qquad Ayy = [Ay] - [Gy], \qquad Axy = [Axy] - [Gxy],$$
$$Sxx = [ASx] - [Ax], \qquad Syy = [ASy] - [Ay], \qquad Sxy = [ASxy] - [Axy]$$

となります。また,

$$[Ax] = \{Ax_1^2/n_1 + Ax_2^2/n_2\}/q = \{55^2/40 + 55^2/40\}/1 = 151.25$$
$$[Ay] = \{Ay_1^2/n_1 + Ay_2^2/n_2\}/q = \{155^2/40 + 175^2/40\}/1$$
$$= \{600.625 + 765.625\}/1 = 1366.25$$
$$[Axy] = (Ax_1 \times Ay_1)/qn_1 + (Ax_2 \times Ay_2)/qn_2$$
$$= (55 \times 155)/40 + (55 \times 175)/40 = 453.75 \quad (\because q=1)$$
$$[ASx] = \sum (ASx)^2/q = (1^2 + 2^2 + 1^2 + 2^2 + \cdots + 0^2)/1 = 188$$
$$[ASy] = \sum (ASy)^2/q = (3^2 + 4^2 + 3^2 + 4^2 + \cdots + 3^2)/1 = 1454$$
$$[ASxy] = \sum (ASx)(ASy)/q$$
$$= (1 \times 3 + 2 \times 4 + 1 \times 3 + 2 \times 4 + \cdots + 0 \times 3)/1 = 489$$
$$[Gx] = Gx^2/Nq = Gx^2/(n_1+n_2)q = 110^2/80 \cdot 1 = 151.25$$
$$[Gy] = Gy^2/Nq = 330^2/80 \cdot 1 = 1361.25$$
$$[Gxy] = Gx \cdot Gy/Nq = 110 \cdot 330/80 \cdot 1 = 453.75$$

と求まりますので,逆に代入をしていくと,

$$Axx = [Ax] - [Gx] = 151.25 - 151.25 = 0$$
$$Ayy = [Ay] - [Gy] = 1366.25 - 1361.25 = 5$$
$$Axy = [Axy] - [Gxy] = 453.75 - 453.75 = 0$$
$$Sxx = [ASx] - [Ax] = 188 - 161.25 = 36.75$$
$$Syy = [ASy] - [Ay] = 1454 - 1366.25 = 87.75$$
$$Sxy = [ASxy] - [Axy] = 489 - 453.75 = 35.25$$

となります。それでは $A'yy$ と $S'yy$ を求めてみましょう。

$$S'yy = Sxy^2 - Syy/Sxx = 53.939$$
$$A'yy = (Ayy + Syy - S'yy) - (Axy + Sxy)^2/(Axx + Sxx) = 5$$

したがって,求める F 値は,表7の通りとなり,両群間に1%水準での有意差が

表7. 2要因共分散分析表

変動源	平方和 SS'	自由度 df	平均平方和 MS'	F
被験者間	5	1	5	7.138**
誤差 a	53.939	77	0.700	

表8. 有意差の表現の仕方

pの値	記号	文章中の表現
$p>.10$	n.s.	有意でない (nonsignificant)
$.10>p>.05$	+	有意な傾向が認められる
$p\leq.05$	*	5% 水準で有意差が認められる
$p\leq.01$	**	1% 水準で有意差が認められる

認められたことがわかります。統制群での成績よりも実験群での成績の方がよいので，実験群で学習効果が高かったことがわかったということになります。

統計における有意差の表現の仕方を整理したものが表8です。

なお Excel で，平均値を AVERAGE，変動（偏差平方和）を DEVSQ，分散を VARP，標準偏差を STDEVP，共分散を COVAR（covariance）と関数を用いて簡単に計算することができます。また豆知識として，相関係数は共分散を標準偏差の積で割ったもので，CRREL（correlation）を用います。

このように手計算でできる共分散分析ですが，SPSS などのソフトを活用すると，よりスムーズに共分散分析を進めることができます。

1.4 ソフトを活用した共分散分析

共分散分析は，統計ソフト SPSS などを使用しても行えます。
① SPSS を起動すると「無題」と表示された画面になります（図2）。この画面の左下には**データビュー**と**変数ビュー**とが表示されています。

変数ビューでは，入力する数値の項目やその表示の形式などを設定できます。ここでは，**実験群・統制群の別や生徒氏名，調査項目名（pretest, posttest）**などを入力します。
②次に，「データビュー」のシートを開きます（図3）。「データビュー」と「変数ビュー」のシートはリンクしているので，「データビュー」で入力した項目名が「変数ビュー」のシートに表示されます。統計計算やデータ解析あるいはグラフ表示の対象となる数値列あるいは文字列はここに入力します。

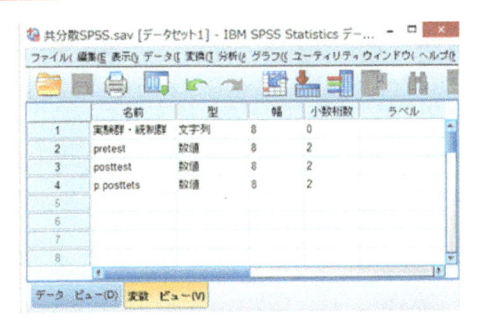

図2. ①の画面

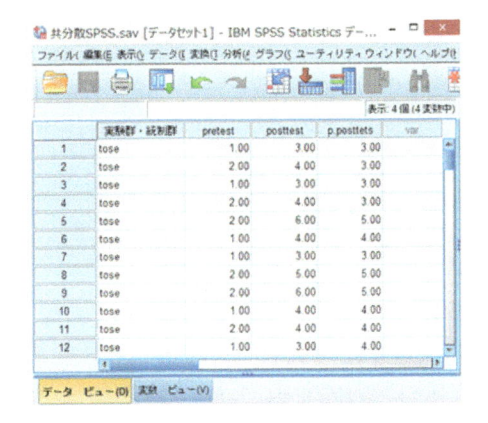

図3. ②の画面

　実際には，実験群・統制群の別，名簿番号，生徒氏名，事前・事後テストの結果を入力します。

③必要なデータが入力できたところで分析に入ります。まず，最初に，共分散分析の平行性を検定します（図4）。メニューバーから「分析」を選び，その中の「一般線形モデル」，「1変量」を選択してクリックします。

④図5（左）の画面に変わったら，従属変数，固定因子，共変量のそれぞれを指定します。

　具体的には，posttestをマウスでクリックしてから従属変数の左側の矢印をクリックし従属変数のボックスに入れます（図5右）。続いて，**実験群・統制群**を**固定因子**に，**pretest**を**共変量**のボックスにそれぞれ移動させます。

⑤ボックスへの移動が終わったら，右側の上にある モデル をクリックします。

1．共分散分析　　259

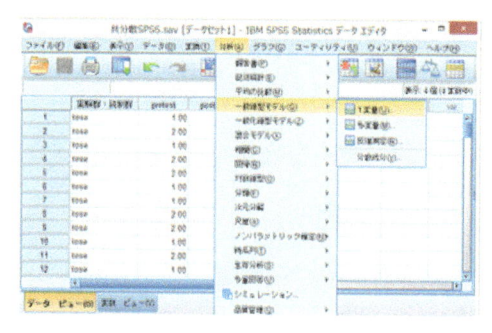

図4. ③の画面

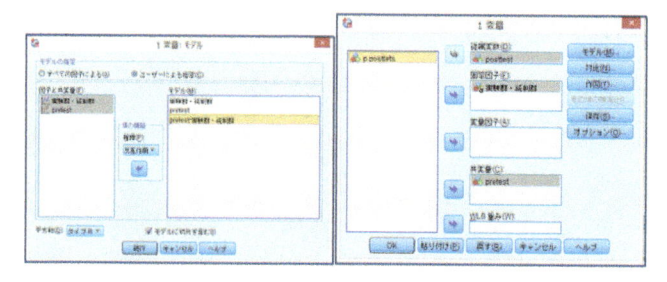

図5. ④の画面

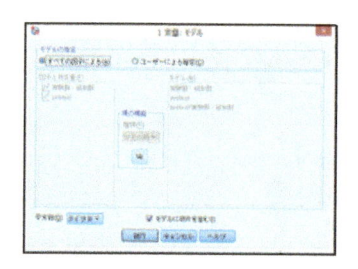

図6 ⑤の画面

すると，図6の画面になりますので，ユーザーによる指定をクリックします。
　ここでは，作業を全部で3つ行いますので注意して下さい。まず，**実験群・統制群**をマウスでクリックして，図6の項の構築の下の矢印をクリックし，右側に移動さます。次に pretest を移動させます。最後に，**実験群・統制群**と pretest を同時にクリックして，右側に移動させます。これをすべて終えてから，画面下部の続行をクリックします。
　⑥④と同様の画面に戻ります。画面右部にオプションがありますので，それをク

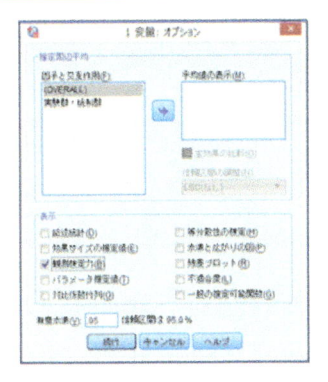

図 7．⑥の画面

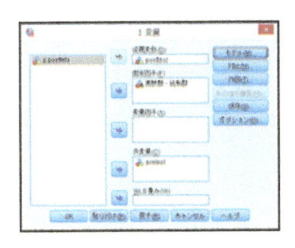

図 8．⑦の画面

リックします。すると右の画面が現れます（図7）。ここで観測検定力にチェックを入れ，続行をクリックします。

　画面が変わりますので，OKボタンをクリックします。すると，共分散分析の平行性の検定結果が出力されます。出力結果の読み取りは，後述します。
⑦これで，平行性の検定が終わりました。それでは，いよいよ共分散分析を行ってみましょう。まず④の画面に戻ります。続いて，共分散分析のモデルを元に戻すためモデルをクリックします。図8の画面が現われますので，すべての因子によるをクリックし，さらにその後，続行をクリックします。
⑧今度は，回帰の有意性の検定を行いますので，オプションをクリックします。
⑨右の画面（図9）が現われるので，表示の下の観察検定力とパラメータ推定値にチェックを入れます。調整された平均値における多重比較をしたいときには，左枠の中の実験群・統制群を右枠に入れておきましょう。このとき，主効果の比較にチェックを入れ，Bonferroniを選択します。

　画面が右のようになったら，続行をクリックします。画面が④に戻ったら，

1．共分散分析　　261

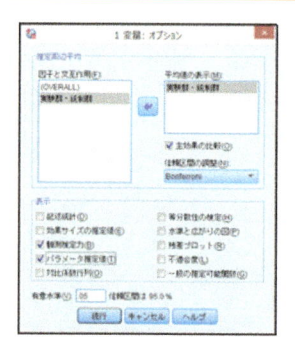

図9. ⑨の画面

表9. 平行性の検定

従属変数：posttest

ソース	III 平方和	自由度	平均平方	F値	有意確率	観測検定力[b]
修正モデル	39.612[a]	3	13.204	18.885	.000	1.000
切片	121.88	1	121.88	174.32	.000	1.000
実験群・統制群	0.034	1	0.034	0.049	.826	0.055
pretest	34.279	1	34.279	49.028	.000	1.000
実験群・統制群＊pretest	0.801	1	0.801	1.146	.288	0.185
誤差	53.138	76	0.699			
総和	1454	80				
修正総和	92.75	79				

a　$R^2=.427$（調整済み $R^2=.404$）
b　$\alpha=.05$ を使用して計算された

OKをクリックします。すると，検定の結果が出力されます。

⑩出力結果の読み取りを行います。

まず，「仮説：実験群と統制群の2群（＝因子）と事前調査の結果（＝共変量）の間に交互作用はない」ことを検定するため，平行性の検定を行います。因子と共変量との間に交互作用がないということは，因子の各水準における傾きは互いに等しい，つまり平行性があると認められるということになります。

出力結果から，有意確率$p=0.288>0.05$ となり，仮説は棄却できません。したがって2群間と事前調査の結果の間には交互作用は認められず，平行性を仮定してよいことがわかりました。

次に，「仮説：共通な傾きβは0である」を検定します。有意確率$p=0.009<0.05$

表10. 共通な傾きについての出力結果

パラメータ推定値
従属変数 : posttest

パラメータ	B	標準誤差	t 値	有意確率	95% 信頼区間 下限	95% 信頼区間 上限	観測検定力[b]
切片	2.556	0.231	11.046	0.000	2.095	3.017	1.000
pretest	0.959	0.138	6.947	0.000	0.684	1.234	1.000
[実験群・統制群=jikken]	0.5	0.187	2.672	0.009	0.127	0.873	0.751
[実験群・統制群=tose]	0[a]						

a このパラメータは冗長であるためゼロに設定されます
b $\alpha=.05$ を使用して計算された

表11. 被験者間効果の検定

従属変数 : 事後テスト合計値

ソース	III 平方和	自由度	平均平方	F 値	有意確率	観測検定力[b]
修正モデル	38.811[a]	2	19.406	27.702	0.000	1.000
切片	123.141	1	123.141	175.789	0.000	1.000
pretest	33.811	1	33.811	48.267	0.000	1.000
実験群・統制群	5	1	5	7.138	0.009	0.75
誤差	53.939	77	0.701			
総和	1454	80				
修正総和	92.75	79				

a $R^2=.418$ （調整済み $R^2=.403$）
b $\alpha=.05$ を使用して計算された

となりますので，仮説は棄てられます。したがって，共通な傾きが0でないので，共変量を使った共分散分析をすることに意味があるということになります。

いよいよ共分散分析の結果を見てみましょう。「仮説：2つの水準間に差はない」を検定しました。実験群と統制群との群差は，$F(2,7.138)$，$p=0.009<0.01$ となり，仮説は棄てられ，実験群と統制群には有意な差が認められることがわかりました。

1.5　ポストポストテストまでふまえた共分散分析

最後に，ポストポストテストまで踏まえた共分散分析を手計算でトライしてみましょう。

被験者間の要因をA（実験群と統制群），被験者内の要因をB（プレとポスト，ポスト・ポスト）とします。それぞれの水準を a_i, b_j で示します。a_1 は統制群，

表12. 変量の表

	pre-post		pre-post		計	
	X	Y_1	X	Y_2	ASx	ASy
統制群	ABx_{11} 55	ABy_{11} 155	ABx_{12} 55	ABy_{12} 146	Ax_1 110	Ay_1 301
実験群	ABx_{21} 55	ABy_{21} 175	ABx_{22} 55	ABy_{22} 164	Ax_2 110	Ay_2 339
計	Bx_1 110	By_1 330	Bx_2 110	By_2 310	Gx 220	Gy 640

a_2 は実験群，b_1 はプレテスト，b_2 はポストテスト，b_3 はポスト・ポストテストです。各群の人数を n_m とします。このことを踏まえて，共分散分析を行うための準備の表を整備します。各被験者それぞれの統制変量を $ABSx$ とします。80名の事前テストデータの個人ごとの合計から，$ABSx$ が具体的には，$ABSx_1=2$，$ABSx_2=4$，$ABSx_3=2$，…，$ABSx_{80}=0$ となったとします。

同様に，各被験者のそれぞれの従属変量を $ABSy$ とします。80名の事後テストデータの個人ごとの合計から $ABSy$ が，$ABSy_1=6$，$ABSy_2=7$，$ABSy_3=6$，…，$ABSy_{80}=6$ となったとします。

続いて，共分散分析に必要な手続きを進めてみましょう。

それぞれの枠の内部を細かく合計したのが，表12です。

ABx と ABy は，要因 B の水準ごとに，つまりプレテスト，ポストテスト，ポストポストテストのそれぞれごとに，統制群・実験群各群の被験者の得点合計を表します。

Ax と Ay は，各群ごと，要因 B の各水準ごとの合計得点です。

Bx と By は，群わけを無視した要因 B の水準ごとの被験者の得点合計です。

Gx と Gy は，$ABSx$ および $ABSy$ のそれぞれの合計得点です。

続いて，各セルを該当する人数で割って，各セルごとの平均点を算出してみましょう。表13（左）のようになります。

さらに，それぞれの自乗和を求めておきます（表13（右））。

最終的に，共分散分析として必要なものは，表14となります。すべて，電卓や計算ソフトで算出できます。

上記の $A'yy$，すなわち被験者間の偏差平方和（変動）は，

$$A'yy = (Ayy + Syy - S'yy) - (Axy + Sxy)^2 / (Axx + Sxx)$$

表13. 変量の平均値と自乗和

	pre-post		pre-post		計	
	X	Y_1	X	Y_2	ASx	ASy
統制群	$\overline{AB}x_{11}$ 1.38	$\overline{AB}y_{11}$ 3.88	$\overline{AB}x_{12}$ 1.38	$\overline{AB}y_{12}$ 3.65	$\bar{A}x_1$ 2.75	$\bar{A}y_1$ 7.53
実験群	$\overline{AB}x_{21}$ 1.38	$\overline{AB}y_{21}$ 4.38	ABx_{22} 1.38	ABy_{22} 4.10	$\bar{A}x_2$ 2.75	$\bar{A}y_2$ 8.48
計	$\bar{B}x_1$ 1.38	$\bar{B}y_1$ 4.13	$\bar{B}x_2$ 1.38	$\bar{B}y_2$ 3.88	$\bar{G}x$ 2.75	$\bar{G}y$ 8.00

自乗和	pre-post		pre-post		計	
	X	Y_1	X	Y_2		
統制群	95	649	95	572	380	2439
実験群	93	805	93	714	372	3027
計	188	1454	188	1286	752	5456

表14. 2要因共分散分析表

変動源	平方和 SS'	自由度 df	平均平方和 MS'	F
被験者間 A	$A'yy$	$(p-1)$	$M_1=A'yy/(p-1)$	$F=M_1/M_2$
誤差 a	$S'yy$	$(N-p)-1$	$M_2=S'yy/\{(N-p)-1\}$	

です。また誤差の偏差平方和 $S'yy$ は,

$$S'yy = Sxy^2 - Syy/Sxx$$

です。これらを求めるために, Axx, Ayy, Axy や Sxx, Syy, Sxy を求めてみましょう。

$Axx=[Ax]-[Gx]$, $Ayy=[Ay]-[Gy]$, $Axy=[Axy]-[Gxy]$,
$Sxx=[ASx]-[Ax]$, $Syy=[ASy]-[Ay]$, $Sxy=[ASxy]-[Axy]$

となります。また,

$[Ax]=\{Ax_1^2/n_1+Ax_2^2/n_2\}/q=\{110^2/40+110^2/40\}/2=302.5$

$[Ay]=\{Ay_1^2/n_1+Ay_2^2/n_2\}/q=\{301^2/40+339^2/40\}/2=2569.025$

$[Axy]=(Ax_1 \times Ay_1)/qn_1+(Ax_2 \times Ay_2)/qn_2$
$\quad\quad =(110 \times 301)/80+(110 \times 339)/80=880$

$[ASx]=\sum(ASx)^2/q=(2^2+4^2+2^2+4^2+\cdots+0^2)/2=752/2=376$

$[ASy]=\sum(ASy)^2/q=(6^2+7^2+6^2+7^2+\cdots+6^2)/2=5456/2=2728$

$[ASxy]=\sum(ASx)(ASy)/q$
$\quad\quad =(2\times 6+4\times 7+2\times 6+4\times 7+\cdots+0\times 6)/2=1894/2=947$

$[Gx]=Gx^2/Nq=Gx^2/(n_1+n^2)Nq=2202/80 \cdot 2=302.5$

$[Gy]=Gy^2/Nq=6402/80 \cdot 2=2560$

$[Gxy]=Gx \cdot Gy/Nq=220 \cdot 640/80 \cdot 2=880$

と求まるので, 逆に代入をしていくと,

$$Axx=[Ax]-[Gx]=302.5-302.5=0$$

表15. 2要因共分散分析表

変動源	平方和 SS'	自由度 df	平均平方和 MS'	F
被験者間 A	9.025	1	9.025	7.098**
誤差 a	97.90	77	1.271	

$$Ayy = [Ay] - [Gy] = 2569.025 - 2560 = 9.025$$
$$Axy = [Axy] - [Gxy] = 880 - 880 = 0$$
$$Sxx = [ASx] - [Ax] = 376 - 302.5 = 73.5$$
$$Syy = [ASy] - [Ay] = 2728 - 2569.025 = 158.975$$
$$Sxy = [ASxy] - [Axy] = 947 - 880 = 67$$

となります。それでは $A'yy$ と $S'yy$ を求めてみましょう。

$$S'yy = Sxy^2 - Syy/Sxx = 97.90$$
$$A'yy = (Ayy + Syy - S'yy) - (Axy + Sxy)^2/(Axx + Sxx) = 9.025$$

したがって，求める F 値は，表15 となります。

以上のように，両群間に1％水準での有意差が認められたことがわかります。統制群での成績よりも実験群での成績の方がよいので，実験群で長期にわたって高い学習効果が保持されたことがわかったということになります。

参考文献
1) 篠原弘章「行動科学の BASIC 第4巻 共分散分析」ナカニシヤ出版，1989
2) 森俊昭・吉田寿夫編著「心理学のためのデータ解析テクニカルブック」北大路書房，1990

2. 因子分析

2.1 科学観調査票を用いた調査

　学校現場で実際に因子分析を実施する場合，因子分析の指南書にあるような，因子分析を行いやすいデータが取れることはまずありません。実際のデータで因子分析を行うことは難しい場合が多いです。そのような難しい現実のデータを用いて，因子分析を実際に行ってみましょう。

　今，青少年の科学観がどのようなものか明らかにしたいとします。青少年の科学観は，はたして発達的なのでしょうか。**科学観調査票**を作成し調査してみました。具体的に見てみましょう。

　最初に，高校生のある1クラスで「科学についてあなた達の意見や考えを書いて下さい」といって自由記述のアンケートを実施しました。これを集約して印刷物にし別のクラスで配布し，「この印刷物を読んで，そうだと思う意見や考えに○（まる）をし，自分と同じ意見や考えがまだ記述されていない場合には余白に書き足して下さい」という指示を行いました。これを再度集約し新たな印刷物とし，同様の作業を別のクラスで行い，合計4クラスをリレー式に回ったあと，最初のクラスに最新の印刷物を配布し，同様の作業を行いました。このような手順により，高校生の生の声に基づいて科学観調査票の原案を作成しました。この科学観調査票を，複数の研究者をまじえて，ブラッシュ・アップしました。この作業の結果，表1に示す「科学観調査票」を作成しました。

　この科学観調査票を用いて，青少年の科学観がどのようなものであるのか，また，得られた結果より，科学観は発達的なのかどうかを調査しました。調査の対象者は，K市の小・中・高校生688人で，小学生は6年生，中学生は2年生，高校生は2年生でした。小学生では男子が62人，女子が65人，中学生は，男子が117人，女子が127人，高校生は男子が142人，女子が175人でした。調査時期は，1998年10月から11月でした。

表1. 科学観調査票

項目	因子1	因子2	因子3	因子4
32. 環境問題を解決しうるものは科学である。	−0.41	−0.12	0.37	−0.13
23. 科学は,地球へのかかわり方を変えるものである。	−0.43	−0.12	0.00	0.23
20. 科学は,自然現象を解き明かすものである。	−0.43	−0.13	0.19	−0.01
18. 科学は,人間の好奇心から生まれるものである。	−0.49	−0.24	−0.10	0.23
6. 21世紀の社会では,科学技術の一層の発展は人類が快適な生活を送るのに必要である。	−0.51	−0.03	0.18	−0.15
8. 科学は,人間の進化のために必要なものである。	−0.54	−0.02	0.10	−0.13
34. 科学は,人間を救うことができる。	−0.54	−0.12	0.23	−0.16
25. 科学は,現在の生活とは切っても切れないものである。	−0.60	0.02	−0.18	0.07
28. 将来,自分は理科系へは進まないと思う。	0.11	0.61	−0.04	−0.03
35. 科学は,自分に縁がないものである。	0.29	0.56	0.12	0.01
44. 自分自身にとっては,科学を学ぶよりも他にもっと重要な学びたいものがある。	−0.13	0.55	−0.31	0.12
33. 科学者になるよりも他になりたいものがある。	−0.17	0.52	−0.36	0.08
26. 科学は,むずかしく,わかりにくい。	0.00	0.52	−0.03	0.20
41. 数式や計算を扱ってものごとを考えるのは苦手である。	0.00	0.46	−0.04	0.13
5. 科学者の伝記やエピソードには興味がある。	−0.22	−0.42	0.07	0.04
11. 理科はおもしろい。	−0.25	−0.56	−0.12	0.12
2. 科学的知識は,常に正しい。	−0.23	−0.12	0.49	−0.16
9. 科学知識の間には,矛盾がない。	−0.12	0.01	0.16	−0.08
10. 専門的な科学技術の知識を必要とする社会問題に専門家以外は口だししてはいけない。	0.31	0.05	0.46	−0.01
37. 恋愛・結婚生活では,科学知識が必要である。	−0.12	−0.15	0.43	0.06
46. 自分が尊厳死を選ぶべきか,生きるべきかを決めるには,科学技術の知識が必要である。	−0.08	0.00	0.43	0.07
31. 高度科学技術文明は,必ず滅びると思う。	0.10	0.01	−0.16	0.56
13. 科学は,人類に破壊をもたらすものである。	0.02	0.03	0.01	0.54
15. 科学は,人間の欲望そのものである。	−0.07	−0.02	−0.01	0.46
38. 科学の進歩によって,人間は自分でできる仕事をしなくなった。	−0.12	0.02	−0.15	0.45
30. 科学は,今は正にとって必要でないものだと思う。	0.12	0.12	−0.37	0.40
40. 科学とは,本来人間にとって必要でないものだと思う。	−0.33	0.08	0.10	0.40
1. 科学は,人類に幸福をもたらすものである。	−0.15	0.01	0.05	0.01

3.	科学では，創造性が重視される。	−0.34	−0.28	−0.10	0.13
4.	科学は，客観的であるといえる。	−0.22	−0.02	0.15	0.05
7.	科学は，非近代的文明を否定している。	0.13	−0.02	0.13	0.36
12.	最新の科学技術を利用した新製品は，できればまっ先に手にいれたい。	−0.24	−0.15	0.20	0.03
14.	今，人間が一番信用しているものは科学である。	−0.23	−0.16	0.26	0.19
16.	占いや超能力を信じない。	0.02	−0.07	0.16	−0.10
17.	理科の内容は，文科系・理科系などの進路にかかわりなく学んでおく方がよい。	−0.22	−0.33	−0.01	−0.20
19.	科学者や理科の先生の中には，人間として尊敬できる人が多い。	−0.15	−0.35	0.14	0.13
21.	科学は，世界一大きな宗教である。	−0.08	−0.06	0.13	0.22
22.	科学は，人類の思想をより発展させるものである。	−0.38	−0.09	0.12	0.05
24.	科学は，お金もうけにつながる。	−0.20	0.17	0.04	0.21
27.	科学は，人生観を変えるものである。	−0.25	−0.20	−0.23	0.12
29.	科学は，自然と対極にあるものである。	0.14	0.13	0.13	0.29
36.	科学の進歩によって，人間は時間の余裕を持った。	−0.23	0.00	0.17	0.00
39.	科学がいかに進化しても，人間は結局自然の力に逆らうことはできない。	−0.17	−0.01	−0.38	0.32
42.	自動車の運転には，科学知識が必要である。	−0.21	−0.03	0.26	0.13
43.	科学者や技術者の待遇（収入など）は，今よりもっと改善するべきである。	−0.18	−0.22	0.13	0.09
45.	科学者や技術者が行っている研究の多くは，必ずしも世の中に役立っているわけではない。	−0.03	0.09	−0.34	0.37
47.	クローン技術は，人間にとって必要であると思う。	−0.17	−0.08	0.36	−0.06
	二　乗　和	3.31	2.94	2.61	2.37
	寄　与　率	0.07	0.06	0.06	0.05

　調査の方法は質問紙法を用い，47項目からなる科学観調査票に，とてもそう思う（5）～まったくそう思わない（1）の5段階で回答してもらいました。

　調査対象者688人分について**因子分析（主因子法，バリマックス回転）**を行い，**固有値の推移と因子の解釈可能性**を考えて，4因子解が妥当であると判断しました。**因子負荷量の絶対値が0.40以上を基準に項目を選定し**，各因子の解釈を行いました。

　第1因子は，「科学は，現在の生活とは切っても切れないものである（逆転項目）」（No.25）や「21世紀の社会では，科学技術の一層の発展は人類が快適な生活を送るのに必要である（逆転項目）」（No.6）などの8項目からなります。これらの項目の内容は，科学や科学技術と人間との関わりについてです。また，それ

らの項目への反応が否定的なので，第1因子を**「科学技術の有用性の否定」**と命名しました。

第2因子は，「将来，自分は理科系へは進まないと思う」（No.28）や「理科はおもしろい（逆転項目）」（No.11）などの8項目からなります。これらの項目の内容は，自分自身が科学や科学技術に対して興味が持てなかったり，あるいは科学と自分とは関係がないと考えているので，第2因子を**「科学離れ」**と命名しました。

第3因子は，「科学的知識は，常に正しい」（No.2）や「専門的な科学技術の知識を必要とする社会問題に専門家以外は口だししてはいけない」（No.10）などの5項目からなります。これらの項目の内容は，科学は絶対に正しく，専門家の考えに指導されるべきであるという考え方が反映されている。したがって，第3因子を**「科学技術至上主義」**と命名しました。

第4因子は，「高度科学技術文明は，必ず滅びると思う」（No.31）や「科学とは，本来人間にとって必要でないものだと思う」（No.40）などの6項目からなります。これらの項目の内容は，行き過ぎた科学や科学技術は，人類を滅亡へと導くという警戒的意識を持っていると解釈できます。そこで，第4因子を**「科学技術懐疑主義」**と命名しました。

このようにして，被験者から次のように4つの因子を抽出することができました。

第1因子：科学技術の有用性の否定
第2因子：科学離れ
第3因子：科学技術至上主義
第4因子：科学技術懐疑主義

さて，これらの4つの因子について，調査対象者を男女に分け，さらにそのそれぞれを小・中・高校生（理科系）・高校生（非理科系）の4群に分け，合計8群間について，科学観は発達的かどうかを調べてみました。具体的には，各群間に，特徴的な差が認められるどうかを見るため，分散分析を行いました。

2.2　第1因子「科学・技術の有用性の否定」について

第1因子について，小学生男女・中学生男女・高校生（理科系）男女・高校生（非理科系）男女の8群間（表2）に特徴的な差が見られるかどうかを見るため，2要因分散分析を行いました（表3）。

表2. 各群の人数と項目の合計の平均得点とSD

	男子			女子		
	人数	平均	SD	人数	平均	SD
小学生	62	10.6	5.83	65	13.3	5.27
中学生	117	11.1	5.66	127	12.6	4.63
高校理	108	10.8	4.84	81	10.8	4.08
高校非理	34	11.9	4.99	94	13.2	4.96

表3. 第1因子についての2要因分散分析の結果

変動因	平方和	自由度	平均平方和	F	p
群　間	233.5	3	77.8	3.04	0.028*
性　差	259.7	1	259.7	10.14	0.002**
群間×性差	131.6	3	43.9	1.71	0.162
誤　差	17420.7	680	25.6		

*; $p<0.05$, **; $p<0.01$

　この第1因子は，8項目で構成されるので，項目の合計の平均値は，24（=3×8）点となります。表2に示すように，8群の全てで，この値を大きく下回っているので，調査対象者は，「科学技術の有用性」を認めているということがわかります。

　このことを前提に，表3に示す2要因分散分析を行いました。その結果，群間の差に5%水準で，性差に1%水準で有意差が認められました。性差については，第1因子の項目の合計の平均値は女子の方が高いので，女子の方が男子より「科学技術の有用性の否定」観が強いといえます。

　群間の差については，どの群と群のあいだに有意差が認められたのかを見るため，**テューキー法を用いて下位検定**を行います（表4）。

　群差の下位検定の結果から，高校理科系の生徒と高校非理科系の生徒の間に，5%水準で有意差が認められました。小学生と中学生との間で有意差が認められなかった「科学技術の有用性の否定」観は，高校生の理科系の生徒と比較しても

表4. 群差の下位検定の結果

	中	高理	非高理
小	n.s.	n.s.	n.s.
中		n.s.	n.s.
高理			*

*; $p<0.05$

変化しておらず，かつ，高校生の非理科系の生徒と比較しても変化していないことがわかりました。しかし，高校生の理科系生徒と非理科系生徒を比べた場合には，非理科系生徒の方が，「科学技術の有用性の否定」観が強いことが示されました。

2.3 第2因子「科学離れ」について

第2因子についても，第1因子と同様に，表5にある8群間に，特徴的な差が見られるかどうかを見るため，2要因分散分析を行いました（表6）。

この第2因子も8項目で構成されるので，項目の合計の平均値は，24となります。2要因分散分析の結果，群間の差と性差に1%水準で，交互作用に5%水準で有意差が認められました。

性差については，第2因子の項目の合計の平均値は女子の方が高いので，「科学離れ」は男子より女子に強く見られることがわかりました。

群間の差について，どの群と群のあいだに有意差が認められたのかを見るため，**テューキー法を用いて下位検定**を行います（表7）。

下位検定を行った結果，「科学離れ」は，小学校生と中学校との間では強まっていませんでした。中学生と高校理科系生徒との間でも強まってはいないが，中学生と高校非理科系生徒との間に，5%水準での有意差が認められました。また，高校理科系生徒と非理科系生徒との間にも5%水準で有意差が認められました。

表5. 各群の人数と項目の合計の平均得点と SD

	男子			女子		
	人数	平均	SD	人数	平均	SD
小学生	62	21.3	6.01	65	25.0	5.10
中学生	117	22.1	5.88	127	25.0	5.84
高校理	108	21.1	5.44	81	21.0	5.09
高校非理	34	25.2	6.15	94	29.1	5.19

表6. 第2因子についての2要因分散分析の結果

変動因	平方和	自由度	平均平方和	F	p
群　間	2824.7	3	941.6	29.89	0.000**
性　差	975.6	1	975.6	30.97	0.000**
群間×性差	355.6	3	118.6	3.77	0.011*
誤　差	21419.4	680	31.5		

*；$p<0.05$，　**；$p<0.01$

表7. 群差の下位検定の結果

	中	高理	非高理
小	n.s.	*	*
中		n.s.	*
高理			*

*; $p<0.05$

表8. 交互作用の下位検定の結果

変動因	平方和	自由度	平均平方和	F
男子における群差	790.4	3	263.5	8.36*
女子における群差	2394.9	3	798.3	25.3*
小学生における性差	499.7	1	499.7	15.9*
中学生における性差	307.0	1	307.0	9.7*
高校理における性差	0.37	1	0.3	0.01
高校非理における性差	555.2	1	555.2	17.6*
誤　差	214	680	31.5	

*; $p<0.05$

表9. 男子のみにおける群差の下位検定の結果

	中	高理	非高理
小	n.s.	n.s.	*
中		n.s.	*
高理			*

*; $p<0.05$

表10. 女子のみにおける群差の下位検定の結果

	中	高理	非高理
小	n.s.	*	*
中		*	*
高理			*

*; $p<0.05$

　第2因子では，交互作用に5%水準で有意差が認められたので，さらに交互作用についても下位検定を行ってみましょう（表8）。

　交互作用の下位検定の結果（表8），男子のみの群間においても，女子のみの群間においても，群間に有意差が認められたので，それぞれの場合についてさらに，下位検定を試みました（表9, 10）。

表9より「科学離れ」は，男子においては，小学生と中学生と高校生理科系の間には，有意差が認められません。しかし，非理科系の高校生は，小学生との間にも中学生との間にも理科系の高校生との間にも有意差が認められます。各群ごとの項目の合計の平均点を見ると，8項目の平均値が24であることより，男子の場合，小・中・高校生理科系では，「科学離れ」が生じていませんが，高校生の非理科系では「科学離れ」が生じていたことがわかりました。また表10より，女子の場合は，独特の傾向が見られることがわかりました。小学生と中学生の間に有意差は認められませんでしたが，小・中学生と高校理科系との間と，小・中学生と高校非理科系との間と，高校生の理科系と非理科系との間に有意差が認められました。各群ごとの項目の合計の平均点を見ると，小・中学生では「科学離れ」傾向にありましたが，高校生理科系では，「科学離れ」が生じておらず，高校生非理科系では，「科学離れ」が激化していたことがわかりました。

　また性差については，高校生理科系では，男女ともに「科学離れ」を起こしておらず，男女間に有意差が認められませんでした。小中学生では，男子は「科学離れ」を起こしていませんが，女子では生じていました。高校生非理科系では，男女ともに「科学離れ」を生じていましたが，女子は男子に比べて「科学離れ」が激化していることが明らかになりました。

2.4　第3因子「科学技術至上主義」について

　第3因子についても，表11にある8群間に特徴的な差が見られるかどうかを見るため，2要因分散分析を行いました（表12）。

　第3因子は，5項目で構成されるので，項目の合計の平均値は，15点となります。表11に示すように，8群の全てでこの値を下回っており，調査対象者に「科学技術至上主義」がはびこっているわけではないことがわかります。

　この前提のものとで，検定を行った結果，群間の差，性差，交互作用のそれぞれに5%水準で有意差が認められました。

表11.　各群の人数と項目の合計の平均得点とSD

	男子			女子		
	人数	平均	SD	人数	平均	SD
小学生	62	11.5	3.74	65	11.8	3.36
中学生	117	11.4	3.68	127	11.0	3.05
高校理	108	12.1	3.51	81	11.9	2.57
高校非理	34	13.3	3.80	94	11.2	3.07

表12. 第3因子についての2要因分散分析の結果

変動因	平方和	自由度	平均平方和	F	p
群　間	97.7	3	32.6	2.91	0.033*
性　差	48.7	1	48.7	4.35	0.035*
群間×性差	114.3	3	38.1	3.41	0.017*
誤　差	7609.4	680	11.2		

*; $p<0.05$

表13. 群間の下位検定の結果

	中	高理	非高理
小	n.s.	n.s.	n.s.
中		n.s.	n.s.
高理			n.s.

　性差については，第3因子の項目の合計の平均値は男子の方が高いので，「科学技術至上主義」は女子より男子に強いことがわかりました。

　群差については，第1因子，第2因子の分析と同様，テューキー法を用いて下位検定を行います（表13）。

　分散分析においては，5%水準で群間に有意差が認められたが，テューキー法を用いた下位検定の結果では，どの群間にも有意差が認められませんでした。

　ところで，第3因子でも交互作用に5%水準で有意差が認められたので，交互作用について下位検定を行いました（表14）。

　交互作用の下位検定の結果（表14）から，女子においては，群間に有意差が認められませんでした。また前述したように，男女を混みにした群間の差は，テューキー法を用いた下位検定では検出できませんでしたが，男子のみについて群間の差を比較したところ，表15に示すように有意差が検出できました。小学生と中学生と高校生理科系の3群の間では有意差が認められなかった「科学技術至上主義」観は，高校生非理科系では，高校生理科系とは有意差が認められませんが，小学生・中学生に比べて高いことがわかりました。

　性差については，交互作用の下位検定の結果（表14）から，小学生と中学生では，男女間に「科学技術至上主義」観に有意差は認められませんでした。しかし高校生の場合は，理科系の生徒にも非理科系の生徒にも，男女間に有意差が認められ，「科学技術至上主義」観は，男子の方が強いことがわかりました。

表14. 交互作用の下位検定の結果

変動因	平方和	自由度	平均平方和	F
男子における群差	254.8	3	84.9	7.58*
女子における群差	42.9	3	14.3	1.28 n.s.
小学生における性差	3.29	1	3.29	0.29 n.s.
中学生における性差	5.84	1	5.84	0.52 n.s.
高校理における性差	44.2	1	44.2	3.94*
高校非理における性差	161.0	1	161.0	14.37*
誤差	7609.4	680	11.2	

*；$p<0.05$

表15. 男子のみにおける群差の下位検定の結果

	中	高理	非高理
小	n.s.	n.s.	*
中		n.s.	*
高理			n.s.

*；$p<0.05$

2.5　第4因子「科学技術懐疑主義」について

　第4因子についても同様に，表16にある8群間に特徴的な差が見られるかどうかを見るため，2要因分散分析を行いました（表17）。

　この第4因子は，6項目で構成されるので，項目の合計の平均値は，18点となります。2要因分散分析の結果，第4因子「科学技術懐疑主義」には，群間の差も性差も認められませんでした。この因子は，加齢とともに変化するものでもなく，かつ，性差も認められませんでした。

　この調査の結果を，全体を通してまとめてみましょう。調査対象である高度科

表16. 各群の人数と項目の合計の平均得点と SD

	男子			女子		
	人数	平均	SD	人数	平均	SD
小学生	62	18.0	3.88	65	19.5	3.49
中学生	117	19.5	4.41	127	19.5	3.98
高校理	108	18.9	4.76	81	18.9	3.35
高校非理	34	19.2	3.32	94	18.3	3.44

表 17. 第 4 因子についての 2 要因分散分析の結果

変動因	平方和	自由度	平均平方和	F	p
群　間	52.7	3	17.6	1.10	0.348 n.s.
性　差	2.6	1	2.6	0.16	0.692 n.s.
群間×性差	108.8	3	36.3	2.27	0.078 n.s.
誤　差	10855.4	680	16.0		

　学技術社会に生きる青少年は，携帯電話やモバイルコンピュータをはじめいろいろな最新の科学技術に裏付けられたマシンを利用して日常生活を送っています。そのためであると考えられますが，彼らは「科学技術の有用性」を否定してはいませんでした（第1因子）。つまり肯定的であったことがわかります。科学技術に対して肯定的ではありますが，「科学技術至上主義」（第2因子）にも陥ってはいず，科学技術社会の中で，科学技術の恩恵をほどよく受けながら生活をしているといえるでしょう。一方，彼らは，開発優先の論理のもとに繰り広げられた環境破壊についての学習を積みながら成長してきたので「行きすぎた科学技術の信奉」観は持たず，「科学技術への懐疑」観を持つようになった面があることが浮き彫りになったといえます。

　調査対象者の児童・生徒は，調査した時期においては「高校生理科系を除くすべての女子」と「高校生の非理科系の男子」に「科学離れ」（第2因子）が見られました。非理科系では，加齢とともに「科学離れ」が進む傾向が見られたことがわかりました。

　このように，1つの研究成果をまとめていくのには，いくつもの手続が必要であることがわかります。本書では，**因子負荷量の絶対値が 0.40 以上**を各因子の項目の選択の基準にしましたが，研究によっては，0.35 にしたり，0.30 にしたりすることがあります。もし，0.35 以上で選択する場合には，次のような項目が，それぞれの因子のなかに含まれていくことになります。

　7. 科学は，非近代的文明を否定している（第4因子，036）
　19. 科学者や理科の先生の中には，人間として尊敬できる人が多い（第2因子，−0.35）
　22. 科学は，人類の思想をより発展させるものである（第1因子，−0.38）
　39. 科学がいかに進化しても，人間は結局，自然の力に逆らうことはできない（第3因子，−0.38）

45. 科学者や技術者が行っている研究の多くは，心ずしも世の中に役立っているわけではない（第3因子，−0.34；第4因子，0.37）

47. クローン技術は，人間にとって必要であると思う（第3因子，0.36）

のような項目が含まれることになります。因子負荷量をどこに設定するのかも，複数名の研究者の目でより妥当な見極めをしていく必要があることがわかっていただけたと思います。

　科学や科学技術に関する意識は，時代とともに変化をしますので，本書で示した4つの因子が永年にわたって固定されるものではないことには注意しておく必要があります。この1998年の調査では，1995年（平成7年）1月17日（火）の阪神大震災の影響をまだ強く受けてでの応答でありました。その後，10年後では，この項目に対する応答はどうだったでしょうか。そして2011年（平成23年）3月11日（金）の東日本大震災，さらにそれに続く福島第一原子力発電所事故を，私たちは経験しています。この内容に関連する項目に対する応答はもっと敏感なものになっていることでしょう。一方，2012年には山中伸弥氏がiPS細胞（人工多能性幹細胞, induced pluripotent stem cells）でノーベル賞を受賞しましたが，その後，「47. クローン技術は，人間にとって必要であると思う」という項目への応答は，どう変わっているのかなど，青少年の科学観の変遷を調べ続けることが必要です。

著者

川村　康文
　かわむら　やすふみ

東京理科大学理学部物理学科教授。1959年，京都市生まれ。博士（エネルギー科学）。専門は物理教育・サイエンス・コミュニケーション。高校教師を約20年間務めた後，信州大学教育学部助教授，東京理科大学理学部物理学科助教授・准教授を経て現職。
慣性力実験器Ⅱで平成11年度全日本教職員発明展内閣総理大臣賞受賞，平成20年度文部科学大臣表彰科学技術賞（理解増進部門）をはじめ，科学技術の発明が多く，賞も多数受賞。論文多数。著書に，「理科大好き物理実験 力学編」（講談社），「遊んで学ぼう！家庭でできるかんたん理科実験」（文英堂），「地球環境が目でみてわかる科学実験」（築地書館），「確実に身につく基礎物理学」（ソフトバンク）など多数。

NDC407　286p　21cm

理科教育法　独創力を伸ばす理科授業

2014年　4月1日　第1刷発行
2021年　8月1日　第4刷発行

著者	川村康文
発行者	髙橋明男
発行所	株式会社　講談社 〒112-8001　東京都文京区音羽2-12-21 　販売　(03)5395-4415 　業務　(03)5395-3615
編集	株式会社　講談社サイエンティフィク 代表　堀越俊一 〒162-0825　東京都新宿区神楽坂2-14　ノービィビル 　編集　(03)3235-3701
本文データ作成	株式会社　東国文化
カバー・表紙印刷	豊国印刷　株式会社
本文印刷・製本	株式会社　講談社

落丁本・乱丁本は購入書店名を明記の上，講談社業務宛にお送りください。送料小社負担でお取替えいたします。なお，この本の内容についてのお問い合わせは講談社サイエンティフィク宛にお願いいたします。定価はカバーに表示してあります。
© Yasufumi Kawamura, 2014

本書のコピー，スキャン，デジタル化等の無断複製は著作権法上での例外を除き禁じられています。本書を代行業者等の第三者に依頼してスキャンやデジタル化することはたとえ個人や家庭内の利用でも著作権法違反です。

JCOPY <(社)出版者著作権管理機構　委託出版物>

複写される場合は，その都度事前に（社）出版者著作権管理機構（電話 03-5244-5088，FAX 03-5244-5089，e-mail : info@jcopy.or.jp）の許諾を得てください。

Printed in Japan
ISBN978-4-06-156536-4

講談社の自然科学書

世界一わかりやすい物理学入門	川村康文／著	本体 3,740 円
世界一わかりやすい物理数学入門	川村康文／著	本体 2,970 円
わかりやすい理工系の力学	川村康文／ほか著	本体 3,080 円
知識とスキルがアップする 小学校教員と教育学部生のための理科授業の理論と実践	藤岡達也編著 本体 2,640 円	
理系のためのレポート・論文完全ナビ	見延庄士郎／著	本体 2,090 円
PowerPointによる理系学生・研究者のためのビジュアルデザイン入門	田中佐代子／著	本体 2,420 円
ディープラーニングと物理学 原理がわかる、応用ができる	田中章詞・富谷昭夫・橋本幸士／著	本体 3,520 円
今度こそわかる場の理論	西野友年／著	本体 3,190 円
今度こそわかる量子コンピューター	西野友年／著	本体 3,190 円
今度こそわかるくりこみ理論	園田英徳／著	本体 3,080 円
今度こそわかる素粒子の標準模型	園田英徳／著	本体 3,190 円
今度こそわかるファインマン経路積分	和田純夫／著	本体 3,300 円
明解 量子重力理論入門	吉田伸夫／著	本体 3,300 円
明解 量子宇宙論入門	吉田伸夫／著	本体 4,180 円
完全独習 相対性理論	吉田伸夫／著	本体 3,960 円

講談社基礎物理学シリーズ　　編集委員／二宮正夫・北原和夫・並木雅俊・杉山忠男

0	大学生のための物理入門	並木雅俊／著	本体 2,750 円
1	力学	副島雄児・杉山忠男／著	本体 2,750 円
2	振動・波動	長谷川修司／著	本体 2,860 円
3	熱力学	菊川芳夫／著	本体 2,750 円
4	電磁気学	横山順一／著	本体 3,080 円
5	解析力学	伊藤克司／著	本体 2,750 円
6	量子力学Ⅰ	原田勲・杉山忠男／著	本体 2,750 円
7	量子力学Ⅱ	二宮正夫・杉野文彦・杉山忠男／著	本体 3,080 円
8	統計力学	北原和夫・杉山忠男／著	本体 3,080 円
9	相対性理論	杉山直／著	本体 2,970 円
10	物理のための数学入門	二宮正夫・並木雅俊・杉山忠男／著	本体 3,080 円

※表示価格は本体価格(税別)です.消費税が別に加算されます.　　2021 年 4 月現在

講談社サイエンティフィク　http://www.kspub.co.jp/